Beiträge zur Kinderpsychotherapie, Band 16
(Herausgegeben von Gerd Biermann und Manfred Endres)

Marianne Frostig

Bewegungserziehung

Neue Wege der Heilpädagogik

6., neugestaltete Auflage
43 Abbildungen

Ernst Reinhardt Verlag München Basel

Titel der Originalausgabe:
Movement Education: Theory and Practice

Übersetzung ins Deutsche von Dr. Margrit Förster

Umschlagbild:
Franz Marc, Abstrakte Komposition (1912/13, Skizzenbuchblätter)

Die Deutsche Bibliothek – CIP-Einheitsaufnahme

Frostig, Marianne:
Bewegungserziehung : neue Wege der Heilpädagogik / Marianne Frostig. [Übers. ins Dt. von Margrit Förster]. - 6., neugestaltete Aufl. - München ; Basel : E. Reinhardt, 1999
(Beiträge zur Kinderpsychotherapie ; Bd. 16)
Einheitssacht.: Movement education <dt.>
ISBN 3-497-01515-6

1. Auflage 1973
2. Auflage 1975
3. Auflage 1980
4. Auflage 1985
5. Auflage 1992
6. Auflage 1999

Printed in Germany

Vorwort

Für einige Pädagogen der Leibeserziehung mag es unverständlich sein, ein Buch vor sich zu haben, in dem Leibeserziehung von einem Erziehungspsychologen behandelt wird. Meiner Ansicht nach stellt jedoch dieses Buch einen der besten gegenwärtigen Beiträge zu der Frage dar, wie weit Bewegungsfertigkeiten bei der emotionalen, intellektuellen und sozialen Entwicklung des heranwachsenden Kindes wirksam sein können.

Sonderschullehrer und Erzieher normal begabter Kinder werden die leicht zu begreifenden Spiele und Übungen dankbar aufnehmen, die in diesem Buch beschrieben sind. Die reich dokumentierten Theorien, die auf gegenwärtiger Forschung und klinischer Erfahrung aufbauen, werden sowohl bei den jüngeren Lehrkräften wie bei denjenigen, die sich noch in der Ausbildung befinden, in ihrer Bedeutung Anerkennung finden.

Frau Dr. Frostig hat aus ihrer weiten Erfahrung beim Unterrichten, in Psychologie und Sonderschulerziehung Spiele und Bewegungsaktivitäten beschrieben und zusammengestellt, die sie sowohl bei normal begabten wie bei Kindern mit Lernstörungen angewandt hat. Ihre Absicht ist es, nicht nur motorische Fertigkeiten um ihrer selbst willen zu fördern, sondern auch zur Entwicklung von Körperbewußtsein, Perzeptionsfähigkeiten, Sprache, dem Verständnis für Arithmetik und andere Lerninhalte beizutragen.

Die Autorin vermittelt uns allerdings mehr als lediglich eine Beschreibung der Spiele und Aktivitäten. Dieses Buch enthält sowohl eine Zusammenfassung des gegenwärtigen Wissens über motorische Aktivitäten, eine Beschreibung, wie sich motorische mit anderen Aktivitäten integrieren lassen, welche klinischen Maßnahmen bei Kindern mit neurologischen Schäden wirksam sind, sowie einen Überblick über die gegenwärtigen pädagogischen Methoden.

Mit den dargelegten Ausführungen werden einige der vorherrschenden Mißverständnisse beseitigt, die im Zusammenhang mit perzeptiv-motorischen Funktionen bestehen. Frau Dr. Frostig stellt beispielsweise die Bedeutung der gekreuzten Dominanz in Frage, die gelegentlich bei Kindern als erzieherisches Handikap betrachtet wird, indem sie auf wissenschaftliche Untersuchungen hinweist, die zeigen, daß gekreuzte Dominanz eher die Regel als die Ausnahme darstellt. Daneben bemüht sie sich, auf die Probleme hinzuweisen, die eine weitere wissenschaftliche Untersuchung erfordern.

Frau Dr. Frostig diskutiert die Theorien von Kephart, Barsch und anderen und beschreibt ihre Bedeutung für den Unterricht. Ihre Sprache wirkt klar und die geäußerten Überlegungen fundiert.

Die Autorin gibt einen sehr umfassenden Überblick. Der Bereich der Motorik wird in seiner vielschichtigen Komplexität anschaulich dargelegt. Außerdem werden die perzeptiven Aspekte beschrieben, wie auch die verschiedenen kognitiven Funktionen: Kategorisierung, Informationssynthese und allgemeines Reaktionsvermögen. Noch wichtiger ist, daß Frau Dr. Frostig die hilfreichen Möglichkeiten umreißt, mit denen spezifische Bewegungsfertigkeiten zur Entwicklung der gut definierten perzeptiven und kognitiven Charakteristika beitragen. Ein solches Vorgehen ist effektiver als die romantisierende Beschreibung von perzeptiv-motorischen Funktionen, wie es oft bei gegenwärtigen Darstellungen zu diesem Themenkreis geschieht. Frau Dr. Frostig will keine Heilslehre verbreiten, sondern bleibt mit ihrem gesamten Anliegen erfreulich pragmatisch.

Wenn man zwischen den Zeilen liest, spürt man, daß die Autorin eine fundierte Ausbildung als Lehrerin für Leibeserziehung erhielt, wie es tatsächlich der Fall war. Sie wählte eine zweijährige Ausbildung in Hellerau-Laxenburg bei Wien, in einer Schule, wo sie sich auf Bewegungserziehung für Kinder spezialisierte. Im Rahmen dieser Ausbildung erhielt Frau Dr. Frostig in Wien das Diplom einer Gymnastiklehrerin. Später nutzte sie diese Ausbildung bei der Arbeit mit körperlich und emotional benachteiligten Kindern. Ihre erste Veröffentlichung in den USA aus dem Jahr 1946 hatte den Titel »Bewegung und Emotion« (»Motion and Emotion«).

Während der vergangenen acht Jahre, in denen ich in Los Angeles eng mit Frau Dr. Frostig zusammengearbeitet habe, hatten wir oftmals die gleichen Kinder in unserem Therapieprogramm. Ich bin daher nicht überrascht festzustellen, daß wir bei der Beurteilung der Bedeutung, die wir den Bewegungsfertigkeiten zuerkennen, im wesentlichen übereinstimmen. Im Gegensatz zu einigen Theoretikern haben wir das Empfinden, daß motorische Aktivitäten zwar einen wesentlichen, aber keinen überwiegenden Anteil am Erziehungsprozeß einnehmen. Frau Dr. Frostig scheint der Meinung zu sein, daß Bewegungsfertigkeiten wichtige Hilfsmittel bei der Erziehung darstellen, nicht aber die Grundlage, auf der sich die gesamte Persönlichkeit aufbaut.

Mit eben der lebendigen Darstellung dieser erzieherischen Möglichkeiten beschäftigt sich Frau Dr. Frostig in diesem Buch. Ich bin sicher, daß die Gedanken, Aktivitäten und Theorien, die dieses Buch enthält, allen Pädagogen eine wesentliche Orientierung geben werden, um sich in dem manchmal verwirrenden Labyrinth von Begriffen der Perzeption und Motorik zurechtzufinden.

University of California at Los Angeles Bryant J. Cratty

Erinnerungen an Marianne Frostig

Marianne Frostig hat sich einen Namen gemacht durch ihre Arbeit für seelisch geschädigte und behinderte Kinder in aller Welt. Persönlich lernten wir sie in Los Angeles kennen, an dem berühmten *Marianne Frostig Center* in Kalifornien. Durch die Individualpsychologin Marta Kos hatten wir schon viel von ihr gehört; beide waren freundschaftlich verbunden im Engagement für seelisch heimatlose Kinder. (So erging es Marianne Frostig auch mit anderen, denen sie als gebürtige Wienerin irgendwo in der Fremde begegnete; sie war zur Freundschaft begabt und fühlte sich überall bald heimisch.)

Als gelernte Sozialarbeiterin interessierte sie sich besonders für die Heilpädagogik, später fügte sie ihrer Arbeit noch eine tiefenpsychologische Dimension hinzu. In den dreißiger Jahren in Polen in der Beschäftigungs- und Arbeitstherapie tätig, konnte sie sich rechtzeitig vor dem Überfall der Nazis 1939 in die USA retten, nahm aber in der Emigration weiterhin Anteil an dem Schicksal ihrer Heimat. 1947 gründete sie in Los Angeles die *Marianne Frostig School of Educational Therapy* (später umbenannt in *Marianne Frostig Center*), wo sie mit ihren Mitarbeitern ein Konzept zur ganzheitlichen Förderung der kindlichen Persönlichkeit und zur Behandlung von Lernstörungen entwickelte. Sie führte überall auf der Welt Fortbildungen durch und wirkte auch als Dozentin an der Ärztlichen Akademie für Psychotherapie von Kindern und Jugendlichen (München/Brixen), wo wir miterleben konnten, wie sie die Hörer begeisterte und wie bald sie sich wieder heimisch fühlte im Kreise alter Freunde aus Österreich.

1985 starb Marianne Frostig während einer Vortragsreise in Fulda. Sie hat dem lebensnahen Beruf des Heilpädagogen neue wesentliche Inhalte vermittelt.

Brixen, im Sommer 1999 Renate und Gerd Biermann

Inhalt

Kapitel 4 – Körperbewußtsein

Kapitel 5 – Kreative Bewegung

Einleitung

Mit diesem Buch wird ein Programm dargestellt, wie man Bewegungsfertigkeiten und kreative Bewegung lehrt und fördert, um auf diese Weise die ganzheitliche Entwicklung von Kindern zur Entfaltung zu bringen – das heißt, ihre physischen und psychischen Fähigkeiten, ihre Fähigkeit zu lernen und miteinander auszukommen, ihr Selbstgefühl und ihre Beziehung zur Umwelt.

Die Übungen, ihre Variationsmöglichkeiten und die Übungstechniken zur Entwicklung von Bewegungsfertigkeiten, Kreativität, Körpergefühl und anderen Fähigkeiten bedeuten nur die praktische Anwendung der grundlegenden Voraussetzungen und theoretischen Überlegungen eines »Lernen durch Bewegung«. Die Theorien, die in diesem Lehrbuch besprochen werden, beziehen sich auf die tägliche Arbeit des Lehrers mit Kindern auf dem Spielplatz, in der Turnhalle und im Klassenzimmer. Die theoretischen Kenntnisse erlauben eine jeweilige Anpassung des Programms, um damit den individuellen Bedürfnissen der Kinder gerecht zu werden. Sie ermöglichen dem Lehrer, das Bewegungsrepertoire der Kinder, sowie die eigene Fähigkeit zur Entwicklung dieses Repertoires zu erweitern und zu bereichern. Der Lehrer wird erfahren, wie sich Bewegung zur Förderung von schulischem Wissen anwenden läßt und wo genau ihr Wert und ihre Grenzen in Beziehung zu schulischen Kenntnissen zu sehen sind.

Dies ist kein Leibeserziehungsprogramm im althergebrachten Sinn – Entwicklung und Pflege des Körpers, Hygiene, systematische Übungen, Sport und Spiele. Die Zielsetzungen dieses Programmes sind weit umfassender. Um diese Ziele zu erreichen, darf der Lehrer seinen Beruf nicht zu handwerklich betrachten. Um einen größtmöglichen Erfolg zu erzielen, muß der Lehrer wissen, auf welche Ziele er bei der Bewegungserziehung hinarbeitet, und er sollte die Wahl seiner Übungen und Aktivitäten danach ausrichten, was über die Bedürfnisse und das Wachstum der Kinder bekannt ist. Er sollte dieses Bewegungsprogramm ganz ihrer besonderen Situation anpassen und dabei alle Gesichtspunkte der menschlichen Entwicklung in Betracht ziehen.

Die Anwendung von Erziehungsmethoden ohne Verständnis der grundlegenden Voraussetzungen führt oft zu einer Entstellung derselben. Montessori z.B. warnte vor einer Beschränkung der schöpferischen Fähigkeiten bei Kindern und Lehrern. Trotzdem haben einige

Schulen, die vorgeben, nach Montessori-Methoden zu arbeiten, schöpferische und flexible Unterrichtsmethoden durch strenge Ordnungsprinzipien ersetzt.

Wesentliche und fundamentale Einsichten in Erziehungsprozesse, die durch die großen Erzieher der Vergangenheit bekannt geworden sind – von Sokrates (dessen Methoden gerade wiederaufgegriffen worden und in der Methode des sog. »Problemlösens« (discovery method) zur Anwendung gekommen sind) bis zu Locke, Rousseau, Montessori, Dewey und den Geisteswissenschaftlern unserer Zeit, geraten allzuoft als veraltet in Vergessenheit, und neue Richtlinien in der Erziehung kommen auf.

Lerntheoretiker wie Skinner haben immer wieder die Notwendigkeit betont, da zu beginnen, wo ein Kind gerade steht, sorgfältig Schritt für Schritt voranzugehen, für unmittelbare Rückkoppelung (feedback) zu sorgen und jedem Kind ein Erfolgserlebnis zu vermitteln. Diese Grundsätze sind berechtigt, aber es verdienen auch andere, ebenso gültige Grundsätze unsere Beachtung: die Notwendigkeit, Gelegenheiten zu Entdeckung und schöpferischem Tun zu geben (Bruner), die speziellen Bedürfnisse von jüngeren Kindern in Betracht zu ziehen (Rousseau), die besonderen Interessen von Kindern zu beachten (Dewey), Lerninhalte und Methoden auf die Entwicklungsstufe der Kinder abzustimmen (von Piaget so meisterhaft beschrieben), sowie Lerninhalte aus verschiedenen Wissensbereichen miteinander zu integrieren.

Mit unserem Buch haben wir ein vierfaches Anliegen: Erstens ist es wichtig, beim Lehrer das Interesse und die Kenntnis über die vielfältigen theoretischen Grundlagen der Methoden, die er anwendet, zu erwecken und ihm zu einer kritischen Beurteilung der Theorien über die Körpererziehung und der von anderen empfohlenen Praktiken zu verhelfen, so daß er die richtige Auswahl treffen kann.

Zweitens wollen wir auf die emotionalen Bedürfnisse der Kinder hinweisen. Freude am Leben erwecken ist ein wesentliches Ziel der Erziehung. Aber dieses Ziel wird oft als unwissenschaftlich bezeichnet (Gefühle sind nicht meßbar) oder als unwichtig und einer Diskussion nicht für würdig befunden.

Die Auffassung, daß die emotionale Entwicklung einen notwendigen Gesichtspunkt bei der Erziehung darstellt, wird oft bei einer ernsthaften Diskussion über Erziehung vernachlässigt. Die Verhaltensweise von Menschen, Tieren und Maschinen wird als gleichwertig betrachtet. Aber Kinder, im Gegensatz zu Maschinen, brechen gewöhnlich nicht gleich zusammen, wenn sie falsch behandelt werden. Die Ergebnisse einer Fehlerziehung werden unter Umständen erst im Erwachsenenalter sichtbar.

Wenn man Kinder unter Druck setzt, sie mit Fakten überhäuft, ihren Gefühlen und ihrer Kreativität Grenzen setzt und sie ihrer Fröhlichkeit beraubt, kann das in der Tat zu einer Welt ohne Freude, angefüllt mit Angst und Haß führen – einer Welt, die zunehmend in Selbstzerstörung verstrickt wird.

Drittens ist es unsere Absicht, die Lehrer darin anzuleiten, Methoden zu wählen, die das Kind für die Schule und das Lernen begeistern, Methoden, die auch den Lehrer für den Unterricht einnehmen. Die Schule übt nicht nur auf die Kinder einen hemmenden Druck aus, sie überträgt ihn ebenso auf die Lehrer. Kinder reagieren im allgemeinen auf Zwänge mit der Entwicklung von Verhaltensstörungen, auf die der Lehrer in seiner Verzweiflung zusätzlich mit repressiven Maßnahmen antwortet. Auf diese Weise wird die Atmosphäre der Freude und Aufnahmebereitschaft, die so wichtig für den Lernprozeß ist, zunichte gemacht.

Viertens ist es unser Bestreben, verständlich und praktisch anwendbar zu sein, also nicht nur Theorien zu bringen, sondern Methoden vorzuschlagen, die dazu beitragen sollen, einige der Schwierigkeiten zu überwinden, die unserem Schulsystem anhaften (z. B. daß Kinder während langer Unterrichtsstunden stillsitzen müssen), wie auch Lernschwierigkeiten zu beheben, die manchen Kindern eigen sind (z. B. solche, die durch Hyperaktivität bedingt sind). Ferner ist das Bewegungsprogramm so geschrieben und gestaltet, daß sowohl der Klassenlehrer wie der Turnlehrer Unterricht in Bewegungserziehung erteilen kann.

Zusätzlich zu diesem Leitfaden, der alle Aspekte des Programms behandelt, gibt es ein festes Kartensortiment, wobei auf jeder Karte eine Übung und ihre Variationen abgedruckt sind, dazu eine Anleitung für den Lehrer, um der vielbeschäftigten Lehrkraft die Handhabung des Bewegungserziehungsprogrammes zu erleichtern.

Das gesamte Programm ist für Kinder von der Vorschule bis zu den ersten Klassen der Grundschule bestimmt, aber viele Ausschnitte davon können auch in höheren Altersklassen angewandt werden, wenn sie durch geplantes Spielen, Sportarten, durch Training zur Ausdauer und Geschwindigkeit ergänzt werden.

Untersuchungen über das Leben in der Großstadt zeigen, daß es eine zusätzliche und unvermeidbare Verantwortung der Schule ist, dazu beizutragen, den destruktiven Auswirkungen des Großstadtlebens entgegenzuwirken und den Kindern zu helfen, sich von den unglücklichen Erfahrungen, die durch die Rastlosigkeit, die Angst und die ungünstigen Lebensbedingungen verursacht werden, zu befreien. Selbstbewußtsein, Kreativität und Lernfähigkeit können durch Bewegungserziehung gefördert werden, und auf diese Weise werden die Selbsteinschätzung des Kindes, seine Gefühle und sein gesamtes Verhalten positiv beeinflußt.

Wir hoffen, daß besonders die Lehrer aus diesem Buch eine praktische und effektive Hilfe bekommen, so daß sie und die Kinder die Freude an eigener Entdeckung und Bewältigung von Aufgaben, sowie emotionale und soziale Erfüllung erfahren, die das Ergebnis einer erfolgreichen Arbeit und des Lebens mit einer Gruppe darstellen.

KAPITEL 1

Lernen durch Bewegung

Die Hauptziele der Bewegungserziehung liegen in der Förderung des allgemeinen Gesundheitszustandes und Wohlbefindens, in der Entwicklung von senso-motorischer Geschicklichkeit und Selbstbewußtsein.

Ein gut zusammengestelltes Programm der Bewegungserziehung, sofern es mit allen Fächern in den Lehrplan der Schule integriert wird (*Fleming*) – kann weit mehr erreichen. Die körperliche Tüchtigkeit eines Kindes und seine Bewegungsform beeinflussen (und werden rückwirkend beeinflußt) alle seine psychischen Fähigkeiten, – seine Fähigkeiten, sich mitzuteilen, Probleme zu erkennen und zu lösen, die Art und Weise mit andern zu fühlen und auszukommen. Ein solches Programm kann auch dazu beitragen, die Kreativität des Kindes zu steigern und sogar seine Lernfähigkeit in der Schule zu verbessern. Grundlegende Eigenschaften eines Kindes – z. B. seine Reaktionsgeschwindigkeit, die Fähigkeit zu Aufmerksamkeit und Selbstkontrolle können intensiviert werden. Das Bewußtsein des Kindes für seine Umwelt, für die zeitlichen und räumlichen Dimensionen kann in seinem gesamten Erfahrungsbereich geschärft werden.

1. Gesundheitszustand und Wohlbefinden

Die Wachstumskurve eines Kindes, seine Blutzirkulation und seine Abwehrkraft gegenüber Krankheiten werden durch körperliche Aktivität positiv beeinflußt. Die natürliche Bewegungsfreude eines Kindes und das Gefühl der Körperbeherrschung, sobald es in seinem körperlichen Können Fortschritte macht, heben sein seelisches Wohlbefinden. Bessere physische und folglich auch psychische Gesundheit steht in engem Zusammenhang mit der Fähigkeit, sich auf Aufgaben zu konzentrieren und zu lernen.

Kinder sind oft in ihrem physischen Bewegungsdrang ernstlich eingeschränkt. Vielen, die in Großstädten leben und sogar solchen, die in Vororten aufwachsen, fehlt es an Platz zu freier Bewegung und selbsterfinderischen Spielen (*Hanson*). Mit zunehmender Automatisierung und der allgemein verbreiteten mechanischen Fortbewegungsweise schwindet bei den meisten Menschen aller Altersstufen der Antrieb zu körperlicher Anstrengung, mit dem Ergebnis, daß Muskel- und Kreislaufschwächen weit verbreitet sind. Gezielte körperliche Betätigungsmöglichkeiten sind deshalb für alle Altersgruppen notwendig.

Zu den häufigsten Gesundheitsschäden gehören schlechte Haltung und falsche Bewegungen. *Williams und Worthingham* stellen fest, daß 30 % von mehr als 5000 Patienten, die zur physikalischen Therapie in eine Klinik überwiesen worden waren, Rückenbeschwerden hatten und daß 70 % dieser Gruppe über Kreuzschmerzen klagten. Übungen zur Verbesserung der Körperhaltung und Bewegungen, die die Rückenmuskulatur stärken, könnten die Mehrzahl dieser Insuffizienzerscheinungen beseitigen.

2. Körperliche Geschicklichkeit

Einige Kritiker der Leibeserziehung behaupten, daß körperliche Geschicklichkeit im täglichen Leben unnötig sei und daher Erziehung auf diesem Gebiet nur einen begrenzten Wert hat. Selbst wenn man die unrichtige oder enge Behauptung akzeptiet, daß die Erziehung zu körperlichem Können das einzige Ziel der Bewegungserziehung sei, kann sie uns dennoch dazu verhelfen, im täglichen Leben leistungsfähiger zu sein.

Die meisten von uns sind sich nicht bewußt, daß die täglichen Handlungen wie Gehen, Treppensteigen oder Bücken aus komplexen Bewegungsabläufen bestehen, die oft mangelhaft ausgeführt werden und daher zu unrationellem Arbeiten im täglichen Leben und manchmal zu Verletzungen führen können. Daher ist die körperliche Geschicklichkeit ein unerläßlicher Bestandteil der allgemeinen Leistungsfähigkeit, die Gesundheit, Energie und die Fähigkeit einschließt, die Aufgaben des täglichen Lebens wirksam zu erfüllen.

Wir meinen mit allgemeiner Leistungsfähigkeit nicht ein Maximum an körperlichem Können und Ausdauer (*Cureton*). Das Hauptziel der Bewegungserziehung an den Schulen sollte nicht sein, möglichst viele trainierte Athleten hervorzubringen. Um *Weiss* zu zitieren: »Es ist wichtiger, die Gewohnheit zu körperlicher Aktivität zu entwickeln als einen hohen Grad sportlicher Leistungsfähigkeit.« Dennoch ist körperliche Ertüchtigung wichtig für den Sport, für die Freizeitbeschäftigung, einzeln und in Gruppen, für schöpferische Bewegung, wobei alles zu einer harmonisierenden körperlichen und seelischen Verfassung beiträgt.

3. Senso-motorische Fertigkeiten

Die Steigerung des Bewegungsvermögens ist wichtig, aber Bewegung existiert nicht als ein isoliertes Phänomen. Sie ist begleitet von Empfindungen und Erfahrungen im Perzeptionsbereich.

Bewegung wird oft durch Wahrnehmungen in Gang gesetzt, aber wird immer von kinästhetischen und anderen sensorischen Reizen gesteuert, die den erfolgreichen Ablauf einer Bewegungsfolge ermöglichen.

Bewegung kann ebensogut von einem Gedanken ausgehen, z. B. wenn wir uns entschließen, ein Buch aus dem Regal zu nehmen, einen Brief zu schreiben, einzukaufen oder einen Freund zu besuchen. Und im allgemeinen ist uns die Rolle unserer Gedanken und Pläne als Ursprung und lenkender Faktor der Bewegung eher bewußt, als die Rolle der sensorischen Reize. Auf diese Weise sind wir geneigt, bei den senso-motorischen Aufgaben den sensorischen Anteil zu unterschätzen oder zu ignorieren. Normalerweise ist uns bewußt, daß der Entschluß, z. B. eine Tasse Tee zu machen, ein Ritual einleitet, das damit endet, daß wir eine volle Tasse an unsere Lippen führen. Aber wir machen uns wahrscheinlich nicht klar, daß unsere Augen die Hände beim Aufdrehen des Wasserhahnes, beim Füllen des Teekessels und beim Einschalten des Kochherdes lenken. Wir sind uns nicht bewußt, daß unsere Ohren uns über das Kochen des Wassers informieren, der kinästhetische Sinn uns über die Exaktheit jeder Bewegung unterrichtet und so den Beginn und Ablauf der Bewegungsfolge bestimmt.

Die bewußte Bewegung wird daher am besten als ein senso-motorisches Geschehen verstanden, und es sollten seine beiden Aspekte betrachtet, geübt und bewertet werden – der sensorische und der motorische Anteil. Der Erzieher sollte deshalb nicht ausschließlich an der Bewegung interessiert sein, sondern ebenso dem Bewegungsimpuls und der Bewegungsrichtung durch auditive, visuelle, taktile und kinästhetische Reize Beachtung schenken.

4. Selbstgefühl

Während der ersten 12 bis 24 Monate kommt bereits in einem hohen Maße ein Selbstgefühl zur Entfaltung und das Bewußtsein, seinen Körper verändern und beherrschen zu können, sowie die Betrachtungsweise seiner Umwelt. Aber einigen Kindern und sogar Erwachsenen fehlt dieses Selbstgefühl, oder es ist verschüttet. Mechanisierung in der Erziehung und die Forderungen in der Schule, eine stets zunehmende Menge an Fakten und Lernstoff bewältigen zu müssen, führen dazu, all die Dinge zu vernachlässigen, die ein Gefühl für sich selbst und andere entwickeln. Eine Umgebung, die keinen Raum für individuelle Betätigungen bietet, führt ebenso zu einem Verlust des Selbstgefühls. Dieser Verlust wird als Mangel an Identität empfunden und so oft beklagt.

Heutzutage sind unsere Schulen mit Kindern überfüllt, denen es an Selbstbewußtsein und Selbstbejahung fehlt. Die Wärme, die die Lehrer solchen Kindern geben können, wird von ihnen dringend gebraucht. Sie sind häufig bedrückt und mutlos, weil die Erwachsenen, die sie kennen, sich unfreundlich verhalten, da sie selbst auch ängstlich, überfordert und verärgert sind. Die Lehrer können den Kindern helfen, an Stelle des Ressentiments und des Ärgers wieder zu Freundlichkeit, Hilfsbereitschaft und Zutrauen andern gegenüber zu gelangen. Sie können dazu beitragen, dem Leben der Kinder, die oft nur Elend und Verzweiflung gekannt haben, Licht und Freude zu schenken.

Glücklicherweise kann die Bewegungserziehung Kindern helfen, Selbstbewußtsein zu gewinnen und sie darauf vorbereiten, dem Druck und den Ängsten in ihrem Kinder- und Erwachsenenleben Widerstand zu leisten. Bewegungserziehung in allen ihren Formen steigert das Selbstgefühl, und die Arbeit zu zweit und in Gruppen hilft den Kindern, mehr Gefühl füreinander zu entdecken und lehrt sie, gemeinsam gleiche Ziele zu erreichen. (Die Kapitel 4, 5 und 9 bringen viele Vorschläge zur Förderung der sozialen Anpassung und emotionalen Entwicklung der Kinder.)

5. Zeit- und Raumgefühl

Die Kenntnis der Welt, die uns umgibt, ist abhängig von dem Gefühl für Zeit und Raum, da alle Dinge und Ereignisse an Zeit und Raum gebunden sind.

Das Kind lebt in einem Hier und Jetzt. Vergangenheit und Zukunft sind außerhalb seines Vorstellungsvermögens und werden nur gelegentlich erahnt. Der Raum ist durch das begrenzt, was innerhalb seiner unmittelbaren Reichweite liegt und wird nur durch die Beherrschung der Fortbewegung zu einem größeren Bereich ausgedehnt.

Bei der Bewegungserziehung werden die Begriffe von Zeit und Raum nicht nur direkt erlebt, sondern sie verschmelzen in der Bewegung. Ohne dieses Zeit- und Raumbewußtsein ist die Vorstellung von der Welt verschwommen und nur ein beschränkter Erfahrungsbereich möglich. Wenn die Welt für ein Schulkind deutlich werden soll, muß sie über seinen eigenen Körper hinausreichen, über sein Zuhause, seine Lebensgemeinschaft, und sie muß seine Vergangenheit – die Zeit vor seiner Entstehung – sowie die Zukunft, die in seinen Plänen, Träumen und Hoffnungen existiert, mit einschließen. Bei vielen Schulkindern ist das Zeit- und Raumgefühl nur schwach entwickelt. Bei einigen sind Zeit und Raum auf ein Hier und Jetzt beschränkt. Diese Kinder können kein Vergnügen, ungeachtet noch so ungünstiger Folgen, aufschieben; sie denken nur an ihre unmittelbaren eigenen Bedürfnisse. Oft ist das Ergebnis ein asoziales oder antisoziales Verhalten.

6. Verbesserung allgemeiner Funktionen

Die Verzögerung bestimmter Funktionen der Entwicklung, einschließlich des Verlustes an Selbstwertgefühl und Umweltbewußtsein, kann auf Grund einer umgebungsbedingten Deprivation oder eines Defektes der steuernden Funktionen des Nervensystems oder wegen beidem eintreffen. Mangel an Selbstwertgefühl kann ein isoliertes Symptom oder Teil eines Syndroms sein, das dem Erzieher von kulturell benachteiligten oder von neurologisch behinderten Kindern bekannt ist.

John (1967) stellt fest, daß eine Schädigung des Nervensystems alle steuernden Funktionen stören kann: die Motivation, das Kurzzeit-Gedächtnis und die Orientierung werden beeinträchtigt, eine Enthemmung tritt ein, beim Antwortgeben kann eine Gedankenreihe weder entworfen noch behalten werden. Die Ablenkbarkeit wird verstärkt und das gesamte Verhalten beeinträchtigt.

Der Lehrer, der mit lerngestörten oder mit Großstadtkindern arbeitet, kennt ihr häufiges Unvermögen, einer Sache Aufmerksamkeit zu schenken und die für sie wichtigen Anreize auszuwählen. Er wird einsehen, daß diese Kinder eine überzeugende Motivation zur Arbeit benötigen und Hilfe brauchen, um Kraft zur Überwindung ihrer

Schwierigkeiten zu finden. Es wird ihm inzwischen bekannt sein, daß es ihnen Mühe macht, das behalten zu können, was sie gerade gelernt haben, und es ist ihm klar, daß sie oft vergessen, was sie noch am Vortage so gut zu wissen schienen. Aber es ist oft schwer für ihn, nicht über ihre mangelnde Aufmerksamkeit, ihre Unordnung und Impulsivität ärgerlich zu werden.

Die Bewegungserziehung ist oft als ein Heilmittel vorgeschlagen worden, wenn die steuernden Funktionen des Nervensystems defekt sind. Dem können wir nur zustimmen. Die Reizbarkeit und Impulsivität von neurologisch geschädigten Kindern kann durch Bewegungserziehung gebessert werden. (Wir besprechen in Kap. 9 spezielle Möglichkeiten, wie Bewegungserziehung zur Besserung von Verhaltensstörungen angewandt werden kann.) Um adäquate Ergebnisse für alle Kinder zu erzielen, müssen beim Unterrichten bestimmte Richtlinien befolgt werden.

7. Richtlinien für den Unterricht

1. Die Atmosphäre sollte fröhlich und natürlich sein. Der Erfolg des gesamten Programms hängt weitgehend von der Erfüllung des Lehrers und von der wachsenden Begeisterung der Kinder ab.

2. Den Kindern soll bewußt gemacht werden, daß Spaß und Spontaneität nur bestehen können, wenn Ordnung und Disziplin herrschen. Man sollte sie darauf vorbereiten, in zunehmendem Maße Verantwortung für ihre eigene Verhaltenskontrolle zu entwickeln. Die meisten Kinder werden sich in einem frühen Lebensabschnitt bewußt, daß, wenn sie nicht hinfallen oder sich gegenseitig stoßen wollen, die Kontrolle der Bewegungen wesentlich ist, und schließlich können sie lernen, daß solche Bewegungskontrolle für alle Aktivitäten notwendig ist.

3. In jeder Stunde für Bewegungserziehung sollten Übungen vorkommen, die die Merkmale der Bewegung fördern, außerdem Übungen, die die Kinder anregen, schöpferisch zu sein.

4. Spezielle Übungen wie solche, bei denen die Kinder Formen erkennen oder Bewegungsfolgen oder geschriebene Anweisungen befolgen lernen, müssen nicht in jeder Unterrichtsstunde enthalten sein. Sie sollten nur angewandt werden, wenn es erstrebenswert ist, diese speziellen Themen in den Lehrplan eines bestimmten Kindes, einer Gruppe oder Klasse einzubauen.

5. Der Erzieher muß die Grundgedanken, auf denen die Übungen beruhen, verstehen und die Übungen entsprechend anwenden. Die meisten Übungen können auf verschiedenste Weise durchgeführt werden, ganz abhängig von den Fähigkeiten des Kindes, von seinen Interessen, von den Zielsetzungen für das einzelne Kind und von den Anforderungen des gesamten Lehrplanes. (Beispiele dazu in Kap. 9)

6. Es ist von größter Wichtigkeit, daß man den Kindern ein Erfolgsgefühl vermittelt und vermeidet, daß sie sich als Versager empfinden. Einige Kinder haben bei den Übungen erhebliche Schwierigkeiten. Diese Kinder werden sich unzulänglich und hilflos vorkommen, wenn die Anordnungen des Erziehers zu wenig beweglich sind. John mag in der Lage sein, beim Hüpfen ein Bohnensäckchen[1] zu werfen und zu fangen, während Billy stillstehen muß, um Erfolg zu haben.

Der Erzieher wird oft damit anfangen müssen, die einfachsten Stellungen und Bewegungen beizubringen, z. B. die Arme nach oben zu strecken, zu springen oder sich mit gegrätschten Beinen hinzustellen. Dies trifft bei sehr kleinen Kindern und vielen Kindern mit Lernstörungen zu.

7. Schließlich muß der Lehrer sich ganz von den Reaktionen, die die Kinder auf die Übungen zeigen, leiten lassen. Er muß beobachten, wann sie Hilfe brauchen, wann er auf einfachere Übungen übergehen muß, wann ein Tempowechsel angezeigt ist oder wann höhere Anforderungen gestellt werden können. Er muß in seinem gesamten Planen flexibel sein.

---

[1] Mit Bohnensäckchen (beanbag) bezeichnet man in den USA ca. 11 x 16 cm große, kissenartige Stoffsäckchen, die mit getrockneten Bohnen gefüllt sind, sie sind in Kindergärten und Schulen weit verbreitet. (Die Übersetzerin)

KAPITEL 2

Die Entwicklungsfolge

Längsuntersuchungen bei Kindern zeigen, daß bestimmte Fähigkeiten sich in einer festen Reihenfolge entwickeln. Gewöhnlich lernt ein Kind laufen, bevor es lernt, in Sätzen zu reden. Lange bevor es mit Werkzeugen und Gebrauchsgegenständen wie Bleistift, Buntstift und Schere umzugehen versteht, lernt es, nach Objekten, z. B. nach Klötzen zu greifen und sie aufeinanderzusetzen. Sprechen lernt es, bevor es lesen und kritzeln, bevor es schreiben lernt.

Eine ebenso wichtige Beobachtung besteht darin, daß sich gewisse Ausdrucksformen, mit der Umwelt zu kommunizieren und sie zu meistern, während ganz bestimmter Zeitspannen oder Entwicklungsphasen herausbilden.

Für den Erzieher ist die Kenntnis von Bedeutung, wann sich besondere Fähigkeiten bei kleineren Kindern erwartungsgemäß entwickeln sollten und die Reihenfolge, in der sie auftreten, so daß er Lehrplan und -methode auswählen kann, die am geeignetsten sind. Entwicklung erfolgt in einer bestimmten Reihenfolge, und diese Reihenfolge ist festgelegt. Diese Beobachtung hat sich als richtig erwiesen, unabhängig davon, welcher Teilaspekt der Entwicklung untersucht wird. *Freud*, der die emotionale Entwicklung des Kindes erforscht hat (psychosexuelle Charakteristika), *Erikson*, der die Beziehung zwischen der sozialen und emotionalen Entwicklung des Kindes studiert hat, ferner *Piaget* (1966, 1967), *Bruner* (1956, 1966), u. a., die sich hauptsächlich mit der Entwicklung der kognitiven Funktionen beschäftigt und *McCarthy* (1954), *Vygotsky* (1965) u. a., die sich besonders mit der Sprache befaßt haben –, alle diese Wissenschaftler geben an, daß die psychologischen Funktionen des heranwachsenden Kindes voraussagbaren Veränderungen unterliegen.

Die Bezeichnung und Beschreibung der Entwicklungsphasen variieren bei den einzelnen Autoren in geringem Maße, aber grundsätzlich stimmen ihre Ergebnisse und Beschreibungen überein.

1. Fähigkeiten, die sich während der senso-motorischen Phase entwickeln

Die erste Phase im Leben eines Kindes ist die senso-motorische Phase. Mit senso-motorischen Funktionen meint man die Art und Weise, mit der das Kind sich und seine Umwelt durch den gleichzeitigen Gebrauch von Sinnesorganen und Motorik entdeckt. Die senso-motorischen Funktionen entwickeln sich maximal während der ersten 18 bis 24 Lebensmonate.

Ein Säugling lernt sowohl durch Berührung als auch durch den Anblick seine Mutter erkennen. Normalerweise werden seine Hände an seiner Decke herumspielen, während es gleichzeitig an ihr lutscht und gegen sie strampelt. Ein Baby, das mit Spielsachen spielt, wird sie in charakteristischer Weise berühren, wegwerfen und an ihnen lecken, wird sie verstecken und wieder hervorholen, sie stoßen, ziehen und schütteln, den Geräuschen lauschen, wenn es das Spielzeug herumwirft und zur gleichen Zeit beobachten, was mit dem Spielzeug passiert. Auf diese Weise erfaßt es seine Umwelt und lernt, sie mit den verschiedenen senso-motorischen Möglichkeiten zu beherrschen.

Während der senso-motorischen Phase entwickeln sich vier unterschiedliche Gruppen von Fähigkeiten: (1) Das Kleinkind lernt, viele charakteristische Merkmale seiner Umgebung zu erkennen. (2) Es wird sich seiner Andersartigkeit gegenüber seiner Umgebung bewußt. (3) Es lernt, seine Körperstellung zu verändern (vom Liegen zum Sitzen, vom Stehen zum Knien) und sich im Raum zu bewegen (krabbeln, gehen, laufen). (4) Es erlernt, Gegenstände zu ergreifen, festzuhalten, loszulassen und nach eigenem Willen mit ihnen umzugehen.

Die Beherrschung dieser vier senso-motorischen Fertigkeiten stellt die ersten Schritte des Kindes zur Unabhängigkeit dar, zur Fähigkeit, sich den Anforderungen der Umwelt anzupassen, und zu späteren Lernprozessen. Deshalb ist die Ausbildung von senso-motorischen Fähigkeiten ein überaus wichtiger erzieherischer Gesichtspunkt. Wenn einem Kind irgendeine dieser Fähigkeiten fehlt, ist es behindert, Informationen zu erlangen und sich mit seiner Umgebung auseinanderzusetzen. Auf diese Weise ist seine gesamte Entwicklung verzögert. Alle Kinder brauchen das Training ihrer senso-motorischen Funktionen. Und viele Schulkinder zeigen einen Mangel an Fähigkeiten, die sie während der senso-motorischen Phase erworben haben sollten. Für solche Kinder muß das Training gründlich und intensiv sein. Die Bewegungserziehung kann zur Entwicklung vieler senso-motorischer Fertigkeiten überaus erfolgbringend sein.

2. Das Training von senso-motorischen Fertigkeiten

Wegen der Bedeutung der senso-motorischen Phase sollte das Training der vier wesentlichen Erfahrungsbereiche der Entwicklung in dem Bewegungserziehungsprogramm der Schulen enthalten sein. Wie bereits erwähnt, sind dies das Umweltbewußtsein, das Körperbewußtsein des Kindes, die Bewegung im Raum und der Umgang mit Gegenständen.

Damit jedoch das senso-motorische Training umfassend wird, sollten neben den körperlichen Übungen noch andere Tätigkeiten mit einbezogen werden, so vor allem manuelle und gestalterische Aktivitäten – Basteln und Werken sowie Übungen für das senso-motorische Unterscheidungsvermögen (wie z. B. von Formen, Farben und Größen).

3. Sprache

Die erste Entwicklungsphase, die senso-motorische Phase, wird überlagert und abgelöst von der Periode der stärksten Sprachentwicklung. Das Kind lernt, die Sprache zu verstehen und zu gebrauchen. Sobald es lernt, sich durch die Sprache verständlich zu machen, erfaßt es Dinge, die nicht gegenwärtig sind, und sein Bewußtsein beginnt, Geschehnisse aus der Vergangenheit und Erwartungen, die sich auf die Zukunft richten, einzubeziehen. Diese Periode der maximalen Sprachentwicklung hält bis zum Alter von drei oder vier Jahren an.

Bei vielen Kindern im schulpflichtigen Alter findet man ein unzureichendes Sprachvermögen. Zahlreiche Aufsätze, Artikel, Monographien und Bücher sind über die Notwendigkeit geschrieben worden, kulturell benachteiligten Kindern ein intensives Sprachtraining zukommen zu lassen. Geringe Kommunikationsschwierigkeiten werden bei Kindern aller Altersstufen angetroffen. Aber besonders viele Kinder mit einer gegenüber dem Durchschnitt verzögerten Sprachentwicklung und mit Schwierigkeiten im Ausdruck und Sprachverständnis findet man im Kindergarten und in den ersten Grundschulklassen.

Bewegungserziehung fördert die Sprache sowohl beim »normalen« Kind als auch beim Kind mit Lernschwierigkeiten, dem kulturell vernachlässigten Kind, dem Kind mit Sprachstörungen und dem neurologisch behinderten Kind.

(Wie die Sprache im Rahmen der Bewegungserziehung entwickelt werden kann, wird in Kapitel 6 besprochen.)

4. Wahrnehmung

Die maximale Entwicklung des Wahrnehmungsvermögens findet im Alter von etwa 3½ bis 7 Jahren statt. Verschiedene Psychologen haben für diese Periode unterschiedliche Bezeichnungen gebraucht. *Bruner* (1966) nennt sie die ikonische Phase. *Piaget* (1966) bezeichnet den Abschnitt vom Ende der senso-motorischen Phase (ungefähr mit 2 Jahren) bis zum Beginn der operationalen Phase (etwa mit 7 Jahren) als präoperational. Wahrnehmung nennt er den intuitiven Teil der Intelligenz und die Periode, in der sie vorherrscht, die repräsentationale Phase (im Alter von ca. 4½ bis 7 Jahren).

Alle diese Bezeichnungen deuten auf die neuen Möglichkeiten, mit denen das Kind versucht, die Welt, die es umgibt, zu verstehen. In der Vergangenheit hat das Kind zahlreiche Erfahrungen erworben, so daß es vieles von dem, was es hört und sieht, durch den unbewußten Vergleich mit der Erinnerung an frühere Erfahrungen erfassen kann, mit den »Bildern«, die es in seinem Gedächtnis gespeichert hat. Daher versteht es seine Umwelt jetzt hauptsächlich mit den Fernrezeptoren (Augen und Ohren), und es muß die Objekte nicht länger berühren, anfassen, schmecken oder riechen, um sie erkennen zu können. (Wie das Wahrnehmungsvermögen, das der Periode der maximalen Sprachentwicklung unmittelbar folgt, intensiviert werden kann, wird in Kapitel 6 besprochen.)

5. Höhere kognitive Funktionen

Piaget (1966) bezeichnet die Perioden, während denen sich die höheren kognitiven Funktionen maximal entwickeln, als operationale Phasen; er unterscheidet zwischen der Stufe konkreter Operation (annähernd im Alter von 6½ oder 7½ bis 11 Jahren) und der darauffolgenden Stufe der formalen Operation. Im Stadium der konkreten

Operation beginnt das Kind, sich weniger auf die Wahrnehmungen als auf die gedanklichen Prozesse zu verlassen, obwohl es noch nicht den Grad abstrakten Denkens erreicht, über den es im Stadium der formalen Operation verfügt. Die physischen Kontaktaufnahmen des Kleinkindes, die spätere Informationsmöglichkeit mit Hilfe der Sprache (hauptsächlich durch die zahlreichen »Warum«-Fragen), das Erkennen durch Sehen und Hören (Wahrnehmung) werden von der Erforschung der Umwelt durch das Denkvermögen abgelöst.

Bewegungserziehung kann vom Erzieher zur direkten Entwicklung höherer Denkleistungen angewandt werden. (Kapitel 5 und 6 geben dem Lehrer Hilfen zu diesem Ziel.)

6. Emotionale Entwicklung und soziale Anpassung

Wenn man die Entwicklungsreihenfolge diskutiert und ihre Bedeutung für die Bewegungserziehung, müssen noch zwei Phänomene der kindlichen Entwicklung erwähnt werden – die emotionale Entwicklung und die soziale Anpassung. Im Gegensatz zur Bewegung, dem Sprach-, Wahrnehmungs- und Denkvermögen zeigen weder die emotionale Entwicklung noch die soziale Anpassung einen einzigen Gipfel maximaler Entwicklung, sondern einen dauernden Wandlungsprozeß während des ganzen Lebens. Seelische und soziale Entwicklung ermöglichen es dem Menschen, sich den Anforderungen anzupassen, die die verschiedenen sozialen Rollen in jeder Altersstufe mit sich bringen.

Die Bewegungserziehung kann einem Kind dazu verhelfen, sich sozial und emotional anzugleichen, weil sie ihm Erfolgserfahrungen vermitteln kann und Wechselbeziehungen zu anderen Kindern, in der Gruppe oder mit einem Partner, ermöglicht. Bewegungserziehung verlangt von einem Kind, daß es sich bei Spielen und körperlichen Übungen der anderen bewußt wird, mit denen es den Raum zu teilen hat; es muß sich mit anderen abwechseln und mit ihnen zusammenarbeiten. Auf diese Weise entwickelt es ein soziales Bewußtsein und gewinnt durch die Beziehung zu Gleichaltrigen und das Spiel in der Gruppe Erfüllung und Zufriedenheit. Es lernt, die sozialen Rollen sowohl des Anführers wie des Partners zu übernehmen. So ist es eher fähig, anderen zu helfen und sich ihnen und neuen Situationen anzupassen.

Die emotionale Entwicklung des Kindes wird ebenso durch körperliche Übung gefördert. Bewegung ist eines seiner Hauptbedürfnisse. Es kann seine Gefühle im Bewegungsablauf ausdrücken und erhält Befriedigung durch die Leistung und sozialen Beziehungen. (Dieses Thema wird in Kapitel 5 besprochen.)

KAPITEL 3

Die Bewegungsmerkmale

Es gibt zahlreiche Ziele der Bewegungserziehung, und weder Theoretiker noch Lehrer der Leibeserziehung können sich vollends über diese Ziele und ihre relative Bedeutung einig werden. Aber trotz des Unterschiedes in den Lehrplänen und Methoden wird wahrscheinlich jeder Erzieher zustimmen, daß die Entwicklung von körperlichen Bewegungsfertigkeiten immer ein Hauptanliegen der Leibeserziehung sein wird. *Laban* (1968) und seine Schüler halten z. B. die Beherrschung des Körpers bei der freien Bewegung im Raum (Geschicklichkeit, Flexibilität, Koordination) für wichtig. *Kephart* (1960) sowie *Godfrey und Kephart* weisen besonders auf die Beherrschung des Körpers bei Aufgaben hin, die Balance und visuelle Fähigkeiten des Kindes erfordern, um so eine Übertragung der Geschicklichkeit auf verschiedene andere Bewegungsfolgen zu erzielen (Bewegungs-Generalisation). Beim Sport versucht der Sprinter den Geschwindigkeitsfaktor zu verbessern, der Gewichtheber die Kraft und der Wanderer die Ausdauer. Aber keine der körperlichen Fähigkeiten, ob sie nun beim Tanz, Sport oder zur Gymnastik nötig sind, wird isoliert und unabhängig von anderen körperlichen Fertigkeiten angewandt. Daher erfordert eine harmonische Entwicklung der körperlichen Fähigkeiten ihre gleichwertige Betrachtung.

1. Der Vergleich verschiedener Programme

Die motorischen Fertigkeiten beziehen sich in gleicher Weise auf die Bewegungsmerkmale. Durch eine statistische Methode, die Faktorenanalyse genannt wird, sind diese Fertigkeiten in ihre einzelnen Komponenten aufgegliedert worden. *Nicks und Fleishman* haben Folgendes über die Faktorenanalyse zu sagen:

»Ein direkter Zugang zu diesem Problem ist die Korrelation, in der eine große Zahl von Tests denselben Individuen aufgegeben werden. Es besteht nun die Annahme, daß die Tests, die miteinander korrelieren, dieselben Faktoren messen und daß diejenigen Tests, die nicht korreliert sind, differente Faktoren messen. Die mathematische Technik der Faktorenanalyse wird auf die Korrelationen angewandt, um gemeinsame Faktoren zu isolieren und so ihrer Beschreibung und Interpretation zu dienen.«

Eine Vielzahl von faktorenanalytischen Untersuchungen über die Bewegung stimmen in bezug auf die verschiedenen motorischen Fähigkeiten überein, die dabei isoliert werden können. Diese Fähigkeiten zeigen oft untereinander wenig Beziehungen, wie z. B. die manuelle Geschicklichkeit und die allgemeine Muskelkraft. Diese Tatsache stützt sich auf Beobachtungen und ist allgemein bekannt. Wir erwarten nicht, daß die Fähigkeit, Diamanten zu schleifen oder Schlösser aufzubrechen, notwendigerweise mit ungewöhnlichem Können am Barren oder beim Gewichtheben einhergehen muß.

Wegen der Vielzahl von Fertigkeiten, die, wie wir sehen, bei der Bewegung eine Rolle spielen, gibt es bei Kindern mit senso-motorischen Störungen beträchtliche Variationen im Bewegungsmuster. So sind einige Kinder in Bewegungsmerkmalen relativ geschickt, bei denen andere versagen. Wenn man mit Kindern zu arbeiten hat, die Bewegungslücken aufweisen, ist es vorteilhaft, das Leistungsvermögen eines jeden Kindes sorgfältig zu analysieren, bei jedem Bewegungsmerkmal das Können im Vergleich zu dem der Klassenkameraden festzustellen und erst dann ein Programm für die Bewegungserziehung aufzustellen und in Kraft treten zu lassen. Ein Erzieher, der eine klare Vorstellung von den Bewegungsmerkmalen hat, kann bei vielen Kindern Ausfälle beobachten und richtig einschätzen.

Die Tabelle auf Seite 32–33 vergleicht die Ergebnisse der faktorenanalytischen Bewegungsuntersuchungen mit drei Programmen für Leibeserziehung. *Nicks und Fleishman* haben die Ergebnisse von 78 Untersuchungen zusammengefaßt. Aus ihrem Überblick geht hervor, daß sich die Mehrzahl der Untersuchungen in sieben große Bereiche der körperlichen Fertigkeiten zusammenfassen läßt, die man durch Faktorenanalyse differenzieren kann. Dies sind Koordination (einschließlich Rhythmus), Flexibilität, Geschwindigkeit, Geschicklichkeit, Kraft, Gleichgewicht und Ausdauer. *Guilfords* frühere faktorenanalytische Untersuchung über Bewegungsfertigkeiten (1958) ist ebenfalls in der Tabelle zusammengestellt. Seine Ergebnisse waren im allgemeinen dieselben wie bei späteren Untersuchungen. Guilford nahm bei seiner Analyse noch eine andere Größe auf – nämlich die Teile des Körpers und die Muskelgruppen, auf die sich die Merkmale beziehen. Dies geschah deshalb, weil die Leistungsfähigkeit in einem Bewegungsmerkmal nicht auf alle Körperteile anwendbar ist. Z. B. ist Schnelligkeit der Fingerbewegungen nicht unbedingt mit schnellem Laufen verbunden. Kraft in den Armen, die für Übungen am

Barren notwendig ist, muß nicht immer mit Muskelkraft in den Beinen gekoppelt sein, wie man sie beim Sprinter findet.

Diese zweite Größe bei Guilfords Analyse wird deshalb erwähnt, um zu betonen, wie notwendig es ist, Bewegungsprogramme durchzuführen, die Übungen für alle Muskeln des Bewegungsapparates enthalten. Durch Anwendung einer Vielzahl von Stellungen während der Übungen kann besonders anfänglich der Lehrer eine Überbeanspruchung z. B. der Beinmuskeln auf Kosten anderer Muskeln vermeiden. Wenn Übungen in Rücken- oder Bauchlage, im Sitzen, Knien, auf allen Vieren kriechend, in aufrechter Stellung usw. ausgeführt werden, wird der Körper von verschiedenen Muskelgruppen gehalten und verschiedene Muskelgruppen werden bei den Bewegungen beansprucht. (Weitere Möglichkeiten eines gut ausgewogenen Programmes der Bewegungserziehung siehe Kap. 11 und 12.)

Die Tabelle vergleicht Bewegungsmerkmale, die speziell bei drei Leibeserziehungsprogrammen Berücksichtigung finden. Einige Erzieher stellen bestimmte Bewegungsfertigkeiten mehr heraus als andere. Eine kritische Beurteilung jedes neuen Programmes für Körpererziehung sollte eine Analyse des Programmes einschließen, in der die Bewegungsfertigkeiten erläutert werden, die man verbessern will.

Dieses Programm und das von *Mosston* (1966) gehören zu denen, die versuchen, körperliche Fähigkeiten zu entwickeln und gleichzeitig anderen Aspekten der kindlichen Entwicklung Rechnung zu tragen; dazu gehören die Sprache, perzeptive und kognitive Funktionen, emotionale und soziale Entwicklung.

Mosston befaßt sich jedoch nicht damit, die Bewegungserziehung in das gesamte Schulprogramm einzugliedern oder intellektuelle Fähigkeiten durch Bewegungserziehung zu vermitteln. Bei ihm liegt die Betonung immer auf dem Lehren von Bewegungsfertigkeiten, obwohl auch er die Entwicklung der sozialen, emotionalen und kognitiven Funktionen berücksichtigt. Er verlangt von den Schülern, daß sie kooperativ arbeiten; und er fordert Phantasie und Erfindungsgabe von beiden, Schülern und Lehrern. Sein Programm sollte von den Lehrern für Bewegungserziehung sorgfältig studiert werden.

In seinem Programm für Leibeserziehung, das in dem Buch »Das lernbehinderte Kind in der Klasse« enthalten ist, schließt *Kephart* (1960) Fähigkeiten ein, die auf Wahrnehmung, Sehvermögen und Gedächtnis bezogen sind. Er erwähnt besonders die grobmotorische Koordination, die Augen-Hand-Koordination, die Zeit-Raum-Beziehung, die Körperhaltung, die Rechts-Links-Orientierung an sich selber und im Raum, das Körperimago, perzeptive Fähigkeiten (hauptsächlich Formwahrnehmung und räumliches Unterscheidungsvermögen) sowie Geschicklichkeit, die er mit Flexibilität bezeichnet. In seinem Programm (*Kephart,* 1960; *Godfrey und Kephart*) sind viele ausgezeichnete Anregungen enthalten.

Andere bekannte Programme, die sich mit Lernstörungen von Kindern beschäftigen, sind die von *Getman* (1962) und *Barsch* (1965). Beide geben viele wertvolle Hinweise.

Einige Programme öffentlicher Schulen, die die Entwicklung motorischer Fähigkeiten zum Ziel haben, berücksichtigen jedoch keineswegs alle Bewegungsmerkmale. Der Leitfaden für Leibeserziehung der Grundschulen von Los Angeles erwähnt z. B. im besonderen nur die Koordination, die Kraft und Geschicklichkeit. Dennoch garantiert in diesem Programm die große Vielzahl der Übungen, daß auch andere Fertigkeiten beachtet werden.

Von letztlich gleichwertiger Bedeutung für den Lehrer ist die Kenntnis von den verschiedenen Aspekten der kreativen Bewegung, d. h. selbständiges Finden von Bewegungsfolgen (Bewegungsexploration), welche in Kapitel 5 besprochen wird.

Bewegungsfaktoren und Leibeserziehungsprogramme verschiedener Autoren

Bewegungs-merkmale	Guilford (1)	Nicks u. Fleishman (2) (Zusammenfssg. v. 78 Untersuchgen.)	Mosston (3)	Kephart (4)	Frostig u. Maslow
Koordination und Rhythmus	Koordination Ganzer Körper Handgeschicklichkeit Fingerfertigkeit	Koordination Ganzer Körper Mehrere Gliedmaßen		Koordination Grobmotorische Auge – Hand Integration beider Körperseiten	Koordination Über die Körperachse hinweg verschiedene Muskelgruppen gleichzeitig Rhythmus Ruckartige gegenüber fließenden Bewegungen Voraussetzg. zur Synchronisation (Doll 5)
Geschwindigkeit und Geschicklichkeit	Antrieb Allgemeine Reaktionszeit Rhythmisches Klopfen Artikulationsgeschwindigkeit Schnelligkeit der Motorik Arm – Hand – Finger	Geschwindigkeit Bewegung der Gliedmaßen Laufen Geschicklichkeit Richtungswechsel während der Bewegung	Geschicklichkeit Starten Haltungswechsel während der Bewegung	An- u. Fortkommen Kontakt Reichen, greifen, loslassen Manipulation zum Erlangen von Information	Geschwindigkeit Fortlaufende Bewegung im Raum Laufen Geschicklichkeit Bewegungsbeginn Richtungswechsel
Flexibilität	Flexibilität Rumpf Bein	Flexibilität – Geschwindigkeit	Flexibilität Wirbelsäule Becken Schultergürtel Vorwärts- und Seitwärtsbeugen	(Kephart benutzt den Ausdruck Flexibilität für das, was wir mit Geschicklichkeit definieren.)	Flexibilität Maximale Streckung in Rumpf und Gliedmaßen Drehbewegung in den Gelenken

Kraft	Kraft Allgemein Rumpf Gliedmaßen	Kraft Explosiv Dynamisch Statisch	Kraft Schultergürtel und Arme Obere Rückenpartie Bauch Beine		Kraft Allgemein spezielle Muskelgruppen
Ausdauer		Ausdauer			Ausdauer Durchhalten einer Bewegung über best. Zeit (siehe Cureton 6)
Gleichgewicht	Statische Präzision Statisches Gleichgewicht Ruhighalten des gehobenen Arms Dynamische Präzision Dynam. Gleichgewicht Zielgerichtete Bewegung des Arms, der Hand	Gleichgewicht Statisch Dynamisch Objektbezogen	Gleichgewicht Bewegungen auf dem Boden Bewegungen am Gerät Bewegungen mit Unterstützung durch eine andere Person	Gleichgewicht Aufrechterhalten einer Bewegung Dynamische Beziehung zur Schwerkraft	Gleichgewicht Statisch Dynamisch Objektbezogen

1. Guilford, J. P. A system of psychomotor abilities. *American Journal of Psychology*, 1958, 71, 164–174.
2. Nicks, D. C., and Fleishman, E. A. What do physical tests measure – A review of factor analytic studies. Technical Report I, prepared for the Office of Naval Research by Yale University Departments of dustrial Administration and Psychology. New Haven: Yale Univ. Press, 1960.
3. Mosston, M. *Developmental Movement*. Columbus, Ohio: Charles E. Merrill, 1965.
4. Kephart, N. C. *The Slow Learner in the Classroom*. Columbus, Ohio: Charles E. Merrill, 1960. Also Godfrey B. B., and Kephart, N. C. *Movement Patterns and Motor Education*. New York: Appleton-Century-Crofts, 1969.
5. Doll, E. Neurophrenia. *American Journal of Psychiatry*, 1951, 108, 50.
6. Cureton, T. K. 18-item motor fitness test. *Physical Fitness Workbook*. Champaign, Ill.: Univ. of Illinois Press, 1952.

2. Definition der Bewegungsmerkmale

Es folgt die Definition von jedem Bewegungsmerkmal, das in diesem Programm enthalten ist. (Übungen zur Entwicklung dieser Merkmale werden in Kapitel 12 gegeben.)

a) Koordination

Es gibt für Koordination keine übereinstimmende Definition. Ist nur eine einzige oder mehrere Fähigkeiten dabei im Spiel? *Nicks und Fleshman* sind der Meinung, daß das Wesentliche der Koordination darin besteht, unterschiedliche Fähigkeiten bei einer komplexen Aufgabenstellung zu integrieren. Im gegenwärtigen Sprachgebrauch bezieht sich der Begriff auf die gleichzeitige und aufeinander abgestimmte Anwendung verschiedener Muskeln oder Muskelgruppen. Beides, Koordination und Rhythmus, sind charakteristische Merkmale jeder Bewegung, und das ist wahrscheinlich der Grund, warum *Mosston* (1965) sie nicht als eine getrennte Gruppe bei den einzelnen Bewegungsfertigkeiten aufführt, die er als Übungsziele angibt. Wir betrachten jedoch die Koordination als eine gesonderte Einheit, weil einige Kinder ganz spezifische Koordinationsprobleme haben, besonders der Koordination beider Körperseiten. Es können Übungen entwickelt werden, die vor allem der Fähigkeit dienen, Muskelgruppen zu koordinieren, während dabei andere Bewegungsfertigkeiten weniger berücksichtigt werden.

Nicks und Fleishman sind der Meinung, daß gute Koordination von einem reibungslosen Funktionieren des Nervensystems abhängt, wobei die Hirnrinde wahrscheinlich die Hauptrolle spielt. *Ayres'* Untersuchungen bestätigen diese Ansicht. Sie hat eingehende Untersuchungen veröffentlicht (1965, 1966, 1967), die sich mit der Rolle des Zentralnervensystems in bezug auf die Koordination befassen. Neurologisch behinderte Kinder und Kinder mit Lernstörungen zeigen oft ein geringes Koordinationsvermögen, besonders bei Bewegungen, bei denen die Mittellinie des Körpers gekreuzt werden muß. Oft sind sie nicht dazu imstande, seitengekreuzte Bewegungen auszuführen, wie z. B. das rechte Bein und den linken Arm gleichzeitig zu bewegen oder seitwärts zu gehen, indem das eine Bein hinter dem andern gekreuzt wird. *Kephart* (1960) betrachtet daher seitengekreuzte Übungen als überaus wichtig (wie sein »Engel im Schnee« und andere seiner Übungen beweisen.)

b) Rhythmus

Die Bezeichnung Rhythmus im Hinblick auf Bewegung kennzeichnet eine fließende, regelmäßige und ausgewogene Bewegung. Für die Bewegungserziehung hat der Rhythmus zwei Anwendungsbereiche. Es kann sich um den Bewegungsfluß, mit der eine Folge wiederholt wird, handeln – also ein Bewegungsmuster. Ein Beispiel dafür ist weiches, anmutiges Gehen. Wenn jemand auf einer feuchten Oberfläche ausrutscht oder über eine Baumwurzel stolpert, ist das Bewegungsmuster unterbrochen. Das Gehen wird dann nicht mehr rhythmisch sein.

Doll (1951) stellt fest, daß die Voraussetzung für rhythmische Bewegungen die Fähigkeit zur Synchronisation der Bewegung ist. Rhythmischer Bewegungsfluß ist wiederum von guter Koordination abhängig. Übungen zur Koordinationsschulung fördern also zugleich die rhythmische Bewegung.

Rhythmus kann sich ebenso auf die Nachahmung oder Erfindung sich wiederholender, betonter oder unbetonter Schlagfolgen oder -einheiten beziehen, die beispielsweise entweder durch ein Schlaginstrument oder durch Körperbewegung wie Klatschen oder Stampfen erzeugt werden.

c) Flexibilität

Flexibilität beinhaltet die Fähigkeit, die einzelnen Körperteile mühelos in Beziehung zueinander zu bewegen, mit einem Maximum an aufeinanderfolgender Streckung und Beugung. Flexibilität wird in vielen Lehrplänen für Leibeserziehung als ein Bewegungsmerkmal anerkannt, das ein ganz spezielles Training erfordert.[2]

Gegenwärtig wird am Frostig-Center in Los Angeles der Versuch gemacht, die Bewegungsmerkmale mit einer von *Sundstrom und Orpet* sowie *Orpet et al.* entwickelten Testbatterie zu messen. Den Ergebnissen nach zu urteilen, ist die Flexibilität die einzige Fähigkeit, die mit dem Älterwerden des Kindes eher ab- als zunimmt. Daraus kann gefolgert werden, daß das gewöhnlich in den Schulen angewandte Leibeserziehungsprogramm kein ausreichendes Flexibilitätstraining anbietet. Die zunehmende Steifheit wird durch stundenlan-

---

[2] Harris fand keinen Anhalt dafür, daß Flexibilität als einziges charakteristisches Kennzeichen existiert. Seine faktorenanalytische Untersuchung stützt die Hypothese, daß Flexibilität so aufgebaut ist, wie es dem gerade in Funktion befindlichen Körperteil entspricht.

ges Stillsitzen in den Schulen und durch zu geringe Abwechslung bei der Körperbewegung noch verschlechtert. Man kann sich fragen, ob der Mangel an körperlicher Flexibilität nicht auch die Persönlichkeit beeinflußt. So bezeichnet man z. B. einen Menschen als »flexibel« oder »rigide«, »steif« oder »unbeugsam«.

Körperliche Flexibilität wird durch Bewegungen mit maximaler Streckung in den Gelenken erreicht, wie wir sie z. B. von Schaunummern und akrobatischen Kunststücken her kennen. So vergrößern z. B. Saltos die Flexibilität des Oberkörpers nach vorne.

d) Geschwindigkeit

Geschwindigkeit bezieht sich auf das Tempo, das während einer Bewegungsfolge erzielt wird. Geschwindigkeit hat nichts mit Reaktionszeit zu tun. Es ist das Hauptziel vieler Sportarten, die Geschwindigkeit der andern zu überbieten, wie beim Skirennen, Rollschuhlauf, Kurz- und Langstreckenlauf oder Schwimmen. Bei vielen anderen Spiel- und Sportarten, wie Völkerball, Fußball und Handball, Hockey, Tennis oder Polo ist Geschwindigkeit ein erstrebenswertes Bewegungsmerkmal.

Ein Kind, das langsam in seinen Bewegungen ist und mit seinen Klassenkameraden nicht mithalten kann, wird bei vielen an Schulen beliebten Sport- und Spielarten Schwierigkeiten haben. Obwohl im täglichen Leben Geschwindigkeit nicht so notwendig ist wie beim Sport, so ist doch derjenige, der über keine angemessene Geschwindigkeit verfügt, im Nachteil. Ein langsames Kind kann unfähig sein, seine Hausaufgaben zu Ende zu bringen und wird häufig zu spät in der Schule sein; eine langsame Hausfrau wird den ganzen Tag über von ihrer Hausarbeit beansprucht und der langsame Arbeiter kann seine Stellung verlieren.

Die Ursachen für die Langsamkeit der Bewegung können konstitutionell bedingt sein. Einige Leute scheinen von Kindheit an schwerfällig zu sein; bei anderen ist die Trägheit mit Fettleibigkeit verbunden; andere leiden möglicherweise auf Grund eines Gehirnschadens an einer Funktionsstörung des Zentralnervensystems, einer körperlichen Erkrankung oder Mangelernährung. In allen Fällen, in denen man eine körperliche Ursache vermuten muß, ist die Hinzuziehung eines Arztes zur Diagnosestellung und für die Behandlung indiziert.[3]

---

[3] Einige Probleme, die die Beziehung der Bewegungserziehung zu Störungen des Zentralnervensystems betreffen, werden in Kapitel 9 diskutiert.

Kindern, die sich nur langsam bewegen, sollte eine Hilfe gegeben werden, daß sie sich mehr den Fluß der Zeit bewußt machen. Sie sollten lernen, in der Geschwindigkeit der vorgeschriebenen Aufgabe miteinander zu wetteifern. Übungen der Fortbewegung wie Im-Kreis-laufen, Hindernislaufen, Hüpfen, Springen und Seitwärtsgehen können immer wieder zeitlich gemessen werden. Andere Betätigungen wie das Ab- und Aufbauen von Geräten, das An- und Ausziehen von Schuhen oder das Abschreiben von Übungsanweisungen können auch zeitlich gestoppt werden, um einem langsamen Kind seine ersehnte Geschwindigkeitssteigerung bei den durchgeführten Aufgaben bewußt zu machen. Eieruhren, Wecker oder Stoppuhren können als Zeitmesser dienen.

Psychische Störungen können sich auch in herabgesetzter Geschwindigkeit äußern. Lustlose und teilnahmslose Kinder neigen zu Langsamkeit und die Niederlagen, die langsame Kinder oft erleiden, entmutigen sie zunehmend und vermindern weiter ihr Tempo.

Die Lehrkraft muß die Gemütsverfassung eines sich langsam bewegenden Kindes berücksichtigen und ihre Beziehung zu dem Kind dahin nutzen, ihm gefühlsmäßig Hilfe und Ermutigung zu vermitteln.

Die Unterrichtsstunden in Bewegungserziehung sollten immer so aufgebaut sein, daß sie solch einem Kind ein Erfolgsgefühl vermitteln. Je glücklicher und erfolgreicher sich ein langsames Kind fühlt, um so schneller wird es sich bewegen wollen. Durch Beobachtung des Kindes wird der Lehrer feststellen, bei welchen Aktivitäten seine Stärke liegt, selbst wenn es sich nur darum handelt, daß es ein Schiedsrichter ist. Die Betätigungen, die ihm Spaß machen und bei denen es ein Gelingen spürt, sollten häufig mit ihm ausgeführt werden.

e) Geschicklichkeit

Geschicklichkeit ist das Vermögen, bei Körperbewegungen schnell zu reagieren. Sie bezieht sich auf die Fähigkeit, einen Bewegungsimpuls zu entwickeln, die Richtung zu wechseln oder schnell eine neue Körperposition einzunehmen.

Übungen der Bewegungserziehung, die diese Geschicklichkeit fördern, sind Hindernisläufe, Geräteturnen, Übungen, die einen raschen Wechsel der Körperhaltung erfordern (z. B. schnell vom Sitzen zum Stand hochkommen), Rollen und Purzelbäume machen. Diese Übungen führen zu einer verbesserten Körperkontrolle.

Man hat beobachten können, daß Kinder, denen es an Bewegungskontrolle fehlt, häufig eine mangelhafte Kontrolle ihrer gesamten Verhaltensweise haben und umgekehrt, daß kontrollierte Bewegungen und kontrolliertes Allgemeinverhalten zusammenfallen.

Wissenschaftliche Untersuchung über die Übertragung des Verhaltens von einer Situation auf eine andere ist immer schwierig und kann durch keine Statistiken gestützt werden. Es muß indessen angenommen werden, daß eine bessere Bewegungskontrolle einem Kind dazu verhilft, sein Gesamtverhalten zu beherrschen.

f) Gleichgewicht

Gleichgewicht bezieht sich auf die Beibehaltung einer Körperposition bei minimalem Kontakt zu einer Unterlage. Es gibt drei Arten von Gleichgewicht – statisches, dynamisches und gegenstandsbezogenes.

Beim *statischen Gleichgewicht* ist die Unterstützung stabil und die Person bewegt sich nicht von der Stelle. Ein Beispiel dafür ist der Zehenstand.

Das *dynamische Gleichgewicht* betrifft die Fähigkeit, eine Körperhaltung auf einer beweglichen Unterlage beizubehalten, wie auf einem schwankenden Schiff oder seinen Körper bei geringster Unterstützung zu bewegen, wie z. B. auf einem Balancierbrett.

Gegenstandsbezogener Gleichgewichtssinn bedeutet, ein Objekt nur minimal zu stützen, ohne es fallen zu lassen, so wie ein Jongleur einen Stab auf seiner Nase balanciert.

Von *Kephart* (1960) ist ein sorgfältig ausgearbeitetes Programm zur Entwicklung des kindlichen Gleichgewichtssinns entworfen worden. (In einem seiner Aufsätze [1968] hat er ein umfassendes Verzeichnis von Übungsvariationen am Schwebebalken gegeben, welche vom State Health and Physical Department, Office of the Superintendent of Public Instruction, Springfield, Illinois, weiterentwikkelt worden sind.)

g) Kraft

Kraft bezieht sich auf die Stärke, die entweder mit dem ganzen Körper oder durch Teile von ihm ausgeübt wird. Es handelt sich um eine Bezeichnung, die auf eine spezifische Muskelgruppe, wie z. B. beim Ergreifen eines Gegenstandes, oder auf den ganzen Körper zutreffen kann, wie beim Gewichtsheben. Viele Übungen, die der Laie nicht unbedingt mit Kraft in Verbindung setzt, kräftigen aber tatsächlich bestimmte Muskelgruppen; Springen stärkt z. B. die Beinmuskeln.

Mangel an körperlichem Training oder seine Einschränkung, unter der viele Kinder leiden, hat eine Schwäche der Muskulatur zur Folge. Erwachsene, die sich häufig anders entscheiden könnten, teilen dieses Unvermögen. Viele Stadtbewohner schaudern bei dem Gedanken, eine Wanderung in den Bergen zu machen oder zu Fuß die reizvollen Wälder und Küsten des Landes entdecken zu müssen. Ihnen geht nicht nur körperlich, sondern auch geistig, seelisch etwas verloren.

Eine schwache Bein- und Fußmuskulatur kann zu Schmerzen führen, die schließlich die freie Fortbewegung bis zu einem Punkt einschränken, wo Gehen eine Qual wird. Schwache Muskeln in anderen Bereichen des Körpers können andere Behinderungen zur Folge haben, z. B. Stuhlverstopfung oder Schwierigkeiten bei Geburten; sie können zur Ausbildung einer Skoliose beitragen. Der Erzieher soll sich bewußt machen, wie notwendig es ist, Übungen zur Kräftigung der Bein- und Fußmuskulatur, der Rücken- und Bauchmuskeln, sowie der Muskulatur von Schultergürtel und Armen zu geben.

b) Ausdauer

Bei der Ausdauer lassen sich zwei Phänomene unterscheiden: die muskuläre und die cardio-respiratorische. Muskuläre Ausdauer ist die »Fähigkeit, körperliche Aktivität durchzuhalten und muskulärer Ermüdung Widerstand zu leisten« (*Devries*). Cardio-respiratorische Ausdauer ist die Fähigkeit des Körpers, Sauerstoff in der rationellsten Weise zu nutzen.

Cureton und andere haben herausgefunden, daß nicht nur die willkürlichen Muskeln, sondern auch die unwillkürlichen Muskeln, besonders die des Herzens, trainiert werden und daß Herzerkrankungen und Schlaganfall durch körperliches Training verhütet werden können. Auf diese Weise haben sie dazu beigetragen, der gegenwärtigen Generation bewußt zu machen, daß die Ausdauer für die körperliche Gesundheit im allgemeinen wichtig ist – nicht nur für Sport und Bewegungsexploration. Training zur Ausdauer verlangt intensive, anhaltende Übung. Und da dies Training ziemlich energisch durchgeführt werden muß, ist es normalerweise für Kinder unter acht oder neun Jahren nicht geeignet. Über diese Altersgrenze hinaus können Übungen zur Ausdauer zunehmend in das Programm einbezogen werden.

3. Bewegungsausdehnung

Eine weitere Bewegungsdimension, welche auf jedes Bewegungsmerkmal angewandt werden kann, ist der Grad der Bewegungsausdehnung im Raum oder, um einen anderen Ausdruck zu gebrauchen, der Grad der Körperverlagerung während der Bewegung. Vier Ausdehnungsgrade können zweckmäßigerweise voneinander unterschieden werden:

a) Fortbewegung

Die Fortbewegung ist der höchste Grad der Bewegungsausdehnung, sie bezieht sich auf den Ortswechsel des Körpers. *Kephart* verweist auf die Fortbewegung als einer speziellen Fertigkeit. Die Faktorenanalyse hat Fortbewegung nicht als besonderes Bewegungskennzeichen herausgefunden. Wir betrachten sie deshalb als eine Bewegungsform.

b) Änderung der Körperhaltung

Wechsel der Körperhaltung umfaßt die Veränderung der räumlichen Verhältnisse der einzelnen Teile des Skelettapparates zueinander, wie z. B. die Bewegung vom Sitzen zum Stehen oder vom Knien zum Liegen.

c) Teilbewegungen

Teilbewegungen beziehen sich auf den unabhängigen Gebrauch von Körperteilen zu dem anderer Teile, z. B. bei manipulatorischen Tätigkeiten wie Anheben, Halten oder Drehen von Gegenständen oder nicht manipulatorischen Tätigkeiten, wie Drehen des Kopfes, um etwas zu sehen.

d) Isometrische Kontraktionen

Isometrische Kontraktionen sind ausschließlich Muskelbewegungen ohne Mitwirkung des Körper-Skelettsystems. Isometrische Übungen dienen dazu, spezifische Muskeln zu kräftigen. Ein starkes, anhaltendes Anspannen der Bauchmuskeln kräftigt z. B. diese Muskeln und macht den Bauch flacher. (Isometrische Übungen werden in Kapitel 4 besprochen.)

Ein Bewegungserziehungsprogramm, das beides, Bewegungsfertigkeiten und den Grad der Verlagerung in den Raum berücksichtigt, wird wahrscheinlich Übungen für alle Muskelgruppen beinhalten. Wenn Übungen, die sowohl verschiedene Körperstellungen wie eine Ausdehnung der Bewegung erfordern, in das Programm einbeschlossen sind, wird die Lehrkraft einen großen Schritt zur Entwicklung eines gut ausgewogenen Programmes gemacht haben.

KAPITEL 4

Körperbewußtsein

Körperbewußtsein ist wesentlich für eine normale seelische und körperliche Entwicklung. Ohne dieses kann ein Kind nicht realisieren, daß es ein »Ich«, oder, wie es sich in seiner frühen Kindheit ausdrückt, ein »Es«, d. h. in der dritten Person, darstellt.

1. Definition und Analyse des Körperbewußtseins

Das Verhältnis von Körperbewußtsein zu der gesamten körperlichen und seelischen Anpassungsfähigkeit des menschlichen Wesens ist weitgehend untersucht worden, und Neurologen, Psychiater, Psychologen und Erzieher sind sich über seine Bedeutung einig. Die Wissenschaftler sind aber in bezug auf die Definition von Körperbewußtsein geteilter Meinung. Die Bezeichnung Körperbewußtsein erscheint häufig in der Literatur über Erziehung, aber sie wird von verschiedenen Autoren für eine Vielzahl von Phänomenen gebraucht und wird selten definiert. *Ajuriaguerra* unterscheidet zwischen einem kognitiven Aspekt des Körpers (das heißt die Wahrnehmung und Kenntnis des Körpers) und seinem affektiven Aspekt, »der Körper, wie er sich anfühlt«. *Witkin* (1949) macht keine solche Unterscheidung. Er benutzt den Ausdruck Körperimago und gibt ihm beide Bedeutungen. *Schilder* gebraucht austauschbar Körperimago und Körperschema. *Head* verwendet die Ausdrucksweise »Haltungsmodell des Körpers«, was mit der Bezeichnung Körperschema, wie sie in diesem Buch gebraucht wird, übereinzustimmen scheint. Aber er schließt viele der Charakteristika mit ein, die wir in diesem Buch unter Körperimago differenzieren. Die verschiedenen Abweichungen im Gebrauch dieser Bezeichnungen erfordern, daß wir sie für unseren Zweck näher definieren.

Die unterschiedlichen Symptome, die mit einem gestörten Körperbewußtsein verbunden sind, lassen vermuten, daß verschiedene Funktionen dabei eine Rolle spielen. Im Hinblick auf dieses Programm der Bewegungserziehung werden drei Funktionen unterschieden: Körperimago, Körperschema und Körperbegriff. Diese Dreiteilung beruht, obwohl sie bis zu einem gewissen Grad künstlich erscheint, auf klinischer Beobachtung. Ihre Aufgabe ist es, zu einem entwicklungsfördernden und therapeutischen Erziehungsprogramm modellhaft beizutragen.

2. Körperimago

Körperimago wird definiert als die Summe aller auf den Körper bezogenen Empfindungen, »der Körper, wie er sich anfühlt«, um *Ajuriaguerras* Formulierung zu gebrauchen. Seine Ursprünge rühren von sehr frühen Erfahrungen her – die Empfindung, es beim Saugen, Berühren oder Berührtwerden warm oder kalt zu haben, bequem oder unbequem, satt oder hungrig zu sein. Das Körperimago wird ferner von der Gesamtheit der Lebenserfahrungen und Denkprozesse geprägt, durch die die Welt erfaßt wird und durch die sich das Individuum selbst erkennt, außerdem durch alle Gefühle und Gemütsbewegungen, die die Verbindung zwischen dem Menschen und seiner Umwelt herstellen. Körperimago ist stark beeinflußt von den physischen Charakteristika einer Person, seinen Empfindungen von sich selbst, seiner Vorstellung von dem, wie andere über ihn denken und von seinen Stimmungen und Verhaltensformen. Alle afferenten Reize – das sind alle direkt auf das Zentralnervensystem gerichteten Reize – tragen zum Körperimago bei, aber es sind die von spezieller Bedeutung, die aus dem Inneren und von der Oberfläche des Körpers herrühren.

Ayres (1965) ist der Ansicht, daß eine Störung des Körperimago einer fehlerhaften Einordnung von kinästhetischen Reizen (von den Muskeln stammenden Reizen) oder von taktilen, von der Haut stammenden Reizen, zuzuschreiben ist. Diese Annahme wird durch wissenschaftliche Untersuchungen und Hinweise auf die Bedeutung der haptischen (kinästhetischen und taktilen) Reize belegt. Körperimago wird jedoch von allen Bereichen der kindlichen Entwicklung beeinflußt, von senso-motorischen Funktionen, kommunikativen Fähigkeiten, Wahrnehmung, geistigem Fassungsvermögen, emotionaler Entwicklung und sozialer Anpassung.

Klinische Beobachtungen sprechen dafür, daß Störungen des Körperimago und der visuellen Wahrnehmung häufig zusammenfallen. *Ayres* (1965) hat sicher recht, wenn sie daraus folgert, daß ein Mangel an Körperbewußtsein – nicht ein Mangel an Bewegungsfertigkeiten – zu Störungen der visuellen Wahrnehmung führt.[4]

---

[4] *Ayres* (1967) stellt fest: Die Interpretation von Störungen erfolgt mit Begriffen der Dysfunktion von sensorischen integrativen Mechanismen auf

Die mangelhafte visuelle Wahrnehmung beeinträchtigt wiederum das Körperimago.

Störungen des Körperimago werden in falschem Figurenmalen deutlich. Wenn ein Kind immer wieder Selbstbildnisse ohne Teile des Körpers macht, sich selbst ganz klein malt, weil es sich als so klein und unbedeutend empfindet, oder sich ungeheuer groß malt, weil es Macht über das bedrohende Weltall gewinnen will, spiegelt es sein beeinträchtigtes Seelenleben wieder. Dieses kann entweder eine Begleiterscheinung des gestörten Körperimago sein oder dieses verursachen.

Die verbalen Ausdrucksformen eines Kindes können auch von der Entstellung des Körperimago Zeugnis ablegen, wie die Erfahrungen der Autorin mit verschiedenen Krankheitserscheinungen bestätigen. Ein fünfjähriges Kind erklärte, daß es unter dem Wasserspiegel in ein Leitungsrohr passen würde und im Inneren Schutz finden könne; ein anderes, daß sein Gehirn einen verfaulten Teil hätte; ein anderes, daß sein Kopf zersprungen sei (wörtlich gemeint); ein anderes, daß sein Kopf abgeschraubt, schrumpfen und wieder ersetzt werden könne; ein anderes, daß es so stark sei, daß, wenn es wirklich versuchen würde, an seinem Haus zu rütteln, dieses zusammenfallen würde, und noch ein anderes Kind, daß sein Kopf gewaltige Strahlen aussenden würde. Andere, allgemein bekanntere Beispiele, die man oft bei sog. normalen Kindern findet, sind die, daß sich Kinder, obgleich sie ein durchschnittliches oder überdurchschnittliches Aussehen haben, für häßlich oder sonderbar geraten halten.

Die enge Beziehung zwischen Körperimago und Vorstellung von sich selbst ist von *Johnson* (1962) diskutiert worden: »(1) . . . beide sind wichtig in bezug auf die Ausstrahlung der Persönlichkeit während des ganzen Lebens, (2) Körperimago und Selbsteinschätzung können in der frühen Kindheit dasselbe meinen, wenn das Kind »noch ganz Körper ist« und zusätzliche Grundlagen der Persönlichkeit, auf denen die Selbsteinschätzung aufbaut, noch nicht zur Verfügung stehen, und (3) es sollte möglich sein, das Körperimago besonders in der Kindheit, vielleicht auch in späteren Jahren, aufzuwerten, um auf diese Weise die gesamte Selbsteinschätzung zu verbessern.

---

verschiedenen Hirnebenen. Mit anderen Worten, ihre Untersuchung und ihre klinischen Befunde stützen die Behauptung, daß sog. *Input* (Wahrnehmung) und die Integration des Inputs für den allgemeinen Anpassungs- und Lernprozeß wichtiger sind als der sog. Output (Motorik). *Hunt* teilt diese Meinung.

Dieses kann durch Steigerung der neuromuskulären Kontrolle und der physiologischen Fähigkeiten erfolgen.«

Um das Körperimago zu beeinflussen, bedarf es daher korrigierender, emotionaler Erfahrungen sowie der Bewegungserziehung. Obwohl der Lehrer selten ein ausgebildeter Psychotherapeut ist, kann er für eine therapeutisch wirksame Umgebung sorgen. Er kann das Selbstgefühl eines Kindes steigern, indem er eine gute Beziehung zu sich und den andern Kindern pflegt und indem er ihm genügend Gelegenheiten für seine Äußerungen gibt. Darüberhinaus ist es wichtig, daß Kinder ein Erfolgserlebnis haben.

Da das Körperimago eines Kindes seine gesamte Entwicklung wiederspiegelt, wird dieses auch durch alle Erfahrungen mit dem Lehrprogramm beeinflußt. Die Bewegungserziehung verfügt über die direktesten Möglichkeiten, das Körperimago zu verbessern.

3. Körperschema

Der Ausdruck Körperschema, wie er hier gebraucht wird, bezieht sich auf die automatische Anpassung von Teilen des Skelettsystems und auf die Spannung und Entspannung der Muskeln, die man benötigt, um eine Körperhaltung beizubehalten, sich ohne Hinfallen bewegen und Gegenstände in sinnvoller Weise manipulieren zu können.

Ein Kind wird mit Reflexen geboren, die eine Beziehung von seiner Körperhaltung zu der Umgebung herstellen, z. B. der tonische Nackenreflex und der Greifreflex. Das Körperschema entwickelt ferner den Lernvorgang eines Kindes, willentlich eine Stellung beizubehalten, sich zu bewegen, zu krabbeln, aufzustehen, zu laufen und die Teile seines Skelettsystems so automatisch und unaufhörlich anzupassen, daß es nicht das Gleichgewicht verliert oder hinfällt, während es gerade seine Körperhaltung verändern oder sich fortbewegen will.

Es ist ziemlich schwierig, bei einem gesunden Menschen zwischen Körperimago und Körperschema zu unterscheiden. Aber bei pathologischen Fällen kann eine Trennung zwischen Körperimago und Körperschema beobachtet werden, und die Differenzierung ist bei der Erziehung von wesentlicher Bedeutung. Um den Unterschied anschaulich zu machen: bei einer vorübergehenden sensorischen Deprivation wird das Körperimago gestört, nicht aber das Körperschema. Nach einer Periode der sensorischen Deprivation hat ein Mensch keine Schwierigkeiten sich zu bewegen, aber Störungen der körperlichen Empfindungen können für einige Zeit anhalten. Ein psychotischer Mensch kann seltsame Gedanken oder Empfindungen über seinen Körper haben, ohne in seinen Bewegungen sichtbar eingeschränkt zu sein. Kinder, die nur einen geringen Hirnschaden haben, zeigen ebenfalls oft verzerrte Körpervorstellungen, wie es in ihrem Figurenmalen, mit gewöhnlich abnorm großem Kopf und anderen Fehlauffassungen deutlich wird. Diese falsche Selbstwahrnehmung geht nicht immer mit Bewegungs- oder Haltungsschwierigkeiten einher.[5] Intoxikationen durch Drogen wie LSD verzerren auch das Körperimago, ohne meßbare Wirkung auf das Körperschema. Der Unterschied zwischen Körperimago und Körperschema, wie er hier definiert wird, kann deshalb bei sensorischer Deprivation, bei einer Psychose, bei gewissen Hirnschädigungen und in einigen Fällen von Intoxikationen beobachtet werden.

Störungen des Körperschemas treten bei vielen Fällen allgemein neurologischer Schädigungen (z. B. cerebraler Lähmung) und bei lokalen Funktionsstörungen des Vestibularapparates besonders deutlich hervor. Sie kommen in falschen Bewegungsmustern eines Kindes zum Ausdruck, besonders in Bewegungen, bei denen die Mittellinie des Körpers gekreuzt werden muß und die ein großes Koordinationsvermögen erfordern.

Ein anderes Symptom ist die Unfähigkeit, gewisse Körperteile willentlich zu bewegen. George z. B., ein neunjähriger Junge von durchschnittlicher Intelligenz und ohne Einschränkung seiner Bewegungsfähigkeit, konnte nicht sein Knie beugen, wenn er dazu aufgefordert wurde. Bevor er lernte, seine Knie selbständig, so wie es verlangt war, zu beugen, mußte es ihm aktiv durch den Unterweisenden gezeigt werden.

Störungen des Körperschemas umfassen ebenso Störungen der Rechts-Links-Orientierung im Raum und an sich selber. Viele Kinder mit Lernschwächen können, selbst wenn sie in der Oberstufe sind, noch nicht zwischen Richtungen nach rechts und links unterscheiden. Auch Störungen des Körperimago gehen mit der Schwierigkeit einher, zwischen der rechten und linken Körperseite unterscheiden zu können, wenn für die Definition des Körperimago die Vorstellung »des Körpers, wie er sich anfühlt« gelten soll. Wie bereits erwähnt,

---

[5] Beispiele dafür sind die auf der Seite 46 angegebenen Verzerrungen des Körperimago.

findet man häufig Störungen der Bewegungskoordination der rechten und linken Körperseite. Auf diese Weise behinderte Kinder sind z. B. nicht in der Lage, willentlich die rechte Hand und das linke Bein zur gleichen Zeit zu bewegen.

Störungen des Körperschemas werden durch Bewegungserziehung oder Physiotherapie behandelt, besonders durch Maßnahmen, die dem Kind die Veränderungen, Anpassungsvorgänge und Regulierungen seiner Körperhaltung bewußt machen. (Für spezielle Übungen beachte man die Seiten 59, 60 dieses Kapitels.) Wenn ein Kind sich einer Haltung und Bewegungen bewußt ist, kann es sie schon im voraus auf die verschiedenen Anforderungen hin einstellen. Der Trainer, der jemand zeigt, wie man einen Ball dribbelt, einen Tennisschläger hält oder einen Golfschläger schwingt, richtet sich an das Körperschema (in der gegenwärtigen Definition) und nicht an das Körperimago.

4. Körperbegriff

Glücklicherweise kann die Unterscheidung zwischen Körperbegriff, Körperimago und Körperschema ohne Rückgriff auf pathologische Fälle veranschaulicht werden. Körperbegriff bezieht sich auf die faktische Kenntnis des Körpers, – auf die Kenntnis, daß ein Mensch zwei Augen hat, zwei Schultern, die die Arme mit dem Körper verbinden, zwei Beine usw.

Ein Kind, das die menschliche Gestalt mit vier Beinen malt, zeigt damit, daß sowohl sein Körperbegriff wie sein Körperimago falsch sind. Dasselbe trifft bei einem Kind zu, das einen Körperteil weder bei sich selbst noch bei anderen, noch auf einer Abbildung richtig lokalisieren kann. Andererseits kann ein Kind ein hervorragendes Körperimago und Körperschema haben und trotzdem wenig über seine Anatomie oder Körperfunktionen wissen.

Der Körperbegriff eines Kindes wird durch die Informationen, die man ihm über seinen Körper gibt, entwickelt. Während der Jahre in der Grundschule sollten die Kinder die grundlegenden Fakten über die menschliche Physiologie erwerben. Sie sollten etwas über das Verdauungs-, Kreislauf-, Nervensystem und ähnliches erfahren. Dieser Wissensstoff kann leicht im Verlauf eines Bewegungserziehungsprogramms vermittelt werden, die Lehrkraft sollte jedoch nicht die für die Körpererziehung benötigte Zeit schmälern.

5. Untersuchungen über das Körperbewußtsein

Seit dem Aufkommen des Begriffes Körperimago und den anfänglichen Beobachtungen über die Pathologie der Körperwahrnehmung (*Head; Schilder*) ist die Forschung fortgeschritten, aber nur wenig in die pädagogische Literatur eingegangen oder systematisch auf die Erziehung angewandt worden.

Witkin et al. sowie *Wapner und Werner* haben Untersuchungen über die Wahrnehmung von Körper und Umgebung bei Kindern und Erwachsenen zusammengefaßt, die abhängig von der Veränderung variabler Umweltfaktoren (z. B. Schräglage des Raumes) oder von den Veränderungen der Körperhaltung und Umgebung ist. Es wurden z. B. Personen in vollkommener Dunkelheit vor einen leuchtenden Stab in einem leuchtenden Rahmen hingesetzt. Stab und Rahmen konnten unabhängig voneinander gekippt werden. Während der Rahmen gekippt blieb, wurde die Untersuchungsperson aufgefordert, den Stab so lange zu bewegen, bis er ihr senkrecht zu sein schien. Die Person mußte diese Handgriffe ausführen, während die Stellung ihres Kopfes und ihres Körpers systematisch verändert wurden (*Witkin und Asch*). Um die Wahrnehmung der Körperhaltung und des Umgebungsfeldes zu prüfen, benutzten Witkin und seine Mitarbeiter einen bestimmten Raum mit einem Spezialstuhl. Der Stuhl sowie der ganze Raum konnten gemeinsam oder unabhängig voneinander geneigt werden. Die Person wurde gebeten, den Stuhl innerhalb des schräggestellten Raumes bis an die Stelle zu rücken, wo sie sich selbst als aufrecht sitzend empfand. Witkin hat auch mittels eines Raumrotationsapparates den Effekt des Richtungswechsels der Kräfte, die auf den Körper einwirken, studiert.

Diese umfassenden Untersuchungsreihen zeigten, daß individuelle Unterschiede in der Art und Weise bestehen, wie sich Menschen im Raum im Hinblick auf die Senkrechte orientieren. Einige Versuchspersonen schienen sich primär auf die visuellen Orientierungsmöglichkeiten zu verlassen – auf die Wirkung des Umgebungsfeldes in Beziehung zum Körper. Andere schienen die Einschätzung ihrer Lage primär auf körperliche Empfindungen zu stützen. Witkin nennt den Typ, dem es Schwierigkeiten macht, den Einfluß des Umgebungsfeldes zu überwinden, feldabhängig, den andern nennt er feldunabhängig. Er stellte die Hypothese auf, daß diese zwei Typen das Ergebnis der unterschiedlichen Fähigkeit sind, die Ablenkung zu überwinden, die sich aus der Umgebung, in der ein Gegenstand erfaßt wird, ergibt. Diese Hypothese ist durch viele erfolgreiche Untersuchungen gestützt worden (siehe *Witkin et al.*), Tests inbegriffen, bei denen der einzelne aufgefordert wird, in einer Zeichnung versteckte Figuren herauszufinden. Witkin stellt fest, daß das Gemeinsame bei den Testsituationen darin besteht, daß die Testperson gebeten wird, bestimmte Dinge (ihren Körper, einen Strich oder ein Muster) aus ihrem Hintergrund oder Zusammenhang heraus zu unterscheiden. Mit anderen Worten, bei allen Aufgaben wird die Figur-Grund-Wahrnehmung beansprucht.

Witkin und seine Mitarbeiter sowie *Wapner und Werner* fanden heraus, daß Kinder, wenn sie heranwachsen, feldunabhängiger werden[6], daß sich aber einige Kinder durchweg wie kleinere Kinder verhalten und feldabhängiger sind als ihre Altersgenossen. *Witkin* und seine Mitarbeiter stellten außerdem fest, daß die Feldabhängigkeit nicht den intellektuellen Leistungen entspricht, da die feldabhängige Person aus einem dargebotenen Material nicht die wichtigen Elemente isolieren und in neuer Beziehung zueinander kombinieren kann. Feldabhängigen Kindern mangelt es an analytischen Fähigkeiten, ihre IQ-Werte liegen gewöhnlich tiefer. Das feldunabhängige Kind wird von ihm in folgenden Punkten als überlegen beschrieben: Es hat eine bessere Vorstellung von seinem Körper, ein besseres Identitätsgefühl, mehr Kenntnisse von der Umwelt und seinen eigenen Bedürfnissen, eine bessere Selbstkontrolle und Führung und kann seine eigenen Impulse in sinnvollerer Weise steuern. Es ist zielbewußt, aktiv und zielstrebiger. Es hat meistens eine bessere Bewertung beim Mosaik-Test, dem Gemeinsamkeitenfinden und Bilderergänzen. (Untertests des HAWIK, Hamburg-Wechsler-Intelligenz-Test für Kinder.)

Witkin und seine Mitarbeiter glauben, daß die Feldabhängigkeit oder -unabhängigkeit ein Merkmal ist, das von der Umwelt modifiziert werden kann. Sie glauben, daß die Erfahrungen in der Familie sich auf die Umgebung auswirken und deshalb Einfluß auf die Wahrnehmung des Körpers und der Umwelt nehmen. (Andere Umwelteinflüsse diskutieren sie nicht.) Aber die für den Erzieher wichtige

---

[6] Ajuriaguerra weist darauf hin, daß die Veränderungen, die sich am älter werdenden Kind vollziehen, wahrscheinlich das sind, was Piaget als Dezentration beschrieben hat, eine Veränderung im Wahrnehmungsverhalten, das nicht unbedingt mit dem Körperbewußtsein in Verbindung steht. Obwohl Ajuriaguerra recht haben mag, ist die gegenseitige Abhängigkeit von Körperbewußtsein und Umweltbewußtsein erwiesen (Ayres).

Frage ist, ob Erziehung und Schulerfahrungen auf das Körperbewußtsein einwirken können.

Soweit Kontrolluntersuchungen durchgeführt worden sind, zeigen sie, daß eine Änderung des Körperbewußtseins mit erzieherischen Mitteln erreicht werden kann; oder, daß wenn solche Veränderungen erarbeitet worden wären, sie konsequenterweise das gesamte Verhalten des Kindes modifizieren würden. Dennoch sind *Kephart, Barsch, Cohen und Berger* u. a. davon überzeugt, daß der Lehrplan für Kinder mit Lernschwierigkeiten auf einem senso-motorischen Programm basieren sollte, da die Entwicklung der visuellen Wahrnehmung und des kinästhetischen Sinnes fördert. Die Beschreibung der neurologisch beeinträchtigten Kinder, mit denen diese Erzieher arbeiten, zeigen, daß sie in hohem Maße mit dem Bild der feldabhängigen Kinder übereinstimmen und daß ihnen ein Körperbewußtsein fehlt. Sie reagieren extrem auf Außenreize und beachten dabei kaum die kinästhetischen Reize.

Unsere klinischen Beobachtungen zeigen klar, daß einige der Charakteristika, die die Anpassung des Kindes an die Umwelt beeinträchtigen, in enger Beziehung zu einem inadäquaten Körperbewußtsein stehen und wahrscheinlich durch dieses beeinflußt werden. Die Wahrnehmung der Umwelt und das Körperbewußtsein sind voneinander abhängig. Wahrnehmungstraining und Bewegungserziehung sind deshalb von gleichrangiger Bedeutung. Die grundlegenden Versuche von Pädagogen wie *Kephart* und *Barsch*, die die kindliche Entwicklung durch besonderes Training der senso-motorischen und perzeptiven Fähigkeiten verändern wollen, sind daher sehr berechtigt. Aber man muß sich klarmachen, daß, obwohl beide Aufgabenbereiche miteinander verknüpft sind, sie etwas Verschiedenes darstellen und beide in gleicher Weise ein umfassendes Training erfordern.

Die nach allen wissenschaftlichen Untersuchungen und Beobachtungen unvermeidliche Schlußfolgerung ist die, daß Störungen des Körperimago häufig bei Kindern auftreten, daß das Körperimago das emotionale Wohlbefinden eines Kindes, seine Lernfähigkeit und seine intellektuelle Leistungsfähigkeit beeinflussen und daß das Körperimago durch ständiges Üben verändert werden kann.[7]

---

[7] Siehe z. B. *W. R. Johnson, B. R. Fretz und J. A. Johnson*, Veränderungen der Selbsteinschätzung während eines physischen Entwicklungsprogramms. The Research Quarterly, 1968, *39*, 560–565; *G. Painter*, Die Auswirkungen eines rhythmischen und senso-motorischen Aktivitätsprogrammes auf die motorischen und räumlichen Wahrnehmungsfähigkeiten von Kindergartenkindern. Exceptional Children, 1966, *33*, 113–116.

6. Entwicklung des Körperimago

Jede bewußte Körperbewegung entwickelt Teilaspekte des Körperbewußtseins. Freie Bewegung und schöpferischer Ausdruck (Kapitel 5) wirken steigernd auf das Körperbewußtsein, weil der Körper bei der kreativen Bewegung das Ausdrucksmittel wird, wie der Ton für den Bildhauer oder die Geige für den Violinspieler. Für viele Kinder ist die freie kreative Bewegung bereits ausreichend, um das Bewußtsein für den Körper, »wie er sich anfühlt«, zu entfalten. Aber es ist die Ansicht der Autoren, daß viele andere Kinder spezifische Übungen benötigen, wie sie in diesem Kapitel beschrieben werden.

Die nun folgenden Übungen sind nicht »therapeutisch«, d. h. sie sind nicht nur für Kinder mit Störungen des Körperimago bestimmt. Sie können bei allen Kindern in regulären oder Sonderklassen angewandt werden, wenn keine spezifischen medizinischen Gegenindikationen bestehen.

a) Isometrische Übungen

Bei den isometrischen Übungen nutzt man die Muskelanspannung, um spezifische Muskelgruppen zu kräftigen. Die Muskelgruppen werden maximal angespannt, die Spannung wird für einige Sekunden gehalten, und die Muskeln werden wieder entspannt. Eine Entspannung sollte jeder Übung folgen, bei der es zu einem verstärkten Muskeltonus gekommen ist. Entspannungsübungen lösen daher die isometrischen Übungen ab.

Die mit einem Sternchen* gekennzeichneten Übungen sollen mit geschlossenen und offenen Augen durchgeführt werden. Mit geschlossenen Augen ist ein Kind in der Lage, sich ohne die Beeinflussung visueller Reize auf den kinästhetischen (muskulären) *Feedback* zu konzentrieren.

1. Die Kinder verschränken die Finger beider Hände. Die Handinnenflächen fest gegeneinanderpressen. Anhalten, bis der Lehrer bis drei gezählt hat; den Druck nachlassen. Wiederholen.

2. Die Kinder neigen den Kopf zu einer Seite hinüber, das Gesicht nach vorne gerichtet, so daß die maximale Anspannung in der Nackenmuskulatur der Gegenseite gespürt wird. Der übrige Körper bleibt ruhig. Anhalten, bis der Lehrer bis drei gezählt hat; entspannen; zur Ausgangslage zurückkehren. Zur andern Seite neigen.

3. Die Kinder beugen den Kopf nach vorn, so daß die maximale

Anspannung in der Nackenmuskulatur gefühlt wird. Der übrige Körper bleibt ruhig. Anhalten, während der Lehrer bis drei zählt; entspannen; zur Ausgangslage zurückkehren. Den Kopf rückwärts beugen. (Übungen 3 und 4 nicht am selben Tag durchführen).

4. Die Kinder sitzen mit übereinandergeschlagenen Beinen auf dem Boden, die Hände hinter dem Nacken, die Finger verschränkt. Mit den Händen gegen den Nacken drücken und, indem der Rücken rund gemacht wird, so weit es geht, nach vorne beugen und den Nacken mit den Händen nach unten drücken. Anhalten, während der Lehrer bis drei zählt. Wiederholen; auf den Boden legen; entspannen. (Übungen 3 und 4 nicht am selben Tag bringen.)

5. Die Kinder liegen mit dem Rücken auf dem Boden. Die Knie dürfen leicht angebeugt werden. Arme und Hände nach vorne strekken; Kopf, Nacken und Schultern vom Boden anheben. Anhalten, während der Lehrer bis drei zählt. Entspannen.

6. Die Kinder liegen mit dem Rücken auf dem Boden; Knie angebeugt, Füße flach. Bauchmuskeln anspannen. Anhalten und drei mal tief ein- und ausatmen. Entspannen.

7. Die Kinder sitzen auf dem Boden, die Hüfte und Knie gebeugt, die Füße auf dem Boden (Hakenstellung). Das Gewicht rückwärts auf die untere Rückenpartie verlagern und dabei die Füße vom Boden abheben. Zur gleichen Zeit den Kopf und die Schultern nach vorne beugen. Anhalten, bis der Lehrer bis drei gezählt hat. Zum Sitzen zurückkommen, ohne die Hände zu gebrauchen. (Skizze 1)

Skizze 1

8. Das Anheben von Kopf und Brustkorb beim Liegen auf dem Boden muß bei Kindern vermieden werden, die zur Lordose neigen. Bei solchen Kindern ist eine Übung besser, bei der sie die Rückenmuskulatur anspannen müssen, ohne die Wirbelsäule nach hinten zu beugen. Ein Kind liegt z. B. mit dem Gesicht nach unten auf einem Tisch oder einer Bank, so daß es im Hüftgelenk unterstützt wird. Die Lehrerin

hält seine Fußgelenke fest. Seine obere Rumpfpartie beugt sich über den Tischrand nach vorne, die Beine werden in der Waagerechten gehalten. Das Kind hebt den Kopf und Rücken an, so daß sich sein ganzer Körper parallel zum Boden befindet. So lang es geht, durchhalten. Es wird bis drei gezählt. (Skizze 2)

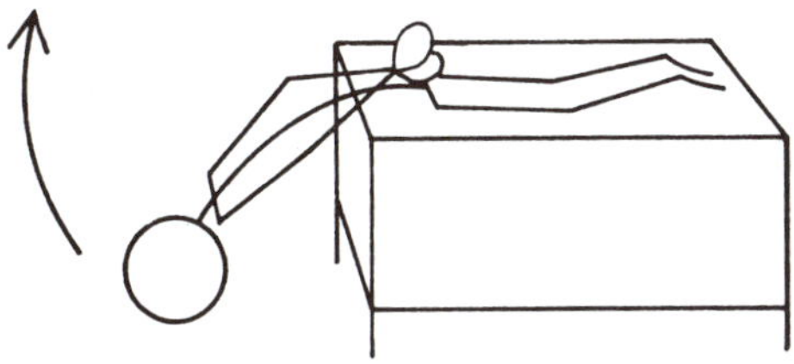

Skizze 2

b) Entspannungsübungen

1. Die Kinder versuchen, in den Boden »hineinzuschmelzen«, während sie mal auf dem Bauch und mal auf dem Rücken liegen.

2. Die Kinder sitzen auf dem Boden und jedes tut so, als sei es eine Stoffpuppe, die auf den Boden niedersinkt oder als sei es Sand, der aus einem Sack herausläuft.

3. Die Kinder üben das Fallen aus dem Stand wie Stoffpuppen. Am Anfang sollte dies nur auf einer Matte getan werden und nachdem den Kindern gezeigt worden ist, wie eine Stoffpuppe hinfällt. (Der Lehrer zeigt es an einer Stoffpuppe.)

4. Während die Kinder in den Boden »hineinschmelzen« oder während jeder anderen Ruhepause, können die Kinder ein Gespür für die rhythmische Aktivität der inneren Organe bekommen, indem sie sich auf die Empfindungen, die durch den Herzschlag oder das Atmen verursacht werden, konzentrieren.

(Zusätzliche Entspannungs- und Atemübungen werden in Kapitel 12 gegeben.)

c) Übungen mit Widerstand zur taktilen Reizförderung

1. Die Kinder stemmen sich in Rücken- oder Bauchlage mit dem ganzen Körper gegen den Boden oder eine feste Unterlage.

2. Die Kinder knien sich hin, die Hände sind unterhalb der Schultern leicht nach innen gedreht. Sie versuchen, mit den Händen »Lö-

cher« in den Boden zu pressen. Anhalten, während der Lehrer bis drei zählt. Entspannen.

3. Die Kinder stehen 10–15 cm von der Wand entfernt. Sie lehnen sich zurück und drücken mit dem Rücken, so fest es geht, gegen die Wand. Unter weiterem Gegendruck lassen sie sich in eine Stellung, als wenn sie auf einem Stuhl sitzen würden, herabgleiten, die Knie gebeugt, der Rücken flach an der Wand. Zur Ausgangslage zurückkehren.

4. Die Kinder stehen ungefähr 25 cm von der Wand entfernt und schauen sie an. Sie lehnen sich gegen die Wand und tun so, als wollten sie sie mit den Händen wegstoßen.

d) Übungen zur taktilen Reizförderung mit einem elastischen Widerstand

1. Zwei Kinder stehen Rücken an Rücken. Ein Kind drückt nach vorne. Das andere leistet Widerstand, aber nur so weit, bis es selbst langsam durch den Raum geschoben wird. Die Rollen werden vertauscht.

2. Zwei Kinder stehen sich frontal gegenüber, die Handinnenflächen berühren sich. Ein Kind versucht, seinen Partner zurückzuschieben; dieser leistet Widerstand wie in Übung 1. Die Rollen vertauschen.

3. Die Kinder sind paarweise aufgeteilt. Ein Kind ist ein Pferd, das andere ist ein Wagen. Ein Kind steht hinter dem anderen, aber beide sehen in dieselbe Richtung. Sie halten sich an den Händen, und das vordere Kind, das Pferd, zieht das andere durch den Raum. Das Kind, welches den Wagen darstellt, macht sich »schwer«.

e) Übungen zur taktilen Reizförderung mit passivem Körper

Diese Übung wird paarweise von Kindern während einer Ruhepause ausgeführt. Ein Kind liegt auf dem Boden, das andere kniet in seiner Nähe und hält einen Stock in der Hand, an dessen Ende ein Stoffball befestigt ist. Die Lehrerin ruft Namen von Körperteilen, z. B. Zehen ... Knie ... Haare ... Knie ... Nase ... Hüfte ... Bauch ... Schienbein ... Wange ... Oberschenkel ... Hals ... Knie ... Brust .. Wange .... Zehen ... Knie ... Fuß .. Arm ... Ohr ... Finger ... Stirn ... Knöchel. Das kniende Kind berührt mit dem Stoffball leicht die Körperteile des anderen Kindes, so wie die Lehrerin sie ausruft.

Einige Kinder werden es nicht mögen, daß man sie mit dem Stoffball berührt und werden Angst oder Widerstand zeigen. Solchen Kindern muß man versichern, daß sie die Übung nicht mitmachen müssen, wenn es ihnen unangenehm ist.

f) Übungen an Geräten

Das Trampolin. In »Das lernbehinderte Kind in der Klasse« betont *Kephart,* daß Trampolin-Übungen das Körperimago entwickeln. Auf Grund des Unterschiedes in der Schwerkraft wird sich das Kind, wenn es in die Luft springt, seines Körpers bewußt. Es wird von dem Trampolin nach oben geworfen, und der Aufwärtsdrall verwandelt sich dann in einen Zug nach unten. Dies erfordert während des Springens eine fortlaufende Anpassung des Muskeltonus. Richtig beobachtet *Kephart* noch einen anderen Vorteil des Trampolins, – nämlich den Spaß, den es bereitet. Trampoline stehen nicht immer zur Verfügung. Kephart schlägt dann vor, Sprungrahmen zu benutzen, auf die sicherheitshalber Matratzen gelegt werden.

Am Frostig Center haben sich Trampolinbretter als besonders nützlich erwiesen (siehe Kapitel 10, S. 165). Sie sind relativ preiswert, transportabel und weit sicherer als das reguläre Trampolin. Sie erweisen weitgehend dieselben Dienste: sie fördern die Koordination der großen Muskelgruppen, den Gleichgewichtssinn und ein Gefühl für die Bewegungen anderer, wenn die Kinder paarweise arbeiten. Wir haben gefunden, daß das erheblich motorisch beeinträchtigte Kind das Trampolinbrett genauso liebt wie die anderen Kinder und daß sein Gebrauch ein wunderbarer Motivationsfaktor wird. Viele Kinder, die »noch nie in der Luft waren«, weil sie nicht springen können, sind glücklich mit dem Trampolinbrett.

Cratty weist noch auf andere Möglichkeiten hin, mit Trampolinübungen das Körperimago zu verbessern. Das Kind bekommt ein besseres Gefühl für seine Körperhaltung in Beziehung zu rauf-runter, rechts-links und hinten-vorne, wenn es das Gefühl der Schwerelosigkeit erfährt, sobald es von dem Trampolin in die Luft geschleudert wird. Es wird ihm leichter fallen, bestimmte Körperteile zu lokalisieren, besonders die, mit denen es beim Aufprall auf die Trampolinoberfläche als erstes in Berührung kommt. Ebenso kann es den Unterschied zwischen Größe und Länge verschiedener Körperteile besser verstehen, da es auch Erfahrungen in der unterschiedlichen Fallhöhe bekommt.

Andere Geräte. Das Klettern, Schaukeln und Rutschen, das mit anderen Spielplatzgeräten möglich ist, haben insofern etwas mit dem Trampolin gemeinsam, als die Gravitationskraft in rhythmischer Weise verändert wird. Ein zusätzlicher Faktor zur Verbesserung des Körperimago ist die taktile Reizung, die durch die Anwendung der Geräte gefördert wird.

Die Schwerkraft wird auch bei Bewegungen modifiziert, die nicht den Gebrauch von Geräten erfordern, wie z. B. Springen, Hüpfen, Bockspringen, Galopphüpfen, Drehen, eine Rolle machen und besonders beim Tanzen und Herumwirbeln, wobei die Zentrifugalkraft mit eine Rolle spielt. Geräte sind daher nicht notwendig, sie tragen aber zur Aneignung gewisser Fertigkeiten und zur Freude der Kinder bei (siehe Kapitel 10).

g) Übungen mit kombiniert taktiler und kinästhetischer Reizförderung

1. Die Kinder kriechen durch einen Tunnel.
2. Die Kinder rollen auf dem Boden.
3. Die Kinder machen Purzelbäume. Der Lehrer muß sich vergewissern, daß die Kinder dies richtig machen, um jegliche Verletzung der Nackenmuskulatur zu vermeiden. Ein unerfahrenes oder kleines Kind versucht oft, kurz vor dem Abrollen seinen Hals zu strecken, so daß das Körpergewicht anstatt auf den Schultern auf dem Nacken zu liegen kommt. Der Lehrer sollte am Anfang den Kindern helfen, indem er eine Hand auf das Gesäß des Kindes und die andere an den Nacken legt, dabei das Kind hinüberhebt und den Kof des Kindes nach unten drückt.
4. Die Kinder benutzen leichte Gewichte. Wenn die Kinder Bänder an den Armen tragen, in die kleine Bleigewichte eingenäht sind, oder sie irgendwelche Gegenstände in ihren Händen, auf dem Rücken oder Kopf tragen, sind die normalerweise auf den Körper einwirkenden Kräfte verändert und das Körperbewußtsein des beschwerten Körperteiles ist erhöht.

h) Übungen zur Vermeidung von Kollisionen

Bei den vorangehenden Übungen wurde das Körperbewußtsein durch Berührung gesteigert. Die folgenden Übungen fördern das Körperimago dadurch, daß sich die Kinder ihrer körperlichen Begrenzung zu Gegenständen, die sie vermeiden müssen, bewußt werden.

1. Ein Hindernislauf (siehe S. 167) kann den Körper in verschiedene Beziehungen zu hohen und niedrigen, breiten und schmalen, runden und eckigen, großen und kleinen Objekten bringen. Hindernisläufe können auch bei Übungen für schöpferische Bewegung angewandt werden. (Sie werden in Kapitel 5 besprochen.)

Hindernisläufe können sowohl in den Klassenzimmern als auf dem Spielplatz abgehalten werden. (Bei kleinen Kindern nennt man sie am besten Drunter- und Drüber-Spiele). Man kann die Kinder auffordern, unter einem Tisch herzukriechen, über einen Stuhl zu klettern, über Striche, die man auf den Boden aufmalt, zu hüpfen, um andere Kinder herumzulaufen usw. Sobald die Kinder mit dem Hindernislauf vertraut sind, kann der Lehrer die Zeit der Ausführung abstoppen, um zusätzlich zum Körperimago die Geschicklichkeit und Geschwindigkeit zu fördern.

2. Die Kinder laufen in einem umschriebenen Bereich in verschiedenen Richtungen umher und versuchen dabei, Kollisionen zu vermeiden.

3. Die Kinder spielen »Völkerball«.

Wie schon früher betont wurde, steht das Körperimago in enger Beziehung zur eigenen personellen Wahrnehmung des Kindes. Der Lehrer muß daher in der Klasse eine Gefühlsatmosphäre schaffen, in der sich das Kind sicher und gleichwertig fühlt. Das ist ebenso wichtig für die Entwicklung des Körperimago wie Folgendes: Wohlwollen, Freundlchkeit und Rücksicht sollten kennzeichnend für das Klima in der Klasse sein. Man soll die Kinder dazu ermuntern, sich gegenseitig Hilfe und emotionale Wärme zu geben. Ein Kind, das den Eindruck eines Außenseiters macht, braucht von seiten des Lehrers besondere Hilfe und Aufmerksamkeit, Ermunterung, Lob und Anerkennung. Ein scheues Kind sollte ermuntert werden, sich der Gruppe anzuschließen, aber es sollte nicht dazu gezwungen werden. Einige Kinder brauchen es, daß sie erst einmal für sich und dann zu zweit arbeiten, bevor sie bei Gruppenübungen mitmachen können. (s. Abb. 4)

7. Entwicklung des Körperschemas

Um unsere Definition zu wiederholen, Körperschema bezieht sich auf die automatische Anpassung von Teilen des Skelettsystems, auf die

Spannung und Entspannung der Muskeln, die nötig ist, um eine Körperstellung beizubehalten, um sich zu bewegen, ohne hinzufallen, und auch andere Gegenstände wirkungsvoll zu bewegen. Alle Übungen zur Entwicklung des Körperimago umfassen auch das Körperschema. Im Grunde tragen alle Bewegungen bis zu einem gewissen Grade dazu bei, das Körperschema zu entwickeln.

Spezifische Übungen für das Körperschema sind solche, die eine exakte und schnelle Anpassung des Skelettsystems erfordern, und solche, bei denen sich ein Kind, z. B. durch Nachahmung einer Körperposition, seiner Körperhaltung bewußt wird.

Das Spiel »Das ist es!« dient diesem Zweck. Zuerst üben die Kinder verschiedene Körperstellungen – so z. B. klein, groß oder mittelgroß zu sein, ferner einen, zwei, drei, vier, fünf oder sechs Unterstützungspunkte am Boden zu haben, oder den Körper zum Boden oder zur Decke hinzuwenden, nach vorne, rückwärts, verdreht oder ähnliches. Sie beachten aufmerksam die Stellungen der anderen. Wenn sie ein größeres Repertoire an verschiedenen Körperstellungen beherrschen, ist einer nach dem andern der Vorturner. Der Vorturner nimmt eine Körperstellung ein und ruft aus: »Das ist es!«, und die anderen Kinder müssen die Körperhaltung nachmachen. Nebenbei vermittelt dieses Spiel noch ein Training der viso-motorischen Assoziationen (siehe Kapitel 7).

Haltungs- und Gleichgewichtsübungen, wie sie *Kephart* vorschlägt, sowie Übungen, die Geschicklichkeit erfordern, sind ebenfalls zur Entfaltung des Körperschemas von besonderem Wert.

Schließlich führen auch solche Übungen zur Entwicklung des Körperschemas, die den Kindern die Bewußtmachung von rechts und links und die Integrierung beider Körperseiten erleichtern. (Diese Übungen werden im folgenden Abschnitt behandelt.)

8. Rechts-Links-Orientierung im Raum und an sich selbst

Nach *Harris* bezieht sich die Seitendominanz auf die Bevorzugung oder Überlegenheit einer Körperseite gegenüber der anderen bei der Ausübung motorischer Funktionen. Ein Mensch mit Rechtsdominanz wird deshalb die rechte Hand, das rechte Auge und den rechten Fuß bevorzugt gebrauchen. Ein Mensch mit Linksdominanz benutzt vor allem die linke Hand, das linke Auge und den linken Fuß.

Einige Kinder bevorzugen z. B. immer die linke Hand, jedoch das rechte Auge und den rechten Fuß oder die rechte Hand und das rechte Auge, aber den linken Fuß; dies weist auf eine gekreuzte Dominanz. Eine andere Variation der Seitendominanz besteht dann, wenn ein Kind abwechselnd die rechte oder linke Hand gebraucht, ein Zustand, der auf eine nicht fixierte oder gemischte Dominanz deutet (*Harris*).

Die Beziehung zwischen Rechts-Links-Orientierung an sich selbst und Lernfähigkeit, besonders beim Lesen, ist immer noch ein sehr umstrittenes Problem. Wahrscheinlich geht die Meinungsverschiedenheit z. T. auf eine unklare Terminologie zurück. Rechts-Links-Orientierung an sich selbst wird manchmal für dasselbe wie Seitendominanz gehalten und auch gelegentlich für Rechts-Links-Orientierung im Raum. Dies ist ein Irrtum. Rechts-Links-Orientierung im Raum bezieht sich auf die Kenntnis von rechts und links im Raum, Rechts-Links-Orientierung an sich selbst auf die Kenntnis von der rechten und linken Körperseite und Seitendominanz auf die bevorzugte Körperseite. *Hunter* spricht bei Rechts-Links-Orientierung an sich selbst vom »inneren Raumplan« und bei Rechts-Links-Orientierung im Raum vom »äußeren Raumplan«.

Rechts-Links-Orientierung an sich selbst und im Raum haben einen Einfluß auf die Lernfähigkeit, nicht aber die Seitendominanz. Kinder, die die rechte und linke Seite in ihren Büchern und Heften nicht unterscheiden können, haben Lernschwierigkeiten. Die Orientierung auf einer Seite ist zum fließenden Lesen von links nach rechts wichtig, beim Schreiben von Buchstaben in der korrekten Richtung und beim Zahlenschreiben. Im Gegensatz dazu weisen unsere eigenen Untersuchungen und die von anderen darauf hin, daß eine Abweichung der Seitendominanz nicht immer etwas über das Lesen aussagt. Es besteht z. B. keine Übereinstimmung zwischen der gekreuzten Dominanz und dem Lesevermögen.

Belmont u. Birch und Trieschmann fanden keine Unterschiede bei den Kennzeichen der Seitendominanz zwischen Kindern mit Lesestörungen und den Kontrollkindern. *Balow* fand heraus, daß bei den Erstkläßlern keine Beziehung zwischen Handdominanz und der Leseleistung bestand. *Cohen und Glass*, *Nichols* und *Rabinovitch* u. a. haben erkannt, daß die Verwechslung von rechts und links, nicht aber die Seitenbevorzugung das Lesevermögen beeinträchtigt. *Johnson und Myklebust* haben beschrieben, was Untersuchungen von *Benton* sowie

Ilg und Ames (1965) ergaben, daß nämlich bei Kindern mit psychoneurologischen Lernschwächen die Rechts-Links-Unterscheidung häufig gestört ist, aber sie haben nicht über Unterschiede bei den Charakteristika der Seitendominanz berichtet.

Andererseits haben *Orton, Harris, Zangwill* sowie *Silver und Hagin* behauptet, daß unausgeprägte Rechts-Links-Orientierung an sich selbst eine direkte Ursache der angeborenen Dyslexie ist. Es muß noch festgestellt werden, daß diese Autoren die gekreuzte Dominanz nicht für eine Ursache der Lernschwierigkeiten halten.

Allein aus der Beobachtung der Seitigkeit von Hand, Auge oder Fuß kann noch kein Rückschluß auf die zerebrale Dominanz gezogen werden (*Zangwill*). *Goodglass u. Quadfasel* haben gezeigt, daß die zerebrale Dominanz für die Sprache nicht völlig mit der Dominanz für die motorischen Fertigkeiten übereinstimmt. Darüberhinaus beeinflußt ein Wechsel der Handdominanz nicht die Gehirndominanz.

Zusammenfassend läßt sich sagen, daß die Rolle der Seitendominanz umstritten ist und ein direkter Zusammenhang zwischen der Seitendominanz und Lernstörungen fraglich zu sein scheint.

Unser Standpunkt wird wahrscheinlich am klarsten durch *Reinhold* wiedergegeben: »Vielleicht ist unsere ganze Vorstellung von der Dominanz, die so eng mit der Repräsentation der Funktionen verknüpft ist, falsch. Um lesen oder schreiben zu können, ist ein Unterscheidungsvermögen, zwischen rechts und links notwendig. Orientierung und Richtung, Vorwärtsbewegung und Merkfähigkeit werden alle zum Lesen und Schreiben benötigt.«[8]

Wir glauben indessen, daß unausgeprägte (gemischte) Dominanz einen indirekten Einfluß auf das Lernen haben kann, weil die mangelhafte Bevorzugung einer Hand die Rechts-Linkserfahrung behindert und eine unklare Rechts-Links-Orientierung verursachen kann, die, wie viele Untersuchungen zeigen, mit der Lernfähigkeit gekoppelt ist. Sobald sich eine Dominanz ausgebildet hat, kräftigt der ständige Gebrauch einer Hand die Muskeln von Hand und Arm und ruft wahrscheinlich einen unterschiedlichen Tonus im Arm hervor. Dieses spezifische kinästhetische Gefühl charakterisiert die dominante Hand und führt daher zur sofortigen Kenntnis, welche die linke und welche die rechte Seite ist. Kindern, denen diese kinästhetische Hilfe fehlt, sind beim Erlernen der Rechts-Links-Orientierung im Raum eingeschränkt. Es ist deshalb wichtig, die Bewegungserziehung für beides

---

[8] Mit freundlicher Erlaubnis der Royal Society of Medicine.

anzuwenden: um die Rechts-Links-Orientierung im Raum zu vermitteln und die Dominanz einer Hand festzulegen.

Wie *Cratty* feststellt, kann ein sinnvolles Training dazu verhelfen, von der Dominanz zur Rechts-Links-Orientierung hinzuführen und rückwirkend das Erlernen von schulischem Wissen zu erleichtern: »Durch eine Vielzahl von Erfahrungen an Rechts-Links-Bewegungen und den richtigen Aufbau einer Wissensbrücke zwischen dieser Art von Links-Rechts-Vorstellung und der Rechts-Links-Orientierung im Raum können wir den Kindern helfen, daß sie Buchstaben seltener verdrehen und andererseits die Buchstaben richtig in Worten und Wörter in Sätzen anordnen. Man muß zu Johnny sagen: »Sieh, wie das ›d‹ zu deiner linken Hand hinsieht«, statt darauf zu warten, daß die Links-Rechts-Bewegungsaktivitäten und die richtige Zuordnung von links und rechts im Raum übertragen werden.[9]

Der Lehrer sollte auch verstehen, daß Linkshändigkeit nicht richtig beurteilt wird, wenn man sie als Ursache für Lernschwierigkeiten hält und daß bei kleinen Kindern gekreuzte Dominanz eher die Regel als die Ausnahme ist. Der Lehrer der Bewegungserziehung soll realisieren, daß die Ausprägung einer Augen-Hand-Dominanz ein Reifungsphänomen[10] darstellt und daß Kinder mit ausgereifter Motorik und Wahrnehmung eine festgelegte Dominanz zeigen werden (*Flick*).

Viele Untersuchungen (z. B. *Rudel* und *Teuber*) weisen darauf hin, daß beides, unreife Bewegungsmuster und Orientierung im Raum, durch Training beeinflußt werden kann. Bewegungserziehung kann dazu beitragen, die allgemeine Unreife motorischer Funktionen zu verbessern und die Rechts-Links-Wahrnehmung zu entwickeln.

a) Übungen zur Rechts-Links-Orientierung an sich selbst (Förderung der Dominanz)

Die folgenden Übungen sind zur Kräftigung des Muskeltonus in der dominanten Hand und folglich bei der Ausbildung der Seitigkeit nützlich.

1. *Kephart*[11] empfiehlt, daß Kinder mit einer geringen Zugkraft

---

[9] Mit besonderer Genehmigung von John Wiley & Sons, Inc.

[10] *Isom* hat in einer Längsuntersuchung bei Hunderten von Kindern herausgefunden, daß im Alter zwischen vier und sieben Jahren 20 % die Augendominanz und 10 % die Handdominanz wechseln.

[11] Mündliche Mitteilung

des Muskeltonus in beiden Armen ein beschwertes Armband an dem Arm tragen sollen, der erwartungsgemäß der dominante sein wird[12]. Das Armband ist ein Stoffstreifen, in den sechs bis acht kleine Bleigewichte von je ca. 28 g eingenäht worden sind. Es wird täglich ungefähr 30 Minuten lang getragen, sowohl beim Schreiben als auch während der Bewegungserziehung.

2. Ein Kind macht eine Faust, indem es die dominante Hand so fest wie möglich zusammenballt, dann beugt es den Ellbogen und versucht, die Muskeln des Oberarmes anzuspannen. Diese Stellung hält es für drei Sekunden an und streckt dann den Arm wieder aus. Zwei- oder dreimal wiederholen.

3. Ein Kind hebt einen schweren Sandsack, gebraucht aber dabei *nur* den dominanten Arm.

b) Übungen zur Rechts-Links-Orientierung im Raum

Ein Kind mit Schwierigkeiten bei der Rechts-Links-Orientierung im Raum sollte zuerst ein paar feste Hilfen bekommen, um ihm eine klare Vorstellung zu geben, welche seine rechte und welche seine linke Hand ist. Dies kann durch ein beschwertes Armband erfolgen (*Kephart*), mit einem ohne Gewichte oder, indem man mit einem Stift oder Wachskreide eine Markierung wie einen Punkt, ein Zeichen oder ein kleines Bild auf die entsprechende Hand malt. Jedes Blatt Papier, das das Kind in der Klasse bekommt, sollte eine kleine Markierung in der oberen linken Ecke haben, so daß es sofort die linke Seite des Papiers erkennen kann und weiß, auf welcher Seite es mit dem Schreiben beginnen muß. Wenn ein kleiner Pfeil, der nach rechts zeigt, in der linken oberen Ecke des Papiers zu sehen ist, hilft dies dem Kind, die Bewegung in richtiger Weise zu beginnen.

Während der Bewegungserziehung erweisen die folgenden Übungen, wenn man sie mit zunehmendem Schwierigkeitsgrad erteilt, gute Dienste. In jeder Unterrichtsstunde sollte nur eine der Übungen gebracht werden.

1. Man teilt die Kinder in zwei Gruppen auf – rechts- und linkshändige Kinder. Jedem rechtshändigen Kind wird ein Bohnensäckchen in die rechte Hand gegeben, das es festhalten soll, und jedes

---

[12] Wenn bei vorsichtigem Prüfen und Beobachten nicht die Bevorzugung einer Hand deutlich wird, sollte dem Kind beigebracht werden, die rechte Hand zu gebrauchen.

linkshändige Kind soll ein Bohnensäckchen in der linken Hand halten. (Dies fördert einen unterschiedlichen Muskeltonus in der dominanten Hand.) Die Übung wird mit der rechtshändigen Gruppe folgendermaßen ausgeführt: Wenn der Lehrer »Rechts!« sagt, hebt jedes Kind seinen rechten Arm langsam nach vorne bis zur Horizontalen und sagt langsam »Rechts«. Dann wird der Arm gesenkt. Fünfmal wiederholen. Der Lehrer sollte keinesfalls andere Wörter wie z. B. rauf oder runter verwenden. Wenn die Übung von den Kindern zufriedenstellend ausgeführt wird, kann der Lehrer eine Trommel oder ein Tamburin benutzen, um das Zeichen zu geben, damit die Kinder ihren Arm heben und »Rechts« sagen.

Die gleiche Übung wird mit den linkshändigen Kindern unternommen, die auf das Wort »Links« mit dem linken Arm reagieren.

2. Wieder werden die links- und die rechtshändigen Gruppen voneinander getrennt, aber die Übung wird ohne Bohnensäckchen durchgeführt. Der Lehrer sagt langsam zu der rechtshändigen Gruppe: »Rechter Arm, zeige nach rechts.« Jedes Kind hebt langsam seinen rechten Arm nach vorne, bis er sich parallel zum Boden befindet, dann schwingt er ihn langsam herum, bis er zur Seite zeigt, den Zeigefinger ausgestreckt. Wieder begleiten die Kinder die Tätigkeit mit den Worten: »Zeige nach rechts.« Später kann der Lehrer anstatt der Worte ein Zeichen geben. Fünfmal wiederholen. Die linkshändigen Kinder lernen nach links zeigen.

3. Der Lehrer erklärt und zeigt, was eine viertel und was eine halbe Drehung ist. Diese Übung ähnelt der Übung 2, aber ein dritter Schritt wird noch hinzugefügt. Langsam sagt der Lehrer zu der rechtshändigen Gruppe: »Dreht euch nach rechts«, und die Kinder machen eine Vierteldrehung nach rechts, aber sie bewegen nicht den Arm, der nach rechts zeigt. Sie beenden also die Bewegung, indem sie in dieselbe Richtung schauen, in die der Arm zeigt. Bei der Ausführung sagen die Kinder: »Nach rechts drehen!«

Die linkshändige Gruppe dreht sich nach links.

Die folgenden Übungen sind für fortgeschrittene Kinder.

4. Der Lehrer erklärt, daß durch Springen in einer halben Drehung das Kind in die entgegengesetzte Seite des Raumes oder Kreises blickt. Wenn ein Kind zwei Sprünge benötigt, um in die entgegengesetzte Richtung zu schauen, ist jeder Sprung nur eine Vierteldrehung. Die Kinder sollten Sprünge mit viertel und halben Wendungen, den Anweisungen des Lehrers entsprechend, üben.

Nach einigen Vorübungen kann ein Spiel gespielt werden, bei dem ein Kind den Richtungswechsel der Sprünge angibt. Zum Beispiel: »Eine halbe Drehung nach rechts, eine Vierteldrehung nach links, eine Vierteldrehung nach rechts.« Wenn es einem Kind nicht gelingt, die Anweisungen in korrekter Form zu befolgen, wird dieses Kind nun der Tonangebende und gibt die Befehle, bis wieder ein anderes Kind einen Fehler macht.

5. Das Folgende ähnelt der Übung 3, aber die Kinder machen viermal die Vierteldrehung, bis sie zur Ausgangsposition zurückkehren und auf den Lehrer gerichtet sind. Nach einigen Übungstagen soll der rechtshändigen Gruppe beigebracht werden, den linken Arm anzuheben und sich nach links zu drehen, sowie der linkshändigen Gruppe den rechten Arm zu heben und sich nach rechts zu drehen. Sobald beide Gruppen in der Lage sind, sich entsprechend dem Zeichen in jede Richtung zu wenden, können beide Gruppen die Übung gemeinsam machen. Jede Gruppe dreht sich in die Richtung der dominanten Hand, sobald das Kommando »Drehen« gegeben wird.

6. »Jack sei hurtig, Jack sei schnell«: Klötze, Stöckchen oder Bohnensäckchen, die Kerzenhalter darstellen sollen, werden auf den Boden gelegt, um eine Bahn zu markieren. Jedes Kind muß nun vom Startpunkt aus bis zum Ziel über die Kerzenhalter springen. Nachdem es über den ersten gesprungen ist, muß sich das Kind dem zweiten zuwenden und dabei sagen, in welcher Richtung es sich gedreht hat. Die ganze Strecke soll so angelegt sein, daß ein Kind sowohl Rechts- wie Linkswendungen machen muß.

7. Dies ist eine komplizierte Fassung der Übung 6. Weil ein Übersteigen von Hindernissen vorkommt, fördert sie zugleich das Körperimago, die Wahrnehmung räumlicher Beziehungen sowie die Rechts-Links-Orientierung im Raum.

Der Reihe nach folgt jedes Kind einem Kreidestrich, bis es auf ein Hindernis stößt, das entweder links oder rechts der Linie aufgestellt ist. Es streckt seinen Arm seitwärts in Richtung auf das Hindernis, wendet sich ihm zu und benennt die Richtung, in der es sich gedreht hat. Es könnte z. B. sagen: »Der Stein liegt rechts von mir. Ich wende mich nach rechts. Ich steige über den Stein.« Das Hindernis kann ein kleiner Stein sein, ein Seil, das zwischen zwei Stühle gespannt ist (welches man übersteigen oder unter dem man herkriechen kann), ein Stock, der von zwei Kindern gehalten wird, ein in die Luft gehaltener Reifen (durch den man krabbeln soll), ein Schwebebalken (zum Drübersteigen oder Entlangbalancieren), ein Holzklotz oder ein Stuhl.

8. Dieses Spiel befaßt sich mit dem richtigen Erkennen der linken und rechten Körperseite, dem Kreuzen der Mittellinie und der Identifikation der verschiedenen Körperteile.

Die Kinder sitzen auf dem Boden, die Knie sind gebeugt, die Füße flach am Boden. Der Lehrer gibt Anweisungen, die die Kinder befolgen sollen, so z. B.: »Rechte Hand aufs linke Knie; kreuzt die Arme vor dem Brustkorb; linke Hand aufs rechte Knie; kreuzt die Arme vor dem Brustkorb; rechte Hand aufs linke Auge; kreuzt die Arme; linke Hand auf die rechte Hüfte; Arme kreuzen; rechte Hand auf die linke Hüfte; Arme kreuzen; rechte Hand aufs linke Ohr; Arme kreuzen; linke Hand aufs rechte Ohr; Arme kreuzen; rechte Hand auf den linken Fuß; Arme kreuzen; linke Hand auf den rechten Fuß; Arme kreuzen.« Die Kinder müssen jede Anweisung dem Lehrer nachsprechen. Wenn das Armekreuzen zu schwierig ist, dürfen die Kinder ihre Arme seitwärts nehmen.

Sobald die Kinder ihre Sache gut machen, kann man sie dazu anhalten, die Übung schnell auszuführen; dabei brauchen sie dann die Anweisungen nicht mehr laut zu wiederholen. Diese Übung kann dazu dienen, die Reaktionszeit bei sich langsam bewegenden Kindern zu verkürzen und sie in rezeptiver und expressiver Sprache zu trainieren. Eine andere Gruppe von Übungen, die wichtig für die Bewußtseinsbildung von rechts und links ist, sind Spiegelbilder, Übungen, die nur bei Kindern über sechs Jahren angebracht sind.[12a]

Rechts-Links-Orientierung im Raum soll während des ganzen Schultages geübt werden. Die Bewegung von links nach rechts ist sowohl beim Lesen wie beim Schreiben nötig. Bewußte Betonung der Richtung kann in den Arithmetik- und Kunstunterricht bei allgemeinen Anordnungen in der Klasse usw. einbezogen werden.

9. Entwicklung des Körperbegriffs

Mit Körperbegriff ist die tatsächliche Kenntnis gemeint, die ein Mensch von seinem Körper hat (siehe S. 49). Da unter Körperbegriff alles bewußte Wissen über den Körper verstanden wird, sollte der Lehrer die Funktionen und die Anatomie der Organe und Körpersysteme besprechen und sich Zeit für Fragen der Gesundheit lassen.

[12a] Besprochen in Teacher's Guide for Intermediate Pictures and Patterns (Frostig and Horne). Deutsche Übersetzung: Wahrnehmungstraining; Anweisungsheft Nr. 2, erschienen 1972 im Crüwell-Verlag, Dortmund.

a) Übungen zum Körperbegriff

Die folgende Übung, ähnlich der Übung 8 zur Rechts-Links-Orientierung im Raum, ist dazu bestimmt, Praxis im Erkennen und Lokalisieren von Körperteilen zu gewinnen.

Die Kinder stehen aufrecht. Der Lehrer sagt: »Klatscht zweimal in die Hände; führt eure Ellbogen aneinander; stellt eure Füße auseinander; berührt einen Ellbogen; berührt beide Ellbogen; nehmt eure Knie zusammen; berührt euer rechtes Knie mit der linken Hand; berührt euer linkes Knie mit der rechten Hand; berührt eure Nase; berührt eure Zehen mit gekreuzten Armen; berührt mit einer Hand eure Nase, euer Knie mit der anderen; legt eure Hände auf euren Kopf; berührt ein Knie und einen Fuß; klatscht einmal in die Hände; legt die Handinnenflächen aneinander; berührt eine Schulter; faltet eure Hände hinter eurem Nacken; klatscht einmal in die Hände; zeichnet ein Viereck in die Luft; berührt eure Augen; berührt eure Fersen; greift mit der linken Hand nach eurem linken Zeh; greift mit der linken Hand nach eurem rechten Zeh.«

KAPITEL 5

Kreative Bewegung

In Kapitel 2 haben wir die Fähigkeiten besprochen, die sich während der frühesten Kindheitsphase entwickeln – der senso-motorischen Phase. Diese Fähigkeiten – Bewußtwerden des Ichs und der Umwelt, die Fähigkeit sich zu bewegen und die Fähigkeit zum Hantieren und zum sicheren Umgang mit Gegenständen – bilden die Grundlage für die gesamte spätere kindliche Entwicklung. Kreative Bewegung[13] befaßt sich mit allen Aspekten dieser Entwicklung. Sie umfaßt das ganze Kind.

1. Die Bedeutung der Kreativität

Viele Menschen fühlen sich heutzutage sowohl von sich selbst als von der Welt entfremdet. Die mechanistische Weltauffassung und der Lebensstil unserer Zeit führen zu einem, wenn sie es nicht verursachen, Gefühl der Sinnlosigkeit und zu einer chaotischen Verwirrung. Es wird nach den verschiedenen Gegenmitteln gesucht. Neue Kulte kommen auf, und gefährliche Drogen werden von einer breiten Masse benutzt, um die Selbsterfahrungen und die von außen kommenden Reize zu intensivieren. Es scheint so, als hätten die Menschen, besonders die Jugend, eine klare Vorstellung von der Welt verloren und versuchten nun mit verzweifelten Maßnahmen, sie wiederzugewinnen. Um gegen diese Gefühlskrankheit unserer Zeit anzugehen, muß die Erziehung ihre herkömmliche Rolle, nämlich Ideen, Ideale, Sitten, Ziele und Werte deutlich zu machen, beibehalten.

Der Erzieher verfügt über ein anderes, äußerst wirksames Mittel, das Bewußtsein des Schülers von sich und der Welt zu heben und gleichzeitig seine emotionale und soziale Entwicklung zu fördern: ihm zu helfen, indem er ihn zu schöpferischen Aktivitäten anregt. Die Erfahrungen, die er durch die kreative Beschäftigung gewinnt, verstärken das Gefühlsbewußtsein jedes Individuums, vermitteln innere Befriedigung und Selbsterfüllung und geben dem Leben einen

[13] Kreative Bewegung und Bewegungsexploration sind synonyme Ausdrücke, aber wir haben die Bezeichnung kreative Bewegung für dieses Buch gewählt.

neuen Sinn.[14] Wenn unserer verunsicherten Jugend die Gelegenheit gegeben wird, die Befriedigung kreativer Anstrengung zu erfahren, wird sie beides, die Mittel und den Ansporn, erhalten, um eine äußerst konstruktive Kraft zu entwickeln.

Es besteht eine Beziehung zwischen Kreativität und Verantwortung. Ein schöpferischer, Neues gestaltender Mensch empfindet seinen Ideen und seinen Schöpfungen gegenüber eine Verantwortung. Er hat ein starkes Bedürfnis zu arbeiten, weil er eine positive Auswirkung auf sein eigenes Leben und das der anderen erzielen will. Wenn Kreativität unterdrückt wird, läßt auch meistens das Gefühl für andere nach, das Engagement erlischt und das Leben wird traurig und leer.

Progoff hat beobachtet, daß der gemeinsame Mangel von Kreativität und Verantwortung grundlegend für einige Übel unserer Gesellschaft ist. »Der Hauptmangel unserer Kultur«, schreibt er, »bleibt ein Fehlen an menschlichen Kraftquellen, besonders ein Mangel an Menschen mit anhaltender kreativer Weitsicht, *kombiniert* mit persönlichem Engagement.« Bewußtheit, Kreativität und Verantwortung werden folglich als sich gegenseitig beeinflussende Elemente unserer selbst gesehen, und die Erziehung muß alle diese Faktoren berücksichtigen.

2. Kreativität und Vorstellungsvermögen

Verschiedene Forscher haben uns ein Verständnis gegeben, wie diese Aufgaben erfüllt werden können; sie haben versucht, praktische Maßnahmen vorzuschlagen. Die Kenntnis der inneren und äußeren Realität und die Fähigkeit, eine Verantwortung zu empfinden und zu erwecken, hängt von dem Vermögen des Menschen ab, bildliche Vorstellungen zu formen.

Es sind bildliche Vorstellungen dazu nötig, um Erinnerungen wachzurufen, die Zukunft zu planen und ein Einfühlungsvermögen für andere zu entwickeln. Mit Hilfe der Vorstellungskraft werden die Ereignisse der Außenwelt verschlüsselt und wiedergegeben und diese Darstellungen sowohl in räumlichen wie in zeitlichen Dimensionen gespeichert. Ohne diese Vorstellungen gibt es keine Grundlage, we-

---

[14] *Smith* betont, daß »die kreative Erfahrung dem Individuum die Möglichkeit gibt, sich selbst zu befreien, indem es seinen Körper als Mittel zur Gefühlsäußerung benutzen kann.«

der für das rationelle Lösen von Problemen, noch für ein echtes Mitgefühl.

Ein amerikanischer Forscher, *Abravanel* berichtete, daß einige russische Wissenschaftler glauben, daß die Vorstellung die Bewegung reguliert, weil die Bewegungs p l a n u n g von den Vorstellungen abhängig ist. Wir stimmen mit dieser Formulierung überein. Die Vorstellung setzt Impulse und Wahrnehmungen in Planung, Bewegung und Handlung um. Wir stimmen mit den russischen Wissenschaftlern auch darin überein, daß Bewegungsplanung und Vorstellung erlernbar sind, und unserer Auffassung nach bietet die schöpferische Bewegung einen dafür sehr effektvollen Weg, weil sie sowohl das Planen von Bewegungsabläufen wie auch den Gebrauch der Vorstellung einbezieht.

Kreative Bewegung besitzt also einen vielfachen Wert, weil sie zur gleichzeitigen Entwicklung der Selbsterkenntnis und der Umwelt verhelfen kann und durch die Förderung der Vorstellung die Ebenen der Erkenntnis, der Wahrnehmung, des Gedächtnisses, des Gefühls, der Gedanken und Handlung mit einbezogen werden. Sie ist besonders hilfreich bei Kindern von niedrigem sozial-ökonomischem Milieu[15], behinderten Kindern, Kindern mit Wahrnehmungsstörungen oder Lernschwierigkeiten, sowie geistig retardierten Kindern, denen es charakteristischerweise allen an Vorstellungsvermögen fehlt.

Neurophysiologische Theorien unterstützen den Standpunkt, daß zur Entwicklung von Vorstellungsvermögen kreative Bewegung wirksamer sein kann als irgendeine andere Aktivität. Hebb entwikkelt eine Anschauung von der bildlichen Vorstellung, die auf seinem Konzept von Zellgruppierungen fußt. Auch unterstreicht er die entscheidende Rolle der Bewegung, sowohl bei der Vorstellung als bei der inneren Organisation: »Der motorische Prozeß kann eine ordnende Funktion für die Wahrnehmung und die Vorstellungskraft haben.«

Alle Bewegung ist an Raum und Zeit gebunden. (Die Bedeutung der Bewegung zur Erfahrung und Realisierung von Zeit und Raum wird in Kapitel 9 diskutiert.) Beim Vorstellungsvermögen sowie bei der Bewegung, fallen zeitliche und räumliche Koordinaten zusammen. So vermittelt die kreative Bewegung, die sowohl Bewegung wie Vorstellungskraft erfordert, ein Höchstmaß an Zusammenwirken der Funktionen.

---

[15] *Sigel* beobachtete bei diesen Kindern einen Mangel an Vorstellungsvermögen.

3. Kreativität und Erziehung

Bewußtheit, Vorstellung, Verantwortung und Kreativität und ihre Wechselwirkung in philosophischem, psychologischem und neurophysiologischem Sinn sind für den Erzieher von großer Bedeutung. Aber selbst der Erzieher, der dies anerkennt, steht dem grundsätzlichen, praktischen Problem gegenüber – welche gegenwärtige Lehrmethode fördert die Kreativität?

Mosston hat verschiedene Lehrmethoden beschrieben und diejenigen, bei denen die Kinder streng Anweisungen befolgen mußten, denen gegenüber gestellt, die den Kindern helfen, unabhängig zu sein. Er nahm an, daß Kindern auf dem Wege zur Kreativität am besten geholfen wird, wenn sie den Prozeß des Lösens von Problemen schrittweise durchlaufen und unter Anleitung des Lehrers zu neuen Entdeckungen gelangen. Dabei entwickeln sich die Schüler von einer anfänglichen Abhängigkeit vom Lehrer in bezug auf das Problem und seine Lösung bis zu der Selbständigkeit, durch die sie Probleme erkennen und selbstgewählte Alternativlösungen finden können. Wenn ein Kind seine Vorstellungen und Gedanken in Pläne und Handlungen übertragen kann, vollzieht es einen schöpferischen Akt.

Einige Erzieher, besonders solche, die sich mit Vorschulerziehung befassen, sind zu der Schlußfolgerung von *Sigel* gelangt, daß Kinder aus niedrigen sozial-ökonomischen Schichten Schwierigkeiten in ihrer Vorstellungskraft und beim Lösen von Problemen haben. Eine kompensierende Erziehung sollte deshalb, nach Ansicht von *Blank* und *Solomon,* nicht nur die Erweiterung des Erfahrungsschatzes vermitteln, sondern auch das Vorstellungsvermögen, die Übertragung von Vorstellungen in Handlungen und ein Planen und Lösen von Problemen entwickeln.

4. Geschichte und Absichten der kreativen Bewegung

Neue Formen der Leibeserziehung, auf verschiedene Weise als Gymnastik, Bewegungsexploration, Bewegungserziehung oder kreative Bewegung benannt, sind neuerdings an den öffentlichen Schulen der USA und in England eingeführt worden. Diese Neuerungen, die immer noch weiterentwickelt werden, lassen sich zurückführen auf neue Gymnastikformen, die in der ersten Hälfte dieses Jahrhunderts in Mitteleuropa und in den USA von Erziehern wie Laban in

Deutschland, Dalcroze in der Schweiz[16] und Mensendieck in den USA entwickelt worden sind.

Vermutlich hatte in den englisch sprechenden Ländern Rudolf von Laban auf diesem Gebiet den größten Einfluß. Als Hitler an die Macht kam, ging Laban nach England, wo sein Einfluß auf die Körpererziehung sehr nachhaltig war. Sinnbild für seinen Einfluß war die Ersetzung des Begriffes Leibeserziehung durch Bewegungserziehung oder Bewegungsexploration – Bezeichnungen, die Laban selbst aufgenommen hat und dem deutschen Wort »Gymnastik«, das er in Deutschland verwandt hatte, vorzog. Die englischen und deutschen Lehrer für Bewegungserziehung übten nun einen zunehmenden Einfluß in den USA aus.

»Freie Bewegung ist die Grundlage jeder Gymnastik«, mit diesem Satz leitete Laban eines seiner Hauptwerke »Gymnastik und Tanz«, das 1926 in Deutschland veröffentlicht wurde, ein. Er vertrat in ihm die Ansicht, daß das einzig Wesentliche für den Ausübenden sein »persönlicher Raum« sei, der Raum, den er mit jedem Teil seines Körpers erreichen kann. Er betrachtete zusätzliche Hilfsmittel wie Musik oder gymnastische Geräte als unwesentlichen Zubehör. Zu dieser Zeit wandte er sich gegen den Gebrauch von Geräten, weil er glaubte, daß dies zu einer Mechanisierung führen könnte. Moderne Bewegungserziehung in England und Deutschland hat indessen einige Geräte wieder eingeführt, um für Betätigungen wie Klettern, Springen und Schaukeln bessere Möglichkeiten zu schaffen. Es sind auch neue Geräte entwickelt worden, wie z. B. der Stegel.[17]

Die Ziele der »Gymnastik«, wie sie von Laban und anderen formuliert worden sind, waren von denen weit entfernt, die in Deutsch-

---

[16] »Psychomotorische Erziehung« ist ein in Europa allgemein üblicher Ausdruck, um die Form therapeutischer Erziehung zu beschreiben, die versucht, die pädagogischen Grundsätze der Lehren von *Dalcroze* über die Wechselwirkung von Körper und Psyche mit den neuropsychiatrischen und entwicklungsbezogenen Grundsätzen, wie sie von *Ajuriaguerra* und *Piaget* dargelegt worden sind, zu vereinigen. Wir haben kürzlich die Arbeit von Madame Naville kennengelernt, vormals an der Universität Genf (cf. *Naville u. Ajuriaguerra*). Naville definiert die vier wichtigsten Übungsgruppen, die einem Kind helfen, seinen Körper als Ausdrucksmittel für Gedanken und Gefühle zu erleben, als einen Bezugspunkt bei der Raumerfahrung und als ein Mittel für den Kontakt zur Umwelt: Motorische Fertigkeiten, Körperimago und Seitigkeit, Zeit- und Raumeinordnung und individuelle und soziale Kontrolle.

[17] Der Stegel oder Lind-Klettergerät (Lind Climber), wie er allgemein in den Vereinigten Staaten bekannt ist, kann von der Lind Climber Company, 807 Reba Place, Evanston, Illinois 60202 bezogen werden.

land immer noch in Leibeserziehung praktiziert werden. Diese mit Turnen bezeichnete Form der Leibeserziehung enthält ausgeprägte Elemente des Wettbewerbs und Sports.[18] Die Ziele der Gymnastik sind, die Ganzheit des Menschen zu erfassen – seinen Körper, seine Gefühle und sein Wesen. *Laban* (1926) betrachtete die Selbstkontrolle als eng verknüpft mit der Körperbewegung und körperliche Übungen als einen Weg zu einer Disziplin des Geistes.

Solche Ziele stehen tatsächlich den ursprünglichen Absichten der gymnastischen Übungen näher, welche, historisch gesehen, mit religiösen Ritualen verbunden waren. Ihre Ziele waren es, zu einer größeren Einheit mit geistigen Mächten zu gelangen (Tempeltänze), oder sie waren mit ethischen Anschauungen verknüpft, die nach einem Höchstmaß an menschlicher Entfaltung strebten (Griechische Leibesübungen), oder sie beinhalteten eine Kombination dieser Motive (Yoga). Was auch immer die letzten Ziele moderner Bewegungserziehung sein mögen, sie sollten immer als ein Mittel betrachtet werden, bei der Entwicklung und Integration der ganzen Persönlichkeit und jeder menschlichen Fähigkeit mitzuwirken.

5. Das Unterrichten von kreativer Bewegung

Ein wirkungsvolles Programm der Bewegungserziehung muß einen gegliederten Übungsaufbau bringen, der alle Muskelgruppen und alle Bewegungsmerkmale einbezieht (Kapitel 12), nicht nur als eine Vorbereitung für freie Bewegung, sondern auch, um Muskelschwäche, schlechter Atmung und Zirkulationsstörungen vorzubeugen, die aus dem Stadtleben resultieren. Ein Übungsaufbau gewährleistet, daß Kinder mit bestimmten Schwächen nicht den Übungen aus dem Wege gehen, die für sie schwierig sind. Er sorgt zusätzlich für ein grundlegendes Bewegungsvokabular und hilft den Kindern, Anweisungen Folge zu leisten. Weil der Übungsplan ein ganzes Sortiment an Reaktionen erfordert, hilft er dem Lehrer, die Kinder herauszufinden, die sich weniger geschickt als ihre Klassenkameraden anstellen und läßt den Bewegungsbereich erkennen, bei dem das Kind einer zusätzlichen Hilfe bedarf.

Die ausschließliche Anwendung von geplanten, vorgeschriebenen

---

[18] »Turnen« wird von »Turnier« hergeleitet, was wiederum Kampfspiel bedeutet.

Übungen kann dazu führen, die Kreativität der Kinder zu unterdrücken, läßt sie die Lust verlieren und trägt dazu bei, daß eine gemütsbezogene Erziehung und das soziale Bewußtsein vernachlässigt werden. Unserer Ansicht nach sollte deshalb beides, die vom Lehrer angeleitete Bewegung und kreative Bewegung in allen Unterrichtsstunden für Bewegungserziehung herangezogen werden.

Laban (1968) glaubte, daß die grundlegenden Techniken der Körperbewegung erlernt und sich ein Bewegungsrepertoire angeeignet werden sollte, aber *nur* zu dem Zweck, um seine Persönlichkeit in größerem Ausmaß und mit mehr Phantasie ausdrücken zu können. Er hat allerdings nicht sagen wollen, daß mit dem kreativen Sichausdrücken gewartet werden soll, bis ein reiches Bewegungsrepertoire vorhanden ist. Schöpferischer Ausdruck kann schon, lange bevor die Bewegungssprache beherrscht wird, in phantasievollem Spiel eine Form finden, abgesehen von der Tatsache, daß erfinderisches Spielen bei einigen Kindern sehr verkümmert sein kann.

Kreative Bewegung beruht auf den natürlichen Bewegungen der Kinder: hüpfen, rollen, springen, klettern. Den Kindern sollten reichliche Gelegenheiten gegeben werden, aktiv zu sein, so daß sie in ihren Bewegungsfertigkeiten aufwachsen und ihren Körper unbeschwert als ein Ausdrucksmittel ihrer selbst gebrauchen können. *Dalcroze,* der schon oben erwähnte große Lehrer der Bewegungs- und rhythmischen Erziehung schrieb: »Frühe Kindheit ist das Alter der Improvisation, d. h. der spontanen Kreativität.« Er warnte davor, den Kindern einen Bewegungsstil der Erwachsenen aufzudrängen.

Gesten und Bewegungen *drücken* Stimmungen und innere Haltungen *aus*, aber sie *erwecken* auch Stimmungen und Haltungen. Der Lehrer sollte deshalb die Kinder ermuntern, durch ihre Bewegungen positive Gefühle von Kraft, Glück, Offenheit und Freundschaft auszudrücken. Er sollte die Aktivitäten der Bewegung dazu benutzen, Zusammenarbeit zu entwickeln und sich bemühen, inneres Wachstum zu fördern und die Fähigkeit zu freiem Geben und Nehmen zu entfalten. Die Äußerung von negativen Gefühlen wie Ärger und Feindseligkeit sollte jedoch nicht unterdrückt werden. Die Bewegung kann für solche emotionale Reaktionen ein wertvolles Ventil darstellen.

So angewandt, kann Bewegungserziehung in nutzbringender Weise auf alle Bereiche des kindlichen Lebens einwirken – seine Ruhe und Arbeit, sein Teilen und Geben und das alleinige Denken, das zu seinem eigenen Verständnis und zur Klärung von Gedanken nötig ist.

Die Angst, Reizbarkeit, Ruhelosigkeit, mangelhafte Selbstkontrolle und vorwiegende Beschäftigung mit dem Ich, die man bei so vielen Kindern und Erwachsenen antrifft, können weitgehend gemindert werden.

Besonders am Anfang des Programmes sollte der Lehrer jedem Kind erlauben, seinen eigenen Weg zur Lösung von Bewegungsproblemen zu finden. Wir wollen ein Beispiel bringen:

In einer Klasse von Kindern mit Lernschwierigkeiten war ein Mädchen Anna, bei dem die Bewegung stärker beeinträchtigt war als bei den anderen. Man hatte bei ihr tatsächlich eine geringe zerebrale Lähmung diagnostiziert. Sie hatte besondere Schwierigkeiten beim natürlichen Loslassen eines Gegenstandes.

Ein Kind aus der Gruppe wollte mit einem bunten Tuch tanzen, das es von Zuhause mitgebracht hatte. Als die anderen Kinder bei dem Tanz mitmachen wollten, verteilte der Lehrer Tücher in verschiedenen Farben, und die Kinder entwickelten ihren eigenen Tanz. Während sie herumliefen und sich drehten, herumsprangen und dahinglitten, schwenkten sie die Tücher in rhythmischen Bewegungen. Dann und wann warfen sie die Tücher in die Luft und fingen sie wieder auf.

Anna war unfähig, sich dabei richtig zu beteiligen – ihr Tuch schien an ihren Händen festzukleben. Der Lehrer sagte: »Anna, du wirst schon einen Weg finden, wie du bei dem Tanz mitmachen kannst.« Am nächsten Tag erschien Anna mit einer Puppe und sagte: »Ich möchte einen Mutter-und-Kind-Tanz machen, denn dabei brauche ich mein Baby nicht in die Luft zu werfen. Es kann beschützt in meinen Armen bleiben.« Und indem sie mit ihrer Puppe herumtanzte, entwickelte Anna eine reizende Folge von Bewegungen.

Der Sinn dieses Beispiels ist, daß, obwohl einige Kinder, besonders behinderte Kinder wie Anna, eine Vielzahl von spezifischen Bewegungen erlernen müssen, sie sich gelegentlich, wenn es nicht auf die exakte Befolgung der Vorschriften des Lehrers ankommt, sondern auf eigenen Ausdruck, der freien Bewegung hingeben können, dem freien, selbstgelenkten Bewegungsfluß und der individuellen Lösung eines Problems. Das Verhalten des Lehrers gab Anna das sichere Gefühl, daß sie mit den anderen Kindern nicht in Konkurrenz treten mußte. Es half ihr, sich ein gutes Selbstgefühl zu bewahren und sie war fähig zu begreifen, daß sie ihre eigenen Lösungen finden konnte, um ihre Schwierigkeiten zu überwinden.

6. Die Steuerung der kreativen Bewegung

Jede Unterrichtsstunde in Bewegungserziehung, einschließlich des Anteils an kreativer Bewegung, muß notwendigerweise einen Aufbau, aber niemals eine starre Ordnung haben. Die einzelnen Aktivitäten sollten, so weit es geht, auf das Kind ausgerichtet sein; der Lehrer stellt die Probleme, die die Kinder durch eine Vielzahl von Möglichkeiten lösen können.

Die Kinder sollten die verschiedensten Bewegungen selbständig entdecken und jedes Kind sollte sich die heraussuchen, die es bevorzugt. Es soll lernen, Bewegungen in ganzen Folgen abzuwickeln. Es soll lernen, sich unabhängig, mit einem Partner und in einer Gruppe zu bewegen. Mit Fortschreiten des Programms sollten die Kinder so geübt sein, daß sie mehr und mehr Bewegungen zu Bewegungsmustern vereinigen und eine Bewegung unmerklich in die nächste übergehen lassen können.

Sobald die Kinder ein grundlegendes Bewegungsvokabular erlernt haben, womit zumindesten laufen, hüpfen und galoppieren gemeint ist, ferner der Umgang mit einem Ball, einem Reifen und Geräten, wie Leiter, Barren und Schwebebalken, sollte eine Periode hinzugefügt werden, während der sich jedes Kind seine Aktivität selbst auswählen kann. Später darf jedes Kind versuchen, verschiedene Aktivitäten in einem Bewegungsmuster zu kombinieren und dies an einem selbstgewählten Ort, in der Turnhalle oder auf dem Spielplatz. Der Lehrer muß jedoch darauf achten, daß die Kinder, anstatt zu spielen, die Aktivitäten, die sie sich zusammengestellt haben, auch durchführen.

Um den Erfindergeist der Kinder anzuregen, kann der Lehrer z. B. folgende Fragen stellen: »Auf welche andere Weise könnt ihr dies auch noch machen? Was könnt ihr außerdem mit dem Reifen oder Ball anfangen? Auf welche Weise könnt ihr die Richtung, die Geschwindigkeit oder die Körperlage verändern? Wie könnt ihr die jetzige Bewegung mit der vorhergehenden kombinieren?« Bei der schöpferischen Bewegung ist es mehr die Rolle des Lehrers, den Kindern zu helfen und sie anzuregen, als ihnen Befehle zu erteilen.

Es ist von größter Wichtigkeit, daß man den Kindern nicht erlaubt, zu viele Dinge auf einmal in Angriff zu nehmen und daß der Lehrer ausreichend Zeit veranschlagt, um noch einmal über das zu sprechen, was getan worden ist. Wenn sich das Erlernte festigen soll, ist eine häufige Wiederholung unentbehrlich. Die Kinder sollten die Elemente, die in ihren Bewegungsmustern vorkommen, über mehrere Stunden hinweg wiederholen und weiterentwickeln.

7. Die Nutzung des Raumes

Da freie Bewegung mit der Beziehung des Körpers zum Raum einhergeht, wird für die schöpferische Bewegung mehr Raum beansprucht als für die allgemein üblichen Leibeserziehungsprogramme. Für die Bewegung ist Raum ein wesentlicher Faktor: viel Raum regt die Kinder zur Bewegung an. Beim Anblick eines nassen, sandigen Strandes fangen sie an zu hüpfen, ein grasbewachsener Hügel stimuliert sie zum Rutschen, Rollen, zum Herumtollen und -laufen.

Kulturell benachteiligte Kinder sind oft in der freien Bewegung gehemmt. Es kann sich ihre ganze Haltung dem Lernen und der Schule gegenüber ändern, wenn sie zu einer freien Entdeckung ihrer Bewegungsmöglichkeiten hingelenkt werden. Tatsächlich gibt es Kinder aus sozial-ökonomischen Schichten, deren Erfahrungen darin bestehen, die Welt als begrenzt und fordernd zu betrachten und der man machtlos gegenübersteht. Viele sonst gut angepaßte Kinder werden als Reaktion auf ein Trauma oder eine befremdende Situation ängstlich und eingeschränkt. Die Ermunterung zur freien Eroberung des Raumes ist hier sehr hilfreich.

Laban unterscheidet zwischen dem persönlichen Raum (dem Bereich, den eine Person umgibt und den sie mit ausgestreckten Gliedmaßen erreichen kann) und dem gemeinsamen Raum (der Bereich, der von der Gruppe beansprucht wird).

Es empfiehlt sich, Kinder ihre Arme und Beine einmal in allen Richtungen reichen und strecken zu lassen, so daß sie sich, während sie auf der Stelle bleiben, die Ausdehnung ihres persönlichen Raumes bewußt machen können. Sie sollten sich jedoch ebenso in dem für die Gruppe bestimmten Raum frei bewegen dürfen und dabei durch die Bewegung seine Dimensionen entdecken.

Wenn kein genügend geräumiger Ort wie eine Turnhalle oder ein Spielplatz zur Verfügung steht, müssen die Unterrichtsmethoden modifiziert werden.

8. Grundbegriffe der kreativen Bewegung

Beide, *Laban* und *Dalcroze*, haben Anregungen zu einem weiten Spektrum von kreativen Bewegungen gegeben. Dabei stellt *Dalcroze* Musik und Rhythmus mehr in den Vordergrund als *Laban*. *Laban* dagegen betonte Körper- und Raumbewußtsein durch Modifikation der Bewegungsdimensionen: Raum, Zeit, Körperschwere und Bewegungsfluß. Die kreative Bewegung, die auf den Grundsätzen von *Laban* und *Dalcroze* basiert, fordert das Kind auf, die Grenzen seines Körpers und sein Verhältnis zum umgebenden Raum und zu den Objekten im Raum zu erforschen, einschließlich des Körpers anderer Kinder, mit denen es zusammenarbeitet. Sie bewirkt, daß die Kinder durch Übungen ein Körpergefühl entwickeln, bei denen das Gewicht von einem Körperteil auf andere übertragen wird – z. B. von den Hüften auf die Knie, auf die Hände und dann auf den Rücken; ferner, daß sie ein Bewußtsein für die endlosen Möglichkeiten bekommen, den persönlichen und gemeinsamen Raum, sowie die Gegenstände im Raum in kreativer Form zu nutzen.

Bewegung folgt bestimmten Gesetzen, und *Laban* nahm an, daß Bewegung in der Gesetzmäßigkeit der Körpersprache kodifiziert werden kann. Diese Kodifizierung ermöglicht es, eine choreographische Komposition niederzuschreiben. Auch befähigt sie den Lehrer, eine Unzahl verschiedener Bewegungen zu unterscheiden und in Betracht zu ziehen. Der Lehrer braucht nicht Labans ganzes theoretisches System zu erlernen, aber er sollte Labans praktische Bewegungsgrundsätze oder -dimensionen kennen. Diese erleichtern es ihm, ein Verständnis für die Vielfalt der Möglichkeiten zu erlangen, durch die Bewegungsfolgen entwickelt werden können. (Vorschläge zu kreativer Bewegung siehe Kapitel 12).

a) Raum

Bewegungsfolgen können durch Richtungswechsel im Raum variiert werden – durch Vorwärts-, Rückwärts-, Seitwärtsbewegung und durch die Ausführung verschiedener Figuren auf dem Boden, wie Kreise, Schlangen- oder Zickzacklinien. Einige Kinder haben beim Abschreiten spezifischer Bodenfiguren Schwierigkeiten. Für diese Kinder bedeutet es eine Hilfe, in dem gewünschten Muster eine Schnur auf den Boden zu legen und die Kinder daneben entlanggehen zu lassen. Dann wird die Schnur entfernt, aber die Kinder tun so, als läge sie noch da und gehen im selben Muster noch einmal »nebenher«. Dann erlernen die Kinder, Bodenfiguren in verschiedenen Richtungen zu gehen und zu laufen und sie rückwärts, seitwärts und auch vorwärts abzuschreiten. Es können auch verschiedene Bewegungen, Figuren und Richtungen kombiniert werden. Die Kinder können z. B. in einer Wellenlinie vorwärtslaufen und dann gerade zurückgehen, oder sie gehen eine Zickzacklinie entlang und hüpfen dann in einem Kreis.

Raum hat auch eine senkrechte Ausrichtung, und Bewegung kann durch Strecken, Springen und Hochhüpfen nach oben ausgedehnt werden. Oder der Raum wird durch das Einnehmen einer gebeugten Haltung, durch Kriechen, Rollen oder Zusammenrollen komprimiert. Die verschiedenen Körperteile können zur gleichen Zeit in verschiedenen Richtungen bewegt werden. So kann ein Kind z. B. nach vorne springen, während seine Arme seitwärts geschwungen werden und sein Rumpf nach hinten gebeugt ist.

b) Zeit

Das Element Zeit (Tempowechsel) kann mit den anderen Dimensionen kombiniert werden, indem die Kinder ihre Bewegungen bewußt langsam oder schnell, abrupt oder anhaltend, in zunehmendem oder abnehmendem Tempo ausführen. Der Bewegungsrhythmus kann ebenfalls regelmäßig oder unregelmäßig sein.

c) Bewegungsfluß

Eine andere Bewegungsdimension ist der Bewegungsfluß. *Laban* unterscheidet zwischen gebundenen und frei fließenden Bewegungen. Gebundene Bewegungen sind solche, die sofort kontrolliert, gestoppt oder verändert werden können. Sie sind zur Bewältigung eines Hindernislaufes nötig und bei Sportarten, bei denen ein plötzlicher Tempo- oder Richtungswechsel erforderlich ist. Bei freien, fließenden Bewegungen gibt es keine strenge Kontrolle. Die Bewegung kann ihren Lauf nehmen, ungestört von äußeren Einwirkungen, bis sie allmählich aufhört, u. U. mit einem sanften Zu-Boden-Sinken oder totaler Entspannung. Oder eine Bewegung wird immer schneller, bis sie einen Höhepunkt erreicht und dann notwendigerweise zu einem Ende kommt.

Eine fließende Bewegung kann auf einen spezifischen Körperteil beschränkt sein, wie beim Schwingen eines Armes, oder sie kann mit einem Mal den ganzen Körper erfassen oder der Reihe nach die verschiedenen Körperteile beanspruchen, wie beim Kegeln oder Diskuswerfen.

Die Kinder können fließende Bewegungen ausprobieren, bei denen einige Teile des Körpers beginnen und die andern folgen. Sie können z. B. lernen, daß eine Bewegung in der Körpermitte ihren Ausgang nimmt und sich dann weiter ausbreitet, wie beim Wechsel von einer zusammengerollten in eine horizontale, gestreckte Haltung. Oder sie machen die Erfahrung, daß eine Bewegung in der Peripherie beginnt und den übrigen Körper nach sich zieht, beispielsweise, wenn ein Bein nach außen geschwungen wird und das Körpergewicht folgt. Die Kinder können auch ausprobieren, wie man einen Bewegungsfluß durch plötzliche, kontrollierte Bewegung unterbricht, so z. B. das ruhige, exakte Aufkommen nach einem Sprung.

d) Gewicht

Die Dimension der Schwere kann durch die Anpassung der Muskelspannung verändert werden, um Bewegungen zu betonen oder nicht hervorzuheben, so daß schwere, kräftige Bewegungen leichten und sanften Bewegungen gegenübergestellt werden können.

e) Schwerkraft

Bewegungen können auch in Hinblick auf den belasteten Körperteil variiert werden (*Laban*). Beispielsweise können Bewegungen im Liegen, Stehen, Sitzen, Knien, in der Hocke oder im Zehenstand auf einem Bein ausgeführt werden. Ein Kind kann mit der Schwerkraft vertraut werden, wenn es seinen Körper nur an einem Punkt unterstützt, wie beim Hüpfen auf einem Fuß. Es kann vier Unterstützungspunkte gebrauchen, wenn es auf den Händen und Füßen krabbelt oder drei, wenn es auf dem Boden sitzt und sich mit seinen Händen vorwärtsschiebt. Es ist auch möglich, daß eine Bewegung von einem Unterstützungspunkt auf einen anderen überwechselt, wie beim Übergang vom Stehen zum Sitzen mit erhobenen Beinen oder zum Knien, die Hände auf dem Boden.

f) Form

Der Erzieher muß die Körperstellung zu Beginn, während und am Ende eines Bewegungsablaufs beachten. Die Ausgangshaltung einer

Bewegung, bei der gesprungen werden soll, kann z. B. eine Hockstellung sein, oder eine aufrechte Haltung, wobei ein Fuß vor den andern gesetzt wird oder eine Laufhaltung, die zum ersten Sprung überleitet. Während einer Bewegungsfolge könnte ein Kind versuchen, seinen Körper ganz hoch aufzurichten, indem es seitlich, als wäre es ein Pfeil, so wenig Raum wie möglich beansprucht. Ferner könnte es eine ausgestreckte Haltung einnehmen oder sich wie ein Ball zusammenrollen oder auch winden wie eine Schraube. Am Ende einer Bewegungsfolge kann es stehenbleiben, die Füße auseinander, oder in Hockstellung oder startbereit zum Laufen. Ebenso wie der ganze Körper, kann auch nur ein Teil des Körpers seine Haltung während eines Bewegungsablaufs verändern, wie ein Kind, das beim Springen seine Arme seitwärts schwingt oder beim Rückwärtsgehen seinen Kopf und die Schultern seitwärts dreht.

g) Körperniveau

Es kann auch während der Bewegung das Körperniveau verändert werden. Die Kinder können dicht am Boden Bewegungsmuster durchführen (z. B. krabbeln, kriechen, rollen, rutschen, sich im Krebsgang vorwärtsbewegen), in normaler Ganghöhe oder in erhöhtem Körperniveau (z. B. auf Zehenspitzen, gestreckt oder beim Hochspringen). Wenn die Kinder auf jedem Körperniveau Bewegungsfolgen ausgeführt haben, kann man sie dazu anregen, während weiterer Folgen von einem Niveau zum andern überzuwechseln.

9. Bewegungsmuster in der Luft

Die Kinder sollten sich bewußt machen, welche Figur ihr Körper in der Luft beschreibt, wenn sie ihre Arme und Beine beugen, strecken, drehen und schwingen. Sie sollten versuchen, während sie auf einer Stelle stehen, in der Luft Figuren auszuführen und diese später mit Figuren am Boden zu kombinieren.

Eine Figur in der Luft beschreiben, bedeutet etwas anderes als eine Haltung einnehmen oder mit den Armen oder Beinen im Raum herumfahren, denn eine Figur in der Luft setzt sich aus fortlaufenden Bewegungen zusammen, die ein erkennbares Muster ergeben. Die Figur kann symmetrisch sein, wenn ein Kind beispielsweise mit beiden Armen große, horizontale und vertikale Kreise beschreibt. Oder sie ist asymmetrisch, wenn es auf einem Fuß steht, sich langsam vor- und zurückbeugt und dabei seinen Kopf und einen Arm in verschiedensten Formen hin- und herbewegt.

10. Bewegungsvariationen in mehreren Dimensionen

Bewegung kann gleichzeitig in mehreren Dimensionen variiert werden. Es kann z. B. schnelles Gehen in langsames Rollen überwechseln; Hüpfen kann in plötzliches Stillstehen mit Schwingen der Arme in verschiedenen Richtungen übergehen. Der Wechsel einer Bewegungsdimension erfordert normalerweise auch den Wechsel anderer Dimensionen.

Laban und *Lawrence* stellten fest: »... das zentrale Problem, um zu einer harmonischen Bewegung zu gelangen, liegt unserer Ansicht nach darin, ein Gefühl für die Proportionen der Bewegungsfaktoren zu entwickeln und zu festigen, und zwar die Schwere, Raum und Zeit und ihr kontrolliertes Ineinanderübergehen.

11. Bewegung in Gruppen und zu Paaren

Die Kinder sollten nicht nur ein Bewußtsein für ihre eigenen Körperbewegungen entwickeln. Wenn sie als Gruppe agieren – zusammen laufen, springen oder in verschiedenen Schrittarten gehen – müssen sie auch ein gegenseitiges Bewußtsein entfalten, so daß sie in der Lage sind, sich aufeinander einzustellen oder einzuwirken. Sich gegenseitig meiden, sich treffen, sich aufeinander zubewegen, sich gegenseitig anführen, folgen, beobachten, nachahmen, unterstützen – all das führt zu neuen Bewegungseinfällen und -abläufen.

Der ganze Komplex des Aufeinandereinwirkens sollte jedoch schrittweise erreicht werden. Nachdem ein Kind ausreichend alleine gearbeitet hat, um mit seinem Körper und den Übungen, die es ausführen soll, vertraut zu werden, kann es sich an einfachen Gruppenaktivitäten beteiligen, die keine zu enge Zusammenarbeit erfordern, wie sich um eine Gruppe herum oder im Gegensatz zu ihr bewegen, oder mit anderen Kindern vorwärts- und rückwärtslaufen, oder Figuren beschreiben und dabei möglichst ein Zusammenstoßen vermeiden.

Von mittlerem Schwierigkeitsgrad ist das Arbeiten zu zweit, welches noch vor den schwierigeren Gruppenaktivitäten geübt werden sollte. Die Kinder können anfänglich paarweise umhergehen und sich dabei an den Händen halten, später lernen sie, zusammen zu hüpfen. Dann dürfen sie zu komplizierteren Aktivitäten übergehen, z. B. eine Schubkarre machen – ein Kind geht auf seinen Händen vorwärts, den Körper ungefähr parallel zum Boden, während ein anderes hinter ihm hergeht und es an seinen Fußgelenken hält. Schon fortgeschrittene Kinder können sich ergänzende Bewegungen durchführen, bei denen sich ein Kind der Körperform eines anderen anpaßt, oder sie stimmen die Formen ihres Körpers während des Bewegungsablaufes aufeinander ab, indem ein Kind das andere nachahmt.

Beispiele für Gruppenaktivitäten, die schon ein größeres Maß an Koordination erfordern und daher schwieriger zu realisieren sind, wären schöpferisches Tanzen und auf den Körper des anderen Kindes abgestimmte Drehbewegungen.

Die Kinder sollten ebenso lernen, wie man Hindernisse vermeidet oder bewältigt – um Gegenstände herum, drunterher und drüber hinweg gelangt – ohne den freien Bewegungsfluß zu unterbrechen.

12. Mimetisches Spiel

Mimetisches Spiel gibt, indem es die Phantasie stimuliert, ausgezeichnete Anregungen für die schöpferische Bewegung. Ein Kind kann so tun, als sei es ein Riese, der alleine auf einem holprigen Weg entlangwandert oder ärgerlich daherstolpert. Oder es kann den Gang einer alten Frau nachahmen, ferner so tun, als würde es wie ein Vogel fliegen, einen schweren Karren ziehen oder einem vom Wind fortgewehten Ballon nachjagen. In jedem dieser Fälle werden unterschiedliche Bewegungsformen hervorgerufen, und das Kind durchlebt verschiedenste Empfindungen.

Mimetische Aufgaben kann man bei kleinen Kindern in jeder Unterrichtsstunde anwenden, aber nicht häufiger als zweimal und dann nur für kurze Zeiträume, weil die Kinder es ebenso brauchen, daß sie ein Bewußtsein von sich selbst, wie sie wirklich sind, entwickeln. Der Lehrer muß sich auch erinnern, daß seine Aufgabe darin besteht, eine bestimmte Bewegungsart anzuregen – ein realistisches Portrait von einer Person oder Sache zu vermitteln. Deshalb sollte er nicht sagen: »Macht eine Fee nach«, sondern statt dessen: »Lauft so leichtfüßig wie eine Fee, die kaum den Boden berührt.« Er sollte auch nicht sagen: »Bewegt euch wie eine Blume«, sondern »Wachst und streckt euch dem Licht entgegen wie eine Blume, die ihre Blütenblätter öffnet.« Später kann der Lehrer häufig die Vergleiche weglassen und ganz einfach den Kindern aufgeben, die Bewegungen auszuführen, die er wünscht – aufspringen, galopphüpfen, sich beugen, strekken, drehen, gleiten, stoßen, schreiten und nur noch gelegentlich mimetische Spiele einflechten, weil sie zur Freude der Kinder beitragen.

KAPITEL 6

Die Entwicklung Psychologischer Funktionen durch Bewegungserziehung

In Kapitel 1 wurde herausgestellt, daß die Hauptziele der Bewegungserziehung die Entwicklung von Bewegungsfertigkeiten, die Intensivierung des Körperbewußtseins und die Förderung von Gesundheit und Wohlbefinden sind. Es muß hier wiederholt werden, daß Bewegung für beides, eine adäquate körperliche und eine gesunde psychische Entwicklung, notwendig ist, aber die beengenden Verhältnisse in den Städten und die Bequemlichkeiten des modernen Lebens geben den Kindern nur wenig Gelegenheit, sich frei zu bewegen.

Da die Bewegungserziehung einen partiellen Ersatz für diese Entbehrung liefern kann, wäre eine tägliche Übungszeit gerechtfertigt, wenn auch nur zu dem Zweck, um die Gesundheit zu fördern und die senso-motorischen Fähigkeiten der Kinder zu entwickeln. Die Bewegungserziehung kann indessen so ausgerichtet werden, daß sie gleichzeitig noch andere Fähigkeiten der kindlichen Entwicklung erweitert.

In Kapitel 2 wurde die Entwicklungsreihenfolge diskutiert und eine Beschreibung der Fähigkeiten gegeben, die es den Kindern ermöglichen, ihre Umgebung zu meistern und auf sie zu reagieren. Alle diese Fähigkeiten – Senso-Motorik, Sprache, Wahrnehmung, höhere kognitive Funktion, emotionale und soziale Entwicklung – sollten bei jedem Schulunterricht Berücksichtigung finden, einschließlich der Bewegungstherapie.

In diesem Kapitel wird eine Besprechung über den Einfluß der Bewegungserziehung auf verschiedene psychologische Funktionen dargelegt, und es wird ein Überblick über die Methoden gegeben, wie man am besten ein Training dieser Fähigkeiten mit den Hauptzielen der Bewegungserziehung integriert.[19] Es müssen außerdem die steuernden Funktionen des Nervensystems, die die gesamten Verhaltensbereiche (Kapitel 1) modifizieren, berücksichtigt werden.

---

[19] Die Ausführungen von *Singer* (1968a) geben eine ausgezeichnete Zusammenfassung der psychologischen Faktoren, die auf den Erwerb von motorischen Fertigkeiten einen Einfluß nehmen. In dem Buch von *Cratty* (1968) werden die Ergebnisse aus vielen Bereichen der Verhaltensforschung auf die Leibeserziehung angewandt. Der Erzieher wird darin wertvolle Anregungen finden. Sie richten sich vor allem auf die Verbesserung motorischer Fertigkeiten in sich; sie befassen sich nicht primär mit der Wirkung der Bewegungserziehung auf andere psychologische Funktionen, noch sind sie auf die Grundschulklassen ausgerichtet.

1. Sprachentwicklung

Viele Kinder haben beim Schuleintritt Schwierigkeiten im Sprachverständnis und Sprachgebrauch. *John* (1963) und *Deutsch* haben zu dieser Schwäche bei kulturell benachteiligten Kindern Stellung genommen, *Drowatsky* stellte sie bei Kindern mit einem diagnostizierten Hirnschaden fest. Nahezu 40 % der Kinder, die wegen mangelhafter neuromuskulärer Kontrolle oder anderen Entwicklungsschäden in die Entwicklungsneurologische Kinderklinik von Maryland eingewiesen wurden, zeigten verschiedene Formen von Sprachstörungen (*Johnson* und *Hendricks*). Aber Sprachschwierigkeiten, die bei weitem nicht nur auf bestimmte Gruppen beschränkt sind, können in jeder Klasse angetroffen werden.

Der Illinois Test für psycholinguistische Fähigkeiten, ITPA, (*McCarthy* und *Kirk* 1961; *McCarthy* und *Kirk* 1963; *Kirk, McCarthy* und *Kirk*), der auf dem Modell von *Osgood* über den Kommunikationsprozeß beruht, wird weitgehend benutzt, um die verschiedenen Aspekte der kindlichen Sprachentwicklung herauszufinden. Dieser Test war dazu bestimmt, eine Grundlage für den Aufbau eines individuellen Trainingsprogramms zu liefern, um die spezifischen Schwächen zu verbessern und um durch die Kenntnis der besonderen Stärken des Kindes eine Richtschnur für die Wahl der Lehrmethoden zu haben. Die Autoren haben es als hilfreich betrachtet, zu erzieherischen Zwecken die Fähigkeiten, die mit dem ITPA gewonnen wurden, in rezeptive, expressive, gedächtnisbezogene und assoziative Funktionen zu kategorisieren. Bewegungserziehung kann alle diese Funktionen beeinflussen. Wenn ein Lehrer mit Kindern arbeitet, die Lücken in ihrer Sprachentwicklung aufweisen, wie z. B das kulturell benachteiligte, das langsam lernende und neurologisch behinderte Kind, kann er die Methoden und Verfahren besonders bevorzugen, die am geeignetsten für die Beherrschung der Sprache sind.

a) Rezeptive Sprache

Viele Kinder haben Schwierigkeiten, Anweisungen zu befolgen, besonders, wenn sie nicht individuell an sie, sondern an die ganze Gruppe gerichtet sind. Unter Umständen weiß der Lehrer gar nicht, daß es dem Kind nicht gelungen ist, ihn zu verstehen und entdeckt sein mangelhaftes Verstandenwerden erst, wenn das Kind falsche Aufgaben in Angriff nimmt oder die richtige Aufgabe unkorrekt ausführt. Solche Irrtümer gehen oft auf das Unvermögen zurück, genügend Aufmerksamkeit aufzubringen, aber häufig versteht das Kind die Anweisungen des Lehrers nicht, selbst bei äußerster Konzentration.

Wie man Kinder lehrt, Anweisungen zu befolgen, ist ein natürlicher Bestandteil der Bewegungserziehung, da die Bewegungen der Kinder gewöhnlich eine Antwort auf die verbalen Anordnungen des Lehrers darstellen. Weil die Kinder offenkundig mit Bewegungen reagieren, kann der Lehrer sofort erkennen, wenn ein Kind nicht richtig reagiert und kann herausfinden, ob es die Anweisungen mißverstanden hat. Er wird dann mit ergänzenden Erklärungen helfen. Es kann sich auch ein Kind seines eigenen oder des Irrtums der anderen bewußt werden, indem es die Bewegungen der übrigen Gruppe beobachtet und das eigene Mißverständnis der Anordnungen des Lehrers korrigiert.

Um zu vermeiden, daß er falsch verstanden wird, sollte der Lehrer mit einfachen, kurzen Anweisungen beginnen und sie im Lauf der Zeit, wenn die Aufmerksamkeits- und Verständnisfähigkeit der Kinder zunimmt, länger und komplexer werden lassen. Der Lehrer kann ebenfalls den Wortschatz der Kinder durch langsames Einführen neuer Wörter erweitern und darauf achten, sie zu wiederholen und zu erklären.

In den ersten Schuljahren haben Kinder oft Schwierigkeiten, Worte in angemessener Form zu verstehen und zu gebrauchen, die Zeit- und Raumbegriffe oder die Beziehung zwischen Zeit- und Raumbegriffen bezeichnen. Beispiele für solche Worte sind »herum, seitlich, sich überschneidend, vor, nach, dazwischen, davor, rückwärs, überkreuz und vorwärts.«

Ein Kind, das einfache Angaben über einzelne, isolierte Begebenheiten verstehen kann, wie: »John spielt«, »Das Mädchen lacht«, oder »Dies ist ein Baum«, ist nicht unbedingt dazu fähig, Aussagen, die zeitliche oder räumliche Relationen angeben, zu verstehen, wie z. B. »Die Mädchen lachten, nachdem sie den Clown gesehen hatten«, »John spielte mit dem großen Ball, bevor er den kleinen in den Korb getan hatte«, »Der Baum hinter dem Busch steht zwischen dem Haus und der Straße.«

Im Rahmen der Bewegungserziehung können die Kinder lernen, Anweisungen, die auf die Relationen von Zeit und Raum hinweisen, zu verstehen und auf sie zu reagieren. Im Laufe der Zeit kann eine zweistufige Anweisung zu einer einzigen zusammengezogen werden, und die Kinder bekommen ein Verständnis für komplexere Anordnungen. Es kann z. B. »Lege den Ball vor das Seil. Dann steige über das Seil«, später zu folgendem werden: »Steige über das Seil, nachdem du den Ball vor das Seil gelegt hast.«

Worte, die Vergleiche angeben, sind ebenfalls schwierig, weil sie Relationen beschreiben. Beispiele von Komparativen, die sich auf Zeit und Raum beziehen, sind »langsamer, schneller, eher, später, weiter, enger, höher und niedriger.« Die Bewegungserziehung kann Kinder mit dem Vokabular von Zeit- und Raumrelationen und den Begriffen, die diese Worte beinhalten, vertraut machen, weil Bewegung immer eine zeitliche und räumliche Ausdehnung hat. Der Erzieher sollte die Worte systematisch einführen, indem er die verschiedenen Übungen dazu benutzt, die Ereignisse und die Verhältnisse von Zeit und Raum zu veranschaulichen.

Eine andere Schwierigkeit beim Verständnis der gesprochenen Sprache folgt nicht aus einer mangelhaften Wort- und Begriffskenntnis, sondern aus dem Unvermögen, zwei oder mehr Gedanken aufzugreifen, die die verschiedenen Aspekte einer Bewegung beschreiben. Ein Kind mag die Sätze: »Mach zwei Schritte« oder »Geh vorwärts« verstehen, aber ganz verwirrt sein bei »Geh zwei Schritte vorwärts«.

Andere Kinder sind in der Lage, die Worte: »Geh zwei Schritte vorwärts« zu verstehen, aber nicht eine Folge von Anordnungen wie: »Gehe zwei Schritte vorwärts, mache dann eine halbe Drehung, so daß du zum Fenster schaust und gehe dann zwei Schritte zurück«. Die Kinder können Übung im Befolgen solcher einfachen Satzaneinanderreihungen bekommen und, sobald sie geschickter sind, kann man Unterweisungsfolgen von größerer Komplexität geben.

Das Gedächtnis für Reihenfolgen sowie die Bewegungsmerkmale können mit Hilfe von Markierungen auf dem Spielplatz oder Fußboden trainiert werden.[20]

Eine Reihe von geraden Linien, Formen und Zickzacklinien helfen den Kindern dabei, sich die Erinnerung an zwei, drei oder mehr aufeinanderfolgende Bewegungen zu merken. Die Markierungen sollten

---

[20] Die Figuren werden mit Scheiben, Stöcken, Stäben oder Seilen gekennzeichnet, die entfernt werden können, um dauerhafte Markierungen zu vermeiden, die nur verwirrend sein würden (siehe Kap. 10).

etwa sechzig Zentimeter voneinander entfernt sein, weit genug, um als getrennt empfunden zu werden, aber nicht zu weit für die Kinder, um von einer zur anderen springen zu können.

Cratty vermutet, daß die Kontrolle einer Gruppe von Kindern eher erfolgen kann, wenn die Markierungen ungefähr innerhalb eines Halbkreises liegen, so daß die Kinder die Bewegungsfolge nahezu an der Stelle beenden, an der sie gestartet sind. Wir bringen ein Beispiel (s. Skizze 3):

Skizze 3

Ein Kind muß für die unten abgebildeten Markierungen eine komplexe Anweisungsfolge in Erinnerung behalten, weil sich außer den in den Anweisungen aufgezählten Linien und Formen noch andere in der Nähe befinden. Auf diese Weise bekommt es Übung in der Figur-Grund-Wahrnehmung wie auch im Beachten von Reihenfolgen. Ein Kind kann z. B. aufgefordert werden: »Spring in den kleinen Kreis, geh entlang der unteren, geraden Linie, spring in den ersten Ring am Ende der Linie und laufe zum Schluß die Zickzacklinie entlang.« (s. Skizze 4)

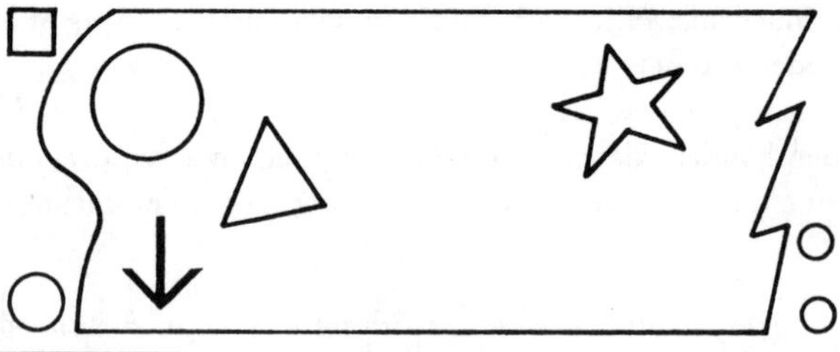

Skizze 4

Für die Markierungen unten ist die Figurenfolge einfach und klar, aber das Kind muß sich Anweisungen für eine komplexere Bewegungsfolge merken, als es vorher getan hat.

Man könnte folgendes zu ihm sagen: »Geh aufrecht auf der geraden Linie. Versuche, keinen Fuß außerhalb davon auf den Boden zu setzen. Wenn du an das Ende der Linie kommst, spring mit gegrätschten Beinen und in die Luft gestreckten Armen in das Dreieck. Hüpfe als nächstes auf dem linken Fuß in das Viereck und springe dann in den Kreis, wobei du dich beim Springen in der Luft drehst.« Hierbei übt das Kind den Gleichgewichtssinn, Geschicklichkeit, Kraft, Rechts-Links-Orientierung und das Erkennen von Formen. (s. Skizze 5)

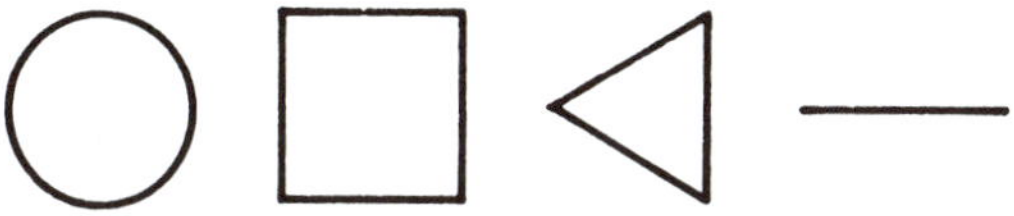

Skizze 5

Das Gedächtnis für Reihenfolgen kann auch während der Bewegungserziehung ohne spezielle Markierungen trainiert werden, indem Instruktionen wie folgende gegeben werden: »Geh zu der Leiter, dreh dich herum, hüpf dreimal hoch und lauf zum Ausgangspunkt zurück.« Aber die Markierungen helfen den Kindern, sich eine geistige Vorstellung zu machen – einen Plan von den räumlichen Verhältnissen ihrer Umgebung – und sich bildlich die räumlichen Beziehungen zu veranschaulichen und im Gedächtnis zu behalten.

Das Körperbewußtsein kann erheblich gesteigert werden, wenn einem Kind gesagt wird, es solle eine besonders gekennzeichnete Stelle auf dem Boden mit verschiedenen Teilen seines Körpers in Berührung bringen. Man kann es z. B. auffordern, einen Ellbogen auf eine Gummischeibe, ein Knie in ein Dreieck und seine rechte Ferse auf einen Holzklotz zu setzen. Ferner könnte bei auf den Boden aufgemalten Achterfiguren das Kind einen Fuß in die eine Schlinge, den zweiten in die andere Schlinge stellen.

Klinische Erfahrung zeigt, daß wenn die Übungsanweisungen zuerst auf einem für die Kinder verständlichen Niveau gegeben und dann nach und nach verlängert werden, die Aufmerksamkeitsspanne erweitert werden kann, zusammen mit der notwendigen Fähigkeit der Vorstellungs- und Gedächtnisleistung.

Wenn der Erzieher zu diesem Zweck bewußt und überlegt seine

Anweisungen zusammenstellt, kann die Bewegungserziehung ein ausgezeichnetes Mittel zur Erweiterung der rezeptiven Sprachfähigkeiten sein, zur Verbesserung der auditiven Gedächtnisspanne, zur Entwicklung des Wortschatzes und der Begriffe, sowie der Fähigkeit, verschiedene Gedankengänge gleichzeitig in Erinnerung zu behalten (siehe Abschnitt über kognitive Funktionen), ohne auf irgendeine Weise die Ziele einer körperlichen Entwicklungssteigerung, der Bewegungsfertigkeiten und des Körperbewußtseins zu vernachlässigen.

b) Expressive Sprache

Es ist schwieriger, die expressive Sprache in die Bewegungserziehung zu integrieren als die rezeptive Sprache. Wenn die Kinder ermuntert werden, sich während der Bewegungserziehung zu intensiv der Sprache zu bedienen, kann das Tempo des Programmes verzögert werden. Man sollte daher damit vorsichtig sein. Trotzdem kann die expressive Sprache im Rahmen der Bewegungserziehung gefördert werden, wie es auch in regulären Klassen gehandhabt wird, und dies sollte besonders bei den Kindern erfolgen, die an spezifischen Störungen der Sprache und Denkprozesse leiden. Solche Kinder sollte man dazu auffordern, Anweisungen zu wiederholen, über die Übungen, die sie gerade machen oder das Spiel, das sie gleich spielen werden, etwas zu sagen, es nachher zu beschreiben und sie auch nach mimetischen Aktivitäten den Sinn ihrer Handlungen und Gesten beschreiben zu lassen.

Der Erzieher sollte beim Unterrichten der Kinder darauf hinzielen, die gesprochene Sprache beim Planen, Besprechen, Durchführen und Beurteilen von Bewegungsfolgen zu verwenden. Die Kinder sollten sich selbst Befehle erteilen. Sie sollten abwechselnd selbst einmal der »Lehrer« sein. Ein Kind, das bei der expressiven Sprache Hilfe braucht, sollte die Bewegungen oder den Bewegungsablauf, den es sich gerade vornimmt, laut beschreiben, ferner sich zu den Bewegungen äußern, die es gerade ausführt und später beschreiben und erzählen, was es getan hat. Danach sollte dieselbe Bewegungsfolge unter Begleitung der unausgesprochenen, inneren Sprache (Gedanken) durchgeführt und so oft wiederholt werden, bis der Bewegungsablauf automatisch wird *Luria* (1961).

Auf die Bedeutung der Sprache beim Erlernen von Aufgaben, die motorischen Aufgaben inbegriffen, ist von *Rieber* hingewiesen worden. Wenn ein Kind in der Lage ist, verbal nachzudenken (sprachlich auszudrücken, was es tun wird), kann es eine neue Aufgabe sofort erfüllen. Wenn indessen das verbale Denken nicht angewandt werden kann oder nicht angewandt wird, erlernt das Kind die Aufgabe erst allmählich. Das verbale Denken ist zum Erlernen der meisten Aufgaben eine äußerst wirksame Methode.

Ein Film, den wir vor einigen Jahren gesehen haben, veranschaulichte diese Tatsache in direkter und humorvoller Weise. Ein Lastkraftwagenfahrer sollte von seiner Freundin das Tanzen beigebracht bekommen, aber er schien völlig zu versagen. Als er aber sagte: »Gut, der rechte Fuß ist das Gas, der linke ist die Kupplung«, führte er die Tanzschritte tadellos aus. »Einen Fuß auf's Gas, auf die Bremse treten, die Kupplung langsam kommen lassen und fest Gas geben.«

Das Training von Sprache und verbalem Denken wird bei der Übungsleitung ein gewisses Ausmaß an Anpassung verlangen, da die Anweisungen für die Kinder und ihre Reaktionen sich bis zu einem gewissen Grad von den gewöhnlichen Anweisungen und Reaktionen unterscheiden werden. Die Art und Weise der körperlichen Übungen wird sich indessen nicht verändern. Selbst wenn er ein Sprachtraining einbezieht, sollte der Erzieher versuchen, ein zügiges Tempo beim Ausführen des Bewegungserziehungsprogramms durchzuhalten. (Siehe Kapitel 9, in dem die Bedeutung der Bewegung ohne Verbalisation diskutiert wird. Es sollte Bewegung mit und ohne Verbalisation angewandt werden).

2. Visuelle Wahrnehmung

Einige Leibeserziehungsprogramme sind Teil von allgemeineren viso-motorischen Programmen, die das Training der visuellen Wahrnehmung zum Hauptziel haben. Zu Programmen diesen Typs sind die von *Kephart* (1960), *Getman* und *Barsch* (1965) zu zählen. *Kephart, Getman* und *Barsch* versuchen alle, das Training der visuellen Wahrnehmung, wie Formennachfahren und -erkennen, mit einem Training der Motorik zu verbinden.

In unserem Programm wird ein Unterschied zwischen Bewegungsschulung und visueller Wahrnehmung gemacht. Bewegung und Wahrnehmung werden als verschiedene Funktionen betrachtet. Der menschliche Organismus kann auf die Umgebung entweder durch ihre Wahrnehmung oder durch offenkundige Bewegung reagieren, was normalerweise die Anpassung des Skelettsystems beansprucht. Es ist durchaus möglich, visuelle Reize ohne irgendeine Bewegung, außer der minimalen Augenbewegung, zu erkennen und zu unterscheiden. Ebenso möglich ist es, daß Bewegung ohne Wahrnehmung der Außenwelt und sogar ohne Bewußtsein, wie es im Schlaf geschieht, stattfindet. Natürlich sind Bewegung und Wahrnehmung gewöhnlich integriert, wie bei dem viso-motorischen Vorgang des Nadeleinfädelns. Bewegung ist abhängig von der Perzeption und erfolgt gewöhnlich als ihr Resultat, aber sie selbst ist nicht Wahrnehmung. Einen Bleistift auf dem Pult können wir ohne sichtbare Bewegung wahrnehmen, wenn wir aber schreiben, führen wir ihn mit den Augen.

Aus diesem Grund werden das Programm für visuelle Wahrnehmung, das am Frostig Center für Erziehungstherapie entwickelt wurde, und dieses Bewegungserziehungsprogramm als getrennte Einheiten veröffentlicht. Die Programme zur visuellen Wahrnehmung umfassen jedoch Vorschläge für körperliche Übungen, die eine wesentliche Ergänzung zum visuellen Wahrnehmungsprogramm sind. In diesem Buch liegt der Hauptakzent auf der Entwicklung von Bewegungsfertigkeiten. Unabhängig davon wird daher ein Perzeptionstraining angeraten. Jedes Programm legt auf eine andere Fähigkeit der Gesamtentwicklung wert, und jedes ist dazu bestimmt, das andere zu ergänzen, beide zum allgemeinen Training in den ersten Grundschulklassen und zur therapeutischen Arbeit.

Übungen der Bewegungserziehung, die große Zahl von Aktivitäten, die viso-motorische Koordination und Übertragung erfordern, einbegriffen, helfen den Kindern, sich im Bereich spezifisch visueller Wahrnehmungsfertigkeiten zu verbessern, wie die Wahrnehmung der Entfernung, der Lage des Körpers im Verhältnis zur Umwelt, der räumlichen Relationen und der Reihenfolgen. Aktivitäten, die die visuelle Wahrnehmung und andere Fähigkeiten der Entwicklung entfalten, sind z. B. das Umgehen von Hindernissen, Werfen und Fangen und das Imitieren von Bewegungen und Bewegungsfolgen (was entweder durch den Lehrer oder durch Bilder demonstriert werden kann). Solche Aktivitäten sind besonders hilfreich, wie auch diejenigen, bei denen ein Kind auf visuelle Reize durch andere Kinder reagieren muß. Viso-motorische Koordination wird ebenfalls durch die auf den Seiten 90–91 erwähnten Übungen gefördert.

In den Kapiteln 4 und 5 sind Übungen beschrieben worden, die speziell zur Förderung der kinästhetischen Wahrnehmung bestimmt waren, und es wurden Vorschläge zur Entwicklung des Körperbewußtseins und der Rechts-Links-Orientierung im Raum und an sich selber gegeben. Es sollte jedoch noch einmal betont werden, daß ein Bewegungserziehungsprogramm kein Ersatz für ein umfassendes Trainingsprogramm zur visuellen Wahrnehmung sein kann, weder in der normalen Klasse noch zu therapeutischen Zwecken.

3. Vorstellungsvermögen

Der Ausdruck bildliche Vorstellungskraft wird oft für das gesamte Vorstellungsvermögen gebraucht, weil bei den meisten Menschen die visuellen geistigen Bilder häufiger das Gedächtnis stützen als die Vorstellungen durch Gehör, Geruch, Geschmack oder Berührung.[21] Im allgemeinen Sprachgebrauch gibt es nicht einmal Worte, die, der bildlichen Vorstellungskraft entsprechend, das Vorstellungsvermögen für die anderen Sinnesqualitäten kennzeichnen.

Vorstellungsvermögen ist abhängig von den Erfahrungen der visuellen Wahrnehmung, und es ist nicht nur für das Gedächtnis von Bedeutung, sondern auch für die Denkprozesse. Die Fähigkeit, sich etwas bildlich vorzustellen, ist deshalb so entscheidend, weil sie grundlegend für die geistige Tätigkeit und Abstraktion ist und damit für das Verständnis dessen, was nicht gegenwärtig ist.

Köhler hat beobachtet, daß Schimpansen eine primitive Sprache besitzen und einige Elemente einer »fremden« Sprache – der menschlichen – verstehen lernen können. Doch weist *Köhler* darauf hin, daß Tiere eine nur begrenzte Fähigkeit besitzen, geistige Vorstellung zu gebrauchen und deshalb ihr Wortschatz beschränkt ist und nur mit Mühe erworben werden kann. Nur ganz wenige Tiere können Werkzeuge gebrauchen, wie z. B. einen Stock, um mit ihm zu graben oder etwas umzustoßen. Das Lösen von Problemen, so stellt er fest, inklusive Erfindung und Gebrauch von Werkzeugen, ist abhängig vom Vorstellungsvermögen, und dieses Merkmal, das motorisches Planen erst möglich macht, ist im wesentlichen menschlich.

Vorstellungsvermögen kann während der Bewegungserziehung durch das Planen von Bewegungsfolgen (wie in Kapitel 5 besprochen), durch Methoden zur Lösung von Problemen, wie die von

---

[21] *Luria* (1968) beschreibt indessen, wie sich Gedächtnisspuren von multisensorischen Erfahrungen zu Bildern vereinigen, um außerordentliche Gedächtnisleistungen möglich zu machen.

Mosston und *Laban* (1968) angegebenen, durch das Gedächtnistraining für Reihenfolgen, (wie sie oben erwähnt wurden) und durch die Anwendung von mimetischen und dramatischen Aktivitäten entwickelt werden.

4. Auditive Wahrnehmung

Es sind viele Bücher und Aufsätze über die Rolle des Sehens bei der Körpererziehung geschrieben worden, aber die auditive Wahrnehmung und Integration von auditiven und motorischen Funktionen werden selten diskutiert. Auditive Wahrnehmung wird trainiert, wenn Kinder verbalen Anweisungen zuhören oder wenn sie Musik in tänzerische Bewegung und rhythmische Übungen umsetzen. Diese Aktivitäten beziehen auch die gleichzeitige Integration von kinästhetischer und visueller Wahrnehmung in die Gesamterfahrung mit ein und sind auf diese Weise besonders wertvoll zur Förderung der intersensorischen Integration.

Die Anwendung von Musik- und Schlaginstrumenten trägt auch dazu bei, das Wahrnehmungsvermögen der Kinder für Töne, Lautstärke, Rhythmus und musikalische Folgen zu entwickeln und dadurch Kinder zur Bewegung anzuregen. Dennoch sollte man darauf achten, Musikinstrumente nicht übermäßig zu gebrauchen, da die Kinder sich auch über ihren eigenen Rhythmus, Bewegungsstil und ihr Bewegungstempo bewußt werden sollen.

Während der Ruhepausen zwischen den körperlichen Übungen kann ein zusätzliches Training zur auditiven Wahrnehmung durchgeführt werden. *Montessori* führte Horchübungen ein, während denen die Kinder die Augen zugebunden bekamen. Diese Übungen sind wertvoll. Der Lehrer kann ganz einfach eine Reihe von Geräuschen machen, indem er Holzklötze aneinanderschlägt oder -klopft, mit einem Glöckchen bimmelt oder Papier zerknüllt und dann die Kinder fragt, welche Geräusche sie gehört haben. (Kinder, die es nicht mögen, daß man ihnen die Augen verbindet, können ihre Augen schließen oder sie mit den Händen verdecken.) Der Lehrer kann die Kinder auch in einem Kreis sitzen und auf Geräusche reagieren lassen. Sie können z. B. ihre Köpfe senken, wenn sie ein sehr dunkles Geräusch hören, sie anheben, wenn sie ein mittleres Geräusch vernehmen und langsam ihre Hände hochstrecken, wenn sie ein sehr helles Geräusch hören.

Diese Übungen müssen kurz sein, wenn sie nicht langweilig sein sollen, aber sie sind viel beruhigender als die konventionellen Ruhepausen, die viele Kinder nicht besonders lieben.

5. Höhere kognitive Funktionen

Die Ausdrucksweise höhere kognitive Funktionen bezieht sich auf die Summe aller Möglichkeiten, mit denen ein Mensch Bewußtsein und Kenntnis über die Außenwelt erlangt, ohne Hinzuziehung seiner Sinnesorgane. Wahrnehmungsprozesse erfassen nur das Hier und Jetzt – die Reize, die unmittelbar den Sinnen zugänglich sind, wie der Geruch einer Zitrone, die Berührung einer Hand, der Klang einer Melodie oder der Anblick eines Bildes. Höhere kognitive Funktionen (oder Denkprozesse, um einen gewohnteren Ausdruck zu gebrauchen) wie Vorstellungsvermögen, Gedächtnis, Urteilsvermögen, kritische Untersuchung und das Lösen von Problemen, betreffen das, was nicht sofort den Sinnesorganen gegenwärtig und ausgesetzt ist.

Die Unterschiede innerhalb der psychologischen Funktionen sind selten klar umrissen. Die psychologischen Funktionen gehen ohne scharfe Trennungslinien ineinander über. Folglich müssen die früher aufgezählten höheren kognitiven Funktionen auf verschiedene andere Weise kategorisiert werden. Da die assoziativen Prozesse und Gedächtnisfunktionen bei der Wahrnehmung, der Sprache und den Denkprozessen eine Rolle spielen, können sie in all den verschiedenen Zusammenhängen diskutiert werden. Bei dieser Diskussion betrachten wir indessen Erinnerungs- und Assoziationsvermögen als höhere kognitive Funktionen.

6. Übertragbarkeit der Bewegungsübungen

Es ergeben sich folgende Fragen: Besteht eine Verbindung zwischen höheren kognitiven Funktionen und Bewegungserziehung? Können bei diesen Funktionen im Rahmen der Bewegungserziehung Erfolge erzielt werden? Und wenn, lassen sich diese auf andere Aktivitäten übertragen und auf die Entwicklung kognitiver Prozesse im allgemeinen?

Die Forschungsergebnisse über die Effektivität des Trainings und das Ausmaß der Erfolgsübertragung auf andere Zusammenhänge oder Situationen sind dürftig, manchmal auch gegensätzlich. *Oliver* fand z. B. heraus, daß eine Gruppe von erziehbaren, geistig retardierten Jungen nach einem speziellen Körpererziehungsprogramm über zehn Wochen 25 % bei der IQ-Bewertung aufholten. *Oliver* schreibt diesen Gewinn der Wirkung von Leistung und Erfolg, bewährter Anpassung, körperlicher Tüchtigkeit und einem Gefühl von Bedeutsamkeit zu. Ein Untersuchungsbeispiel, das über die enge Beziehung zwischen motorischem Können (motorischer Koordination und Gleichgewichtsaufgaben) und intellektueller Leistung berichtet, ist das von *Ismail, Kephart* und *Cowell*. Eine faktorenanalytische Studie von *Ismail, Kane* und *Kirdendall* zeigte, daß Intelligenzmerkmale auf dem gleichen Faktor wie Koordination und Gleichgewichtsmerkmalen beruhen. *Plack* fand im allgemeinen positive Zusammenhänge zwischen Lesen und motorischen Fertigkeiten. *Singer* (1968) andererseits fand geringe oder generell nicht signifikante Zusammenhänge.

Klinische Erfahrungen sprechen indessen dafür, daß Kinder, die während der Bewegungserziehung lernen, mehrere Anweisungen auf einmal im Gedächtnis zu behalten, sehr wahrscheinlich auch in der Klasse besser unterschiedliche Anordnungen befolgen können. Kinder, die während der Bewegungserziehung das Planen von Handlungsfolgen erlernen, werden wahrscheinlich schneller als die Kinder, die nicht diese Form der Vorübung hatten, dazu fähig sein, das schrittweise Vorgehen beim wissenschaftlichen Experimentieren zu planen und auszuführen. Von Kindern, die sich in der Bewegungserziehung daran gewöhnen, für ein Bewegungsproblem eine Lösung zu finden (siehe Kapitel 5), kann man erwarten, daß sie auch in anderen Situationen eher nach Lösungen suchen, die Aufeinanderfolge von Ereignissen richtig bringen, verschiedene Gedankengänge gleichzeitig im Gedächtnis behalten, nach neuen Denkformen suchen und ein Problem erkennen.

Kognitive Funktionen werden durch die Kultur beeinflußt. Es besteht kein Zweifel, daß die Subkultur, die die Schule selbst darstellt, auf die kognitiven Funktionen einwirkt. Wie groß dieser Einfluß ist, hängt sehr wahrscheinlich von dem positiven Erfolg der Schule ab, die Kinder an das Lösen von Problemen zu gewöhnen. *Bruner* (1966), *Torrance, Suchman, Cope* und andere haben gezeigt, wie wertvoll es ist, wenn man bei der Erziehung das Lösen von Problemen den Kindern zur Aufgabe macht.

7. Begriffsbildung

Da die Begriffsbildung oft als die Grundlage jeglicher intellektueller Aktivität betrachtet wird, ist die Rolle der Bewegungserziehung zur Förderung der Begriffsbildung sehr wesentlich.

Begriffe bilden sich mit der Anhäufung von Erfahrungen, welche zu den Kategorien beitragen, in die wir unsere Erfahrungen einordnen. Begriffe ändern sich und werden bereichert, sobald neue Erfahrungen hinzukommen. Kinder, die einen Schwan, eine Elster, einen Papagei, einen Adler, Tauben und Spatzen gesehen haben, verfügen über weitere Begriffe von dem, was ein Vogel ist, als Kinder, die nur Tauben und Spatzen gesehen haben. Die Worte, die wir gebrauchen, um Begriffe zu bezeichnen, geben eine genaue Beschreibung von ihnen und unterscheiden sie von anderen Begriffen. Kinder lernen zwischen Vögeln und Nicht-Vögeln zu unterscheiden, wenn sie die Bezeichnung Vogel häufig und korrekt angewandt hören.

Wenn Kinder sich neue Begriffe aneignen, bilden sie Assoziationen zwischen diesen und solchen, die sie schon früher erworben haben. Sie erfassen neue Zusammenhänge und bilden höher geordnete Begriffe. Auf diese Weise werden Worte dazu gebraucht, um Begriffe zu bilden und Beziehungen zwischen den Begriffen herzustellen, sie zu gruppieren, zu ordnen und eine Rangordnung der Begriffe festzusetzen.

Viele Begriffe, die in der Bewegungserziehung gebraucht werden, erfordern ein hohes Maß von Abstraktion. Die Begriffe von Zeit und Raum, Kraft und Widerstand, die eine Rolle bei Begriffen wie Geschwindigkeit, Gewicht und Gleichgewicht spielen, können nur durch einen Anreicherungsprozeß, der auf einer Folge von Erfahrungen beruht, erworben werden.

Kreative Bewegung (Kapitel 5) ist von besonderer Hilfe beim Prägen von Begriffen höherer Ordnung, weil ein Teil der Erziehungsmethode die bewußte Modifizierung der Bewegung in Hinblick auf die Dimensionen von Zeit und Raum, von Kraft und Widerstand erfordert.

Durch die Bewegungserfahrung und das Besprechen ihrer Handlungen eignen sich die Kinder Gedankengänge an, wie sie Bewegungen und verbale Ausdrücke für ihre Bewegungserfahrungen nutzen können. Zusätzlich zu diesen allgemeinen Begriffen kommen bei der Bewegungserziehung noch spezifischere Begriffe auf, die die Körperstruktur und -funktion, die Gesundheit und das soziale Verhalten betreffen. Um Begriffe zu fördern, die allen Bereichen des kindlichen

Lebens angehören, wie auch Begriffe der sozialen und anderer Wissensgebiete, können mimetische und dramatische Aktivitäten besonders effektiv sein.

8. Intelligenzbegriffe

Binet und *Simon* haben über drei charakteristische Merkmale der Intelligenz Betrachtungen angestellt: (1) das Befolgen von Anweisungen, (2) eine Absicht verfolgen und (3) kritische Bewertung.

Das Befolgen von Anordnungen ist ein ständig gültiges Element der Bewegungserziehung. Eine Absicht wird dann verfolgt, wenn Kinder verschiedenste Anweisungen im Gedächtnis behalten müssen, wenn sie eine Bewegungsfolge wiedergeben, eine komplizierte Bewegung ausüben oder eine Körperposition, die ihnen vorher beschrieben worden ist.

Es ist leichter für die Kinder, ganze Bewegungen in einer zeitlichen Reihenfolge zu kombinieren, als Teilbewegungen zu einem komplexen Ganzen zusammenzufügen. Folglich sollten ganze Bewegungen zuerst geübt werden. Beispiele dafür sind schon vorher in diesem Kapitel gegeben worden (siehe S. 88 u. 89). Die Bewegungsfolgen sollten allmählich komplexer werden. Das Übertragen von komplexen Anweisungen auf Bewegungsfolgen übt nicht nur das Verfolgen einer Absicht, sondern auch den Gebrauch der visuellen Vorstellungskraft und das Erinnerungsvermögen für jedes Glied der Befehlskette während der Ausführung der ganzen Bewegungsfolge.

Dasselbe gilt für das Einnehmen einer einzigen komplizierten Körperstellung, wobei die Anweisungen für die verschiedenen gleichzeitigen Teilbewegungen behalten und koordiniert werden müssen. Ein Beispiel wäre, wenn die Kinder zu Folgendem aufgefordert würden: »Stellt euch in leichter Grätschstellung hin, dreht die Zehen leicht nach außen, das Gewicht hauptsächlich auf dem linken Fuß, das linke Knie leicht gebeugt und das rechte Knie gestreckt.« Wenn auch die Haltung der Arme einbeschlossen werden soll, werden die Anweisungen noch komplizierter. Ein Beispiel: »Der rechte Arm wird gestreckt über den Kopf gehalten, der linke vor den Körper, parallel zum Boden.« Es ist nötig, daß der Lehrer mit sehr einfachen Übungen anfängt und sie immer komplexer werden läßt. Ein einfaches Beispiel wird auf Seite 89 gebracht.

Binets und *Simons* drittes Intelligenzmerkmal – die kritische Bewertung – kann man dadurch entwickeln, daß man den Kindern Gelegenheit zum Besprechen ihrer Übungen und mimetischen und dramatischen Aktivitäten gibt. Einige Erzieher wie *Mosston* (1965, 1966) halten die Bewertung der kindlichen Aktivitäten durch die Kinder selbst für einen wesentlichen Bestandteil jeder Körpererziehung. Im vorliegenden Programm wird dies besonders bei der kreativen Bewegung (Kapitel 5) hervorgehoben.

Nachdem zwei Drittel eines Jahrhunderts verstrichen sind, sind *Binets* und *Simons* Charakteristika der Intelligenz immer noch gültig, und sie werden hier der Einfachheit halber verwandt. Seit dieser Zeit sind viel detailliertere und wissenschaftlichere Analysen der intellektuellen Funktionen erschienen – die von *Spearman*, *Wechsler* und *Guilford* (1967), um nur einige zu nennen. Es würde uns allerdings weit von unserem Thema wegführen, diese Modelle im Zusammenhang mit dem Bewegungserziehungsprogramm zu diskutieren.

KAPITEL 7

Assoziative Prozesse

Menschen und sogar Tiere müssen, um überleben zu können, verschiedene Fähigkeiten gleichzeitig ausüben. Unter bestimmten Umständen müssen sie zum selben Zeitpunkt sehen, hören, etwas berühren, ihre Stimme gebrauchen und sich bewegen.

Die Mutter schiebt das Fleisch in den Ofen. Sie gebraucht ihre Augen, die ihre Hände führen; sie spürt die Hitze des Ofens und ist bemüht, sich nicht zu verbrennen. Zur selben Zeit hört sie, daß das Telefon läutet. Sie horcht auf das Schreien des Babys und nimmt schnell den Hörer ab, damit sie es nicht aufweckt. Bei dieser Tätigkeit mußte sie die verschiedenen sensorischen Eindrücke miteinander verbinden, verstehen und differenzieren, und sie hatte auf einige von ihnen gleichzeitig und nacheinander in unterschiedlicher Form zu reagieren.

Im täglichen Leben erscheint es normal, daß das menschliche Gehirn die Fähigkeit besitzt, eine große Zahl verschiedenster Informationen aufzunehmen und umgehend, selektiv und angemessen auf sie zu reagieren, so daß man sie als selbstverständlich betrachtet. Viele der Assoziationen, die zur Ausführung komplexer Handlungen nötig sind, haben den Grad bewußter Durchführung überschritten und sind als Ergebnis fortwährender Erfahrung und Übung automatisch geworden.

Das obige Beispiel veranschaulicht folgende Fähigkeiten des Menschen: (1) der Umwelt entstammende Reize auszuwählen und sie miteinander in Verbindung zu bringen; (2) Wahrnehmungen so zu integrieren, daß sie ein einheitliches und zusammenhängendes Bild von der Welt ergeben; (3) diese Wahrnehmungen mit der Erinnerung an frühere Erfahrungen zu integrieren und (4) auf angepaßte Weise zu reagieren.

Es ist wichtig zu verstehen, daß es drei Hauptgruppen assoziativer Prozesse gibt: (1) die Assoziation von Perzeptionen (Input) mit Reaktionen (Output), (2) das Integrieren[22] der Wahrnehmungen von

---

[22] *English und English* definieren *Assoziation* als »eine funktionelle Beziehung zwischen psychologischen Phänomenen, die im Laufe der individuellen Erfahrungen gebildet worden und solcher Art sind, daß die Anwesenheit des einen das andere hervorruft; ...« *Integration* definieren sie als »den Prozeß ..., Einzelteile zu einem Ganzen zusammenzubringen und

zwei oder mehr Sinnesorganen und (3) das Assoziieren gegenwärtiger Reize mit früheren Erfahrungen. Alle sind von vorausgegangenen Erfahrungen abhängig, und alle sind Funktionen des Zentralnervensystems.

1. Die Entwicklung assoziativer Prozesse

Als notwendige Voraussetzung für assoziative Prozesse sind verschiedene konstruktive Vorstellungen angesehen worden: sie reichen von geistigen Bildern (*Bruner*, 1966, *Hebb*, 1959, 1968) und Schemata (*Piaget*, 1967) zu anatomischen Veränderungen (*Krech*); aber es wird von allen Theoretikern betont, daß die Fähigkeit zur Assoziation das Ergebnis der Wechselbeziehung zwischen einer Person und ihrer Umwelt ist.

Ungefähr von Geburt an lernen die Kinder, eine Assoziation zwischen den reaktiven Bewegungen und den Stimuli, die sie durch ihre Sinnesorgane empfangen, herzustellen. Ein drei Monate altes Baby, das unmittelbar vor dem Füttern beobachtet wurde, spitzte seinen Mund und machte Saugbewegungen, als die Flasche in die Nähe seines Mundes kam. Wenn ein Löffel nahe an sein Gesicht herangeführt wurde, öffnete es weit seinen Mund. Sensorische Reize, wahrscheinlich sowohl taktile und olfaktorische wie visuelle, wurden bereits mit reaktiven Bewegungen assoziiert.[23]

Intersensorische Assoziationen werden ebenfalls sehr früh ausgebildet. Sie sind die Grundlage für die Fähigkeit der Kinder, einen Gegenstand oder ein Ereignis wiederzuerkennen, ohne Rücksicht auf das Sinnesorgan, durch das dieselben dargeboten wurden. Zuallererst registriert ein Kind die Berührung und den Geruch seiner Mutter; später kann es sie durch den Anblick und den Klang ihrer Schritte erkennen.

Die Fähigkeit, den Input der verschiedenen Sinnesorgane zu integrieren, ist ein wesentlicher Aspekt im Hinblick auf das zunehmende

---

zu vereinen; ... Es bedeutet mehr als die Bezeichnungen Assoziation, Koordination und Organisation. Bei der Integration verlieren die Einzelteile, obwohl sie verschieden sein können, ihre unterschiedliche Identität.«

[23] *Piaget* (1966) benutzt den Ausdruck der »senso-motorischen Schemata«, womit er die gleichzeitig perzeptive und motorische Assimilation beschreibt, die das Verhalten eines Kleinkindes charakterisiert. Angeborene Reflex-Assoziationen bestehen schon beim menschlichen Föten und bereits zwei Wochen nach der Geburt sind unterschiedliche senso-motorische Reaktionen festgestellt worden *Bower* (1966).

Erkennen und Erfahren der Umwelt. Wenn ein Reiz durch ein Sinnesorgan empfangen worden ist, kann er die Erinnerung an Wahrnehmungen wachrufen, die früher durch andere Sinnesorgane aufgenommen worden sind. Wenn wir das Bild von einem Bach sehen, erinnern wir uns an sein Rauschen; hören wir seine Geräusche aus der Entfernung, erinnern wir uns an seinen Anblick, selbst wenn der Bach vor unseren Augen verborgen ist, und wir werden zugleich die Assoziation vom Duft des Waldes haben, durch den er fließt. Assoziative Prozesse vereinen also die Spuren der Erinnerung mit der unmittelbaren Erfahrung und geben ihr Sinn und Totalität.

Mit dem Auftreten der Stimuli können gleichzeitig beide Arten von assoziativen Prozessen erfolgen (zwischen Wahrnehmung und Bewegung und innerhalb der Sinnesorgane), oder sie kommen nach einem Zeitablauf zwischen dem Reizangebot durch ein oder andere Sinnesorgane zur Auswirkung oder zwischen dem Reizangebot und der Beantwortung.

Die Fähigkeit, gleichzeitig auftretende Reize zu integrieren, unterscheidet sich von der assoziativen Übertragung, mit der die Fähigkeit gemeint ist, sich an sinnliche Wahrnehmungen und Bewegungen zu erinnern und sie zu integrieren, die in verschiedenen Sinnesorganen zu unterschiedlichen Zeiten auftreten.[24] Die Assoziation und Übertragung innerhalb der Sinnesorgane sind für die Menschen zu ihrer ständigen Anpassung an die Umwelt von besonderer Bedeutung.

2. Assoziative Prozesse und Unterricht

Die assoziativen Fähigkeiten, die in diesem Kapitel besprochen wurden, müssen bei Kindern und Jugendlichen fortlaufend entwickelt und geübt werden. Selbst die älteren unter den Erwachsenen brauchen Übung, damit sie nicht ihre Fähigkeit verlieren, auf Reize ihrer Umwelt spontan und richtig zu reagieren.

---

[24] *Birch* und *Belmont* (1964, 1965) konnten eine Übertragung innerhalb der Sinnesmodalitäten deutlich machen, indem sie zuerst Kindern auf visuellem Wege geometrische Formen anboten und später von ihnen verlangten, dieselben Stimuli durch Berührung wiederzuerkennen. Mit verbundenen Augen mußten sie die Formen auswählen, die sie vorher gesehen hatten. *Birch* kehrte den Prozeß um und bat die Kinder, sie sollten die Formen, die sie zuerst durch Berührung identifiziert hatten, nun mit den Augen zu erkennen versuchen.

Ein guter Pädagoge trainiert die assoziativen Prozesse ganz automatisch und intuitiv. Er weiß, daß bei jeder Aufgabe – sei es Autofahren, Zähneputzen, Knotenbinden, Schwimmen, Rechenvorgänge erlernen oder Schreibmaschine schreiben – ein Maximum an Effektivität verlangt wird und daß viele assoziative Prozesse durch Training und Übung automatisch werden.

Alles Lernen, und besonders das Lernen in der Schule, ist von der Fähigkeit abhängig, Assoziationen bilden zu können. Wenn der Lehrer diktiert und die Kinder zuhören und schreiben, wird eine Assoziation zwischen auditiver Perzeption und Bewegung verlangt. Die Assoziation zwischen auditiven und visuellen Prozessen wird dann angeregt, wenn ein Kind schweigend ein Buch liest. Es muß den visuellen Reiz des gedruckten Wortes mit seiner auditiven Vorstellung verbinden. Wenn Kinder Lieder singen, die sie von Noten ablesen, müssen sie eine Assoziation zwischen dem visuellen Reiz und der auditiven Vorstellung herstellen und die entsprechende Vokalisation hervorbringen. Wenn ein Kind lernt, daß die Vorderseite eines Schiffes »Bug« und die Rückseite »Heck« genannt wird, bildet es Assoziationen zwischen auditiven Stimuli, den Worten, die sie ausdrücken, und ihrer Bedeutung.

Wenn irgendeiner der assoziativen Prozesse gestört ist, wird alles Lernen behindert. Die alles durchdringenden Störungen bei Kindern mit Lernschwierigkeiten sind durch Schwierigkeiten der assoziativen Prozesse gekennzeichnet. *Birch* und *Belmont* (1964, 1965) haben gezeigt, daß selbst bei einem normalen Kind die Integration von Sinneseindrücken nur nach und nach erworben wird. *Piaget* (1954) hat vorausgesetzt, daß die Fähigkeit zur Integration der verschiedenen Sinneserfahrungen erlernbar ist.

Entsprechend den Feststellungen von *Barsch* (1967) kann ein Kind mit Lernschwierigkeiten unfähig sei, die Wahrnehmungen, die es durch seine verschiedenen Sinnesorgane empfängt, zu integrieren. Unter Umständen lebt es in einer Welt veränderter visueller, auditiver, olfaktorischer, gustatorischer und anderer Sinneseindrücke. *Strauß u. Lehtinen* sowie *Werner* haben auch herausgefunden, daß es für das hirngeschädigte Kind schwierig ist, mit einem Sinnesorgan wiederzuerkennen, was es mit einem anderen erfahren hat.

Im Folgenden wird dem Lehrer ein durchdachtes Gerüst geliefert, um ihm zu helfen, für seine Klasse bewußt die passenden und wirksamsten Trainingsmethoden zu planen und auszuwählen. Das Training von assoziativen Prozessen bezieht sich, übertragen auf die Anwendung in der Klasse, auf den ganzen Stundenplan und jede Klassenstufe.

3. Assoziative Prozesse und Bewegungserziehung

Die Bewegungserziehung schafft eine natürliche Situation, um sowohl bei normalen Kindern als auch bei Kindern mit Lernschwierigkeiten assoziative Prozesse zu fördern. Wie schon früher erklärt wurde, lassen sich diese assoziativen Prozesse in drei Hauptkategorien einteilen:

1. Die Assoziation verschiedener Wahrnehmungen (Input) mit motorischer Antwort (Output). Solche Assoziationen sind visomotorisch (Hüpfspiele), auditiv-motorisch (Ausführen, Befolgen von Aufträgen) und motorisch-kinästhetisch (bei allen Bewegungen im Spiel, aber speziell bei solchen, die ein bewußtes Gefühl für die Bewegung verlangen).

2. Die Integration von Wahrnehmungen (Input), die von mehr als einem Sinnesorgan stammen. Klettern erfordert kinästhetische, taktile und visuelle Integration; das Imitieren einer tänzerischen Bewegung mit Musikbegleitung erfordert visuelle, auditive und kinästhetische Integration.

3. Die Assoziation von verschiedenen Wahrnehmungen erfolgt bei jeder Bewegung, die vom Gesichtssinn gelenkt wird, denn visuelle Reize sind mit den kinästhetischen Stimuli eng verknüpft, da eine Rückkoppelung über die Muskeln für die Steuerung der Bewegungen unerläßlich ist.[25]

---

[25] Der Lehrer kann die Fähigkeit des Assoziierens auf eine Weise erleichtern, daß das Lernen von neuen Fakten fast automatisch wird. Auf solche Art wird bei programmierten Lehrbüchern und Programmen für Lernmaschinen vorgegangen. Wenn Kinder die verschiedenen Aspekte eines bestimmten Themas assoziieren, können sie zu den zugrunde liegenden Prinzipien Zugang finden.

Ebenso kann der Lehrer die Kinder selbst versuchen lassen, verschiedene zusammenpassende Assoziationen herauszufinden, um eine Schlußfolgerung abzuleiten. Dies wird die Methode des sog. Problemlösens (discovery method) genannt, und sie verlangt vom Lernenden sehr viel mehr aktive Teilnahme.

Mosston (1966) hat bei der körperlichen Erziehung den Weg des Problemlösens angewandt und beschrieben. Dalcroze und Laban bauten ihre Methoden der kreativen Bewegung darauf auf, aber sie brauchen weniger Verbalisation und verlassen sich mehr auf die »Sprache des Körpers«. Unser eigenes Vorgehen verbindet sowohl die Entwicklung von Assoziationen durch und der Bewegung, wie die Entwicklung der Assoziationen, die durch die Sprache vermittelt werden (siehe Kapitel 5).

Bewegung ist also durch die Assoziation zwischen Input und Output charakterisiert, und sie umfaßt beinahe immer die Integration von mindestens zwei Sinnesorganen – dem visuellen und dem kinästhetischen.

Der Lehrer, der sich die Bedeutung der engen Assoziation aller sensorischen Reize mit der Bewegung bewußt macht, wird dafür sorgen, daß er während der Bewegungserziehung durch visuelle, auditive, kinästhetische und taktile Stimulierung Bewegung provoziert. (Siehe Kapitel 11)

Die Kinder sollen Bewegungen wiedergeben, die ihnen von anderen vorgemacht werden; sie sollen die Anweisungen zu ihren Bewegungen durch die Stimme des Lehrers, durch ein Tamburin oder ein anderes Musikinstrument bekommen; sie sollen Bewegungsfolgen ausführen und sich dabei auf die Reize, die ihren Ursprung in ihrem eigenen Körper haben, konzentrieren. Ferner sollen sie Gelegenheit haben, ihren Tastsinn durch eine Aktivität wie das Klettern zu entwickeln.

Es gibt keine wissenschaftlichen Kontrollstudien, die zeigen könnten, daß die Entwicklung assoziativer Fähigkeiten durch die Bewegungserziehung einen direkten Einfluß auf die Aneignung und Erweiterung von schulischem Wissen hat. Es konnte nicht bewiesen werden, daß Kinder, die bei der Bewegungserziehung lernen, unmittelbar auf Befehle zu reagieren, sich nach Rhythmen zu richten oder ihre Bewegungen auf Musik einzustellen, besser in der Lage sind, den visuellen Reiz des gedruckten Wortes mit der Erinnerung an den Wortklang zu integrieren. Aber sowohl klinische Beobachtungen wie theoretische Überlegungen geben den Hinweis, daß die zunehmenden Bewegungsfertigkeiten der Kinder sie in ihrer Fähigkeit fördern, eine Vielzahl von Reizen zu integrieren. Man kann mit Sicherheit sagen, daß, wenn Kinder die Fähigkeit erlangen, die vielfältigen Umweltreize zu integrieren und auf sie zu reagieren, auch ihr gesamtes Anpassungsvermögen zunehmen wird.

a) Das Training von viso-motorischer Assoziation, Übertragung und visueller Wahrnehmung

Sehvermögen und Bewegung sind so eng miteinander verwoben, daß man normalerweise von viso-motorischen Aufgaben und von viso-motorischer Koordination spricht. Diese werden oft für die wesentlichsten Bestandteile der senso-motorischen Funktionen gehalten und manchmal sogar für ihre einzig erzieherisch relevanten Aspekte. Bestimmte Programme, die besonders auf die Vorbeugung und Therapie von Lernschwierigkeiten gerichtet sind, stehen sehr unter dem Einfluß eines optometrischen Blickwinkels (wie der von *Kephart*, 1960; *Barsch*, 1965 und *Getman*). Diese Programme konzentrieren sich auf beides, Aufgaben der visuellen Wahrnehmung und der Motorik und schenken der viso-motorischen Koordination besondere Aufmerksamkeit. Sie geben sowohl eine Einführung in zahlreiche körperliche Übungen, wie in perzeptive und viso-motorische Handlungsabläufe, z. B. das Schreiben und Malen an der Tafel. *Barsch*, der dem Visuellen seine besondere Aufmerksamkeit schenkt, bezieht gleichzeitig noch das Training anderer Sinnesorgane mit ein.

Diese assoziativen Fähigkeiten müssen tatsächlich optimal entwikkelt werden, aber wir müssen betonen, daß Bewegung nicht immer vom Sehvermögen gesteuert wird. Blinde Menschen bewegen sich oft sehr geschickt. Für die Orientierung und Ausführung von Bewegungen sind die kinästhetischen Reize sogar wichtiger als der Gesichtssinn.

Diese Tatsache mindert in keiner Weise die Bedeutung von manipulatorischen oder anderen Aktivitäten, die die Augen-Hand-Koordination oder die vom Sehvermögen dirigierten Bewegungen des ganzen Körpers entwickeln. Solche Aktivitäten sollten Bestandteile aller Lehrpläne im Erziehungsbereich sein. Sie sind für Kinder mit Lernstörungen besonders wichtig. Bei den meisten Aktivitäten wird die Hand vom Gesichtssinn geführt. Bei Wurf- und Fangspielen lenkt der Gesichtssinn den Ball oder das Bohnensäckchen an ihr Ziel, ebenso die Hand, die beides auffängt. Er dirigiert die Hände bei allen bildnerischen und künstlerischen Tätigkeiten, wie beim Töpfern, bei Lederarbeiten, dem Zeichnen und Malen. Er gibt die Sprunghöhe an, die nötig ist, um ein Hindernis zu nehmen. Das Sehvermögen bestimmt normalerweise das Ziel, *wo* der Läufer z. B. anhalten oder wenden soll und der Skiläufer am besten sein Gewicht verlagert. Es steuert nicht das *Wie* der Bewegung, nicht die Art und Weise der Beinbewegung beim Laufen, des Körperschubes beim Springen oder der Gewichtsverlagerung beim Skifahren. Eher ist es die Kinästhesie als der Gesichtssinn, die jede Phase der Bewegung leitet.

Es dürfte hilfreich sein, die Unterschiede zwischen viso-motorischer Assoziation, viso-motorischer Übertragung und visueller Wahrnehmung zu klären. Bei der viso-motorischen Assoziation fallen die visuellen und motorischen Vorgänge zusammen. Andererseits handelt es sich jedoch um eine viso-motorische Übertragung, wenn ein visueller

Reiz – z. B. eine geometrische Figur – wiedergegeben werden muß. Die Antwort folgt der Reizdarbietung. Die visuelle Wahrnehmung ist die Fähigkeit, visuelle Reize zu erkennen und zu unterscheiden.

Bei einigen Kindern besteht ein Unvermögen, ein einfaches Muster wiederzugeben, eine Unfähigkeit, die man oft für eine Störung der visuellen Wahrnehmung hält. Aber viele dieser Kinder sind imstande, zusammenpassende Figuren herauszufinden, die sie jedoch nicht zeichnen können, was beweist, daß nicht ihre Wahrnehmung gestört ist, sondern die Fähigkeit des Abbildens (*Abercrombie u. a.*). Bei diesen Fällen liegt die Schwierigkeit wahrscheinlich in der viso-motorischen Übertragung. Das Training der Wahrnehmung, der viso-motorischen Übertragung und Assoziation sind allesamt Bestandteile eines ausgewogenen Erziehungsprogramms.

Wenn ein Kind bei der viso-motorischen Übertragung Schwierigkeiten hat, wird dies bei der Bewegungserziehung sehr bald offenkundig werden, insofern, als bei der Bewegungserziehung eine Übertragung von visuellen Stimuli in Bewegung erfolgen muß. Wenn der Lehrer den Kindern eine Bewegung demonstriert, indem er sie selbst vormacht oder ein Bild zeigt, müssen die Kinder, um diese Bewegung auszuführen, viso-motorische Übertragungen vollziehen. Ist es nun offensichtlich, daß ein Kind zu viso-motorischen Übertragungen unfähig ist, so kann es nötig sein, die visuellen Vorbilder durch verbale Anweisungen zu verstärken und das Kind aufzufordern, die Anweisungen vor der Ausführung zu wiederholen. (Die Bedeutung der Verbalisation wird in Kapitel 9 besprochen.) Wenn man Abbildungen zur Auslösung einer Bewegung gebraucht, sollten sie anfänglich nur einfache Körperstellungen zeigen und erst allmählich komplizierter werden.

b) Das Training von auditiv-motorischer Assoziation und Übertragung

Bewegung im täglichen Leben wird, außer bei blinden Menschen, viel weniger von Wahrnehmungen des Gehörs als des Gesichtssinns bestimmt, obwohl die auditiven Wahrnehmungen durchaus eine Rolle spielen. Wir fahren an den Straßenrand, wenn der Automotor anders als sonst klingt oder wenn wir eine Sirene vernehmen.

Genauso wie bei der viso-motorischen Assoziation und der viso-motorischen Übertragung können wir zwischen auditiv-motorischer Assoziation und auditiv-motorischer Übertragung unterscheiden.

Auditiv-motorische Assoziation bezieht sich auf gleichzeitiges Hören und Tun. Ein hervorragendes Beispiel für diese Art von Assoziation ist das Tanzen zur Musik. Die auditiv-motorische Übertragung bezieht sich auf einen Prozeß, bei dem auf den auditiven Reiz die motorische Handlung folgt. Auditiv-motorische Übertragung geschieht z. B. dann, wenn der Lehrer den Kindern verbale Anweisungen erteilt und die Kinder die Anordnungen befolgen. (Schwierigkeiten beim Befolgen von Aufträgen und ihre Behandlung im Rahmen der Bewegungserziehung sind in Kapitel 6 im Abschnitt über rezeptive Sprache besprochen worden. Ein Kind kann unfähig sein, Anweisungen zu befolgen, weil es Schwierigkeiten im rezeptiven Sprachbereich hat, aber es kann ebenso wegen assoziativer Schwierigkeiten den Aufträgen nicht nachkommen können.)

In jeder Klasse scheint es mindestens ein Kind zu geben und gewöhnlich sind es mehr – das auf Anordnungen nicht korrekt reagiert oder sie zumindest extrem langsam auszuführen scheint. Wenn der Lehrer zu der Klasse sagt: »Nehmt Eure Bücher und schlagt sie auf Seite 7 auf«, beobachtet er, daß, während die meisten der Kinder die Anweisungen mühelos und schnell befolgen, Johnny unfähig zu sein scheint, die Aufgabe zu erfüllen, obwohl er die Anordnungen ohne zu zögern wiederholen kann. Weitere Beobachtung könnte zeigen, daß Johnnys Schwierigkeiten dann auftreten, wenn er eine Aufgabe zu erfüllen hat, die in verbaler Form an ihn herangetragen wurde, obwohl er gewöhnlich bei anderen Gelegenheiten ganz geschickt ist.

Kinder wie Johnny machen häufig große Fortschritte, sobald sie während der Zeit der Bewegungserziehung daran gewöhnt werden, auf Instruktionen zu reagieren, besonders wenn der Lehrer, bevor er die Befehle erteilt, sicherstellt, daß die Kinder ihm volle Aufmerksamkeit schenken. Er sollte anfänglich einfache Anordnungen und später mehrere Aufgaben hintereinander geben. So könnte der Lehrer z. B. sagen: »Nun hört gut zu und versucht alles zu behalten, was ich euch sage. Ich werde jetzt verschiedene Bewegungen aufzählen, die ihr nacheinander machen sollt, ohne eine hinzuzufügen oder auszulassen. Wir nennen das eine Bewegungsfolge. Hört ihr zu? Gut! Also . . .« Dann gibt er die Anweisungen.

c) Das Training von motorisch-kinästhetischer Assoziation

Kinästhetische Reize sind die Sinneswahrnehmungen, die während einer Bewegung in den Muskeln entstehen. Für die Bewegungssteuerung ist die kinästhetische Rückkoppelung unentbehrlich; es ist unmöglich, irgendeine bewußt gesteuerte Bewegung ohne diese Rückkoppelung auszuführen, obwohl sie weitgehend unbewußt erfolgt. Über dieses Phänomen sind wir uns bei der Bewegungssteuerung gewöhnlich weit weniger bewußt als über die Rolle des Gesichtssinns.

Bestimmte neurologische Schäden haben eine Störung der kinästhetischen Rückkoppelung zur Folge. Ist dieser Schaden schwerwiegend, so kann eine Person außerstande sein, irgendeine willkürliche Bewegung auszuüben. Wenn die Störung weniger schwer ist, so hat die Person u. U. Schwierigkeiten, einen Teil ihres Körpers zu berühren, den sie nicht sehen kann; wenn sie ihre Augen schließt, wird sie nicht das Gleichgewicht halten oder sich bewegen können, ohne hinzufallen. Bei neurologischen Untersuchungen werden diese Aufgaben als Tests gegeben, weil sie sichtbar machen, ob ein Patient eine gestörte Kinästhesie aufweist.

Es ist ein wichtiges Ziel der Bewegungserziehung, daß die Kinder ein stärkeres Bewußtsein der muskulären Rückkoppelung und somit der Bewegungen ihres Körpers bekommen. Sie werden an Koordinationsvermögen, Geschicklichkeit und Anmut der Bewegungen hinzugewinnen und bei Sport und Spielen mehr Erfolg haben. Für langsam Lernende ist ein verbessertes Körperbewußtsein ein wichtiges erzieherisches Ziel, da sie oft schwerfällig sind und über einen schlechten Koordinationssinn verfügen.

d) Das Training von taktil-motorischer Assoziation

Taktile Stimuli sind ebenso für Bewegungen wie das Nachfahren von Figuren wichtig. Bei der Wahrnehmung von Oberflächen sind sie eng verknüpft mit den kinästhetischen Reizen. Kinder sollten erlernen, ihre Bewegungen durch taktile Reize zu steuern. Dies kann durch Aktivitäten wie das Klettern auf eine Leiter geschehen, wobei ein enger Kontakt mit der Oberfläche erfolgt.

e) Das Training von Assoziationen zwischen einlaufenden und gespeicherten Erfahrungen

Die Assoziation von gerade gegenwärtigen Umweltreizen mit früheren Erfahrungen eines Kindes ist die wesentlichste Grundlage um einer augenblicklichen Erfahrung Bedeutung zu geben. Wie in der Fußnote auf S. 106 besprochen wurde, können Assoziationen entweder induktiv oder deduktiv gebildet werden. Die Lehrkraft für Bewegungserziehung muß darauf achten, gewisse Übungen und Befehle nicht nur auf solche zu beziehen, die den Kindern schon früher einmal gegeben worden sind, sondern es muß auch in ihrem Interesse liegen, die Kinder zu ermuntern, bestimmte Regeln für sich selbst zu entdecken. Für das erstere kann als Beispiel gelten: »Gestern habt ihr auf Gummischeiben gesessen, die in einem Kreis auf dem Boden angeordnet waren. Setzt euch heute in derselben Weise hin. Tut so, als lägen die Scheiben immer noch da.« Ein Beispiel für das zweite ist: »Was passiert, wenn ihr oben, in der Mitte oder unten gegen den Fußball tretet? Warum? Wie müßtet ihr den Ball bei einem Torschuß treten?«

Mosston (1966) führt den Lernenden im Zusammenhang mit der Bewegungserziehung in sorgfältig ausgearbeiteten Etappen von dem bewußten Erkennen eines Problems bis zum Finden einer Lösung. Der Leser wird auf das Buch von *Mosston* und auf Kapitel 5 in diesem Buch hingewiesen.

Wie in diesem Kapitel besprochen wurde, kann die Bewegungserziehung die folgenden assoziativen Fähigkeiten trainieren:

Fertigkeit	*Beispiele*
Viso-motorische Assoziation	Einen Ball fangen Einen Korbball durch den Reifen werfen Hufeisen werfen Hürdenlauf Einen Gegenstand wie einen Hockeypuck oder einen Korbball über eine bestimmte Strecke führen
Viso-motorische Übertragung	Eine Bewegung nachahmen Eine Stellung nachmachen, die auf einem Bild dargestellt ist Anweisungen für eine Übung lesen und sie befolgen Ein Fußballspiel nach einer Darstellung auf der Tafel ausführen
Auditiv-motorische Assoziation	Nach Musik tanzen Die Bewegungen eines ländlichen Tanzes so ausführen, wie sie ein Ansager angibt Hohe und tiefe Töne in kreative Bewegung umsetzen (so weisen niedrige, tiefe Töne auf schwere Schritte hin, wobei sich der Körper dicht am Boden befindet)
Auditiv-motorische Übertragung	Eine Reihe von Instruktionen für eine Bewegungsfolge anhören und sie dann ausführen

	Durch Bewegung eine Geschichte oder ein Gedicht interpretieren, das vorgelesen worden ist
	Eine rhythmische Folge wiedergeben (durch Klatschen, Klopfen oder mit dem Tamburin)
Motorisch-kinästhetische Assoziation	Übungen für das Körperbewußtsein
	Gleichgewichtsübungen
	Eine Stellung auf dem Balancierbrett einhalten
	Beim Skifahren das Gewicht verlagern
Taktil-motorische Assoziation	Klettern (Klettergerüst, Baum, etc.)
	Durch einen Tunnel kriechen
	Sich in einem Irrgarten zurechtfinden
	Mit verbundenen Augen Buchstaben auf Sandpapier nachfahren
	Mit den Füßen durch schlammiges Wasser gehen

KAPITEL 8

Schulwissen und Bewegungserziehung

Bewegungserziehung kann das Lernen in der Schule direkt und indirekt vorteilhaft beeinflussen.

Spiele und Methoden, die die Bewegung des ganzen Körpers in Anspruch nehmen, können in direkter Weise dazu verwandt werden, Rechnen, Lesen und andere Kenntnisse zu vermitteln. Die körperliche Bewegung ist besonders geeignet, schulisches Wissen zu veranschaulichen, das die Wahrnehmung räumlicher Relationen zum Inhalt hat. Deshalb bietet sie viele Möglichkeiten für den Rechenunterricht. (s. Abb. 9)

Indirekt beeinflußt eine motorische Leistungsfähigkeit das gesamte Lernvermögen, weil sie auf das Körperimago (siehe Kapitel 4) und grundlegende Fähigkeiten wie Gedächtnisleistung, Wahrnehmungsfertigkeiten, Konzentration, Zeit- und Raumorientierung, assoziative Prozesse und die Fähigkeit, Probleme zu lösen, einwirkt – Fähigkeiten, die dem Lernprozeß zugrunde liegen und den Kindern ermöglichen, sowohl außerhalb wie innerhalb der Schule zu lernen (siehe Kapitel 6 und 9).[26] Eine weitere positive Auswirkung auf die Lernkapazität bringt die Entspannung, die durch die Gelegenheit zu freier Bewegung nach vielen Stunden des Stillsitzens erfolgt. Für Kinder, die in der Klasse unter der Belastung stehen, daß sie unsicher und ängstlich sind oder langsam lernen, ist es besonders günstig, kurze Zeitspannen motorischer Aktivität einzuplanen. Wenn es gelegentlich Unterbrechungen gibt, in denen sie Entspannungsübungen machen dürfen, können sie sich später besser auf ihre Schularbeiten konzentrieren. Auch wenn sie Scharaden üben oder andere mimetische Spiele ausführen, wächst ihre Fähigkeit, sich in Gesten und Bewegungen auszudrücken, und gewöhnlich kehren sie entspannter und mit vermehrter Energie und Selbstvertrauen an ihre Arbeit zurück.

---

[26] Handlungen, die von entsprechender Verbalisation begleitet werden, bewirken einen unterschiedlichen Lerneffekt. *Sondstroem* berichtete, daß Erstklässler, denen man erlaubte, mit Material, so weit wie nötig, umzugehen und die mit Worten beschreiben sollten, was sie gerade getan hatten und was das Endergebnis ihrer Arbeit sein würde, das Phänomen erkannten, daß eine Masse, trotz Umwandlung ihrer Form, immer die gleiche bleibt.

1. Motorische Leistungsfähigkeit und schulisches Lernen

Barsch (1967) und andere sind der Ansicht, daß die frühe Entwicklung von perzeptiv-motorischen Fähigkeiten zu besserem schulischem Lernen, besonders dem Lesen, beiträgt. *Kephart* betrachtet das perzeptiv-motorische Training als eine notwendige Vorbereitung für den Leseunterricht bei Kindern mit Lernschwierigkeiten, und es wird empfohlen, daß solches Training den Unterweisungen im Lesen vorausgehen, sie begleiten und mit ihnen integriert sein soll. Er (siehe *Godfrey* und *Kephart*) glaubt, daß Kinder mit ungelenkem Bewegungsmuster nicht eher ausreichend lernen können, bis diese Ungeschicklichkeit behoben worden ist, weil seiner Ansicht nach die zum Lesen nötigen und besonders von der visuellen Wahrnehmung abhängigen Fertigkeiten bis zu einem gewissen Grad im Zusammenhang mit wendigem Reaktionsvermögen und kontrolliertem Verhalten stehen. *Kephart* indessen unterscheidet zwischen Bewegungsfertigkeiten als solchen und, wie er es nennt, »reaktivem Allgemeinverhalten«.

Die viel zu vereinfachte und viel zu verallgemeinernde Annahme, daß motorische Leistungssteigerung immer zu größerem schulischem Erfolg führen muß, beruht jedoch auf einem Irrtum. Sie basiert auf dem Glauben, daß therapeutische Maßnahmen diese Reihenfolge nachvollziehen müssen, weil sich psychologische Fähigkeiten normalerweise in einer bestimmten Reihenfolge entwickeln. Man nimmt an, daß das Training irgendeiner psychologischen Leistung nur dann unternommen werden sollte, nachdem ein bestimmtes Leistungsniveau entwicklungsmäßig vorangehender Fähigkeiten erreicht worden ist. So wird ein gewisses Können an senso-motorischen Fertigkeiten für ein Wahrnehmungstraining vorausgesetzt.

Die positive Korrelation zwischen körperlicher Leistungsfähigkeit und schulischen Erfolgen wird als Beweis dafür angeführt, daß das Training von Bewegungsfertigkeiten in besseren schulischen Leistungen resultiert.

Es muß indessen betont werden, daß es keinen Beweis dafür gibt, daß Kinder mit Bewegungsstörungen keine schulischen Fertigkeiten und Lehrstoffe erlernen können. Tatsächlich beweist die klinische Erfahrung das Gegenteil. Selbst Kinder mit schweren Bewegungsstörungen, wie solche mit zerebraler Lähmung[27], sowie die mit geringe-

[27] *Abercrombie* zeigte, daß Kinder im Alter zwischen zehn und fünfzehn Jahren, denen es von Geburt an auf Grund von zerebraler Lähmung an

ren Behinderungen – die ungeschickten Kinder – zeigen oft ein gutes schulisches und intellektuelles Leistungsvermögen. Zusammen mit *Cratty* (1969) sind wir der Meinung, daß Bewegungsstörungen zu Lernschwierigkeiten beitragen können, daß beide das Ergebnis derselben Ursache sein können und daß das Vorliegen von Bewegungsstörungen gewöhnlich nicht direkt die Lernschwierigkeiten eines Kindes hervorruft.

Sorgfältige Untersuchungen von Kindern (*Gibson, Fantz, Bower,* 1966), Tieren (*John,* 1968) und Erwachsenen haben gezeigt, daß für die Entwicklung der perzeptiven und begriffsbildenden Fähigkeiten die Beobachtung von Bewegung ebenso wichtig ist wie die Bewegung selbst. Der Mensch kann auf Reize entweder mit Wahrnehmung oder mit Bewegung reagieren. Die Wahrnehmung wiederum erfolgt durch keine anderen Bewegungen als die der Augäpfel (visuelle Orientierung) und die der Linsen (fokussieren).

Die Beobachtung von Bewegungsabläufen ist wegen ihrer engen Verflechtung zu schulischem Lernen ein wesentlicher Aspekt bei der Bewegungserziehung. *Rohwer* und seine Mitarbeiter haben in einer Reihe von Untersuchungen dargestellt, daß bei kleinen Kindern die Beobachtung einer Handlungsfolge, besonders wenn sie mit einer Beschreibung des Ablaufes verbunden ist, für bestimmte Formen des mechanischen Lernens ein sehr fördernder Faktor ist. *Bower* (1967) zeigte, daß die Anweisung, sich eine Handlung vorzustellen, Erwachsene eher befähigt, sich Wortpaare zu merken (sowohl unmittelbar wie nach einer Zeitspanne), als wenn keine erdachte Handlung in die Instruktionen einbezogen wurde. Mechanisches Lernen ist in hohem Maße mit schulischem Erfolg verknüpft, wie es durch wissenschaftliche Untersuchung und Beobachtung (*Stevenson* et al.) demonstriert wurde. Man hat daher den Eindruck, daß Bewegung und Handlung, vorzugsweise mit gleichzeitiger Verbalisation, das schulische Können der Kinder fördern kann.

Diese Überlegungen widersprechen nicht der Bedeutung der Bewegungserziehung. Eher weisen sie auf die Wichtigkeit hin, Erfahrungen und Gelegenheit zur Beobachtung und Wahrnehmung, zusätzlich zur Förderung der Bewegungsfertigkeiten, zu verschaf-

---

Bewegungsfertigkeiten fehlte, sich auf einem gleichen Intelligenz- und Perzeptionsniveau wie normale Kinder bewegen können. Das Ausmaß an körperlicher Beeinträchtigung erlaubt keine Voraussage für den späteren Intelligenzgrad.

fen (siehe Kapitel 11). Der Erzieher muß sich bewußt sein, daß die Kinder, wenn sie ganz einfach die Bewegungen der anderen beobachten, mit einem wichtigen Lernprozeß beschäftigt sind.

Es ergibt sich daraus eine andere wichtige Folgerung, daß das schulische Lernen nicht auf Grund motorischer Beeinträchtigung hinausgeschoben werden soll. Ein Training beider Bereiche muß gleichzeitig unternommen werden.

2. Lehrmethoden für schulische Kenntnisse

Während des Zeitraums, der speziell der Bewegungserziehung eingeräumt ist, soll das Training von Bewegungsfertigkeiten das Hauptziel sein, und das Vermitteln von schulischen Kenntnissen kann nur in begrenztem Maße integriert werden. Aber während des übrigen Schultages können körperliche Aktivitäten frei benutzt werden, um das Erlernen von bestimmten Themen und Fertigkeiten zu fördern und zu festigen.

3. Arithmetik

Spiele, die Bewegungen des ganzen Körpers erfordern, können dem Lehrer dienen, alle vier arithmetischen Prozesse zu lehren, einschließlich Bruchrechnung und Grundregeln der Mathematik. Das Lernen von Arithmetik mit Hilfe von Spielen ist keine neue Idee. *Montessori* hat verstanden, daß Kindern durch die Anwendung von Spiel, Tanz und spezifischen Körperbewegungen beim Erlernen von Zahlenbegriffen unendlich geholfen werden kann. Das Eierschachtelspiel, das später beschrieben wird, wurde zuallererst vor 40 Jahren in einer Montessori-Schule in Wien durchgeführt.

Methoden, die Bewegungsfertigkeiten anwenden, lehren Zahlenbegriffe weit besser als irgendeine einzige andere Methode, weil visuelle Reize, akustische Reize und Bewegung sich gegenseitig verstärken und die Begriffe von Entfernung, Vergleiche und Mengen gestalterisch veranschaulicht werden. Der Lehrer muß jedoch wissen, daß das Vermitteln von Bewegungsfertigkeiten mit vielen anderen kombiniert werden muß, um optimale Ergebnisse beim Mathematikunterricht zu erzielen. Es ersetzt nicht andere Lehrmethoden – es ergänzt sie lediglich.

Während der Zeit der Bewegungserziehung selbst können die Kinder lernen, den Gebrauch von Zahlen zum Bezeichnen von Größe, Entfernung und Menge zu gebrauchen, ohne daß die Hauptziele der Unterrichtsstunde vernachlässigt werden. Viele Aktivitäten, z. B. die Reihenfolge beachten, eine Übung soundsoviel mal wiederholen oder die Punktzahl anschreiben, geben Übung beim Zählen und beim Umgang mit Grund- und Ordnungszahlen.

Eine wichtige Aufgabe, grundlegende mathematische Begriffe zu verstehen, ist das Entdecken gleicher Zahlenwerte – das Erlernen der Zahlenäquivalenzen. Wenn z. B. vier Kinder da sind und jedes einen Reifen bekommt, lernen die Kinder, daß vier Reifen benötigt werden. Sie lernen, daß eine Zahl ein Abstraktum darstellt, das auf irgend etwas Meßbares angewandt werden kann – auf Zeit- und Raumeinheiten (Minuten, Zentimeter) und auf Mengen (Reifen, Bälle, Kinder, Sprünge, Schritte).

Während der Bewegungserziehung können Kinder ebenso lernen, Größen und Entfernungen zu vergleichen, beispielsweise wenn man zu ihnen sagt: »Nehmt das *längere* Seil.« »Um Looby Loo zu spielen, brauchen wir *mehr* Kinder.« »Wir wollen zum Tor laufen – das ist *weiter* als der Baum.« Diese zwanglose Methode, mathematische Zusammenhänge beizubringen, kann im Laufe der Zeit systematischer werden.

Der Lehrer kann auch den Kindern erleichtern, eine Assoziation zwischen den Zahlenbezeichnungen und den geschriebenen Zahlen herzustellen, indem er jedesmal, wenn er eine Zahl ausspricht, eine Karte mit der entsprechenden Zahl darauf in die Höhe hält. Wenn er z. B. sagt: »Fünf Kinder gehen an die Schaukel«, hält er eine Karte hoch, auf der die Zahl 5 steht.

Der Lehrer sollte sich bei allen arithmetischen Spielen visueller Hilfen bedienen. Selbst auf dem Spielplatz sollte er eine Tafel, ein Magnet- oder Filzbrett mit sich führen, auf denen er Rechenvorgänge verdeutlichen kann, die die Kinder darstellen oder auf die ein Kind den Rechenvorgang schreibt, den die anderen Kinder durch Bewegung veranschaulichen. Auch sollte jedes Kind einen Rechenvorgang wie $3 + 2 =$ auf die Tafel hinschreiben, während ein anderes Kind ihn darstellt. Das erste Kind sollte dann die Antwort einsetzen. Das wird den Kindern helfen, den Additionsprozeß ganzheitlicher zu verstehen. Es wird ihnen auch das paarweise Arbeiten erleichtern.

Nun folgen Spiele, die die Arithmetik in die Bewegungserziehung einbeziehen. Ihre primäre Absicht ist, mathematische Begriffe beizubringen. Sie werden mit zunehmendem Schwierigkeitsgrad gebracht, und sie können im Kindergarten, der Vorschule oder der ersten Grundschulklasse angewandt werden – immer da, wo die Arbeit mit Zahlen eingeführt wird. In höheren Klassen können Aktivitäten folgen, die die Zahlenbegriffe der Kinder noch erweitern.

a) Spiele mit Zahlenreihen – Arithmetische Hüpfspiele

Die Zahlenreihe wird aus zehn ca. 60 cm^2 großen Vierecken gebildet, die man auf dem Spielplatz aufmalt und vom »Start« (oder 0) bis 10 durchnumeriert. Sie wird für arithmetische Hüpfspiele gebraucht. Da Kinder nicht in einer Reihe über eine längere Zeit hinaus warten, sondern aktiv sein sollen, ist es das Beste, wenn über acht bis zehn Kinder teilnehmen, mehr als eine Zahlenreihe zu haben.

Spiel 1: Zahlenhüpfen

Dieses Spiel hilft den Kindern, Zahlenäquivalente zu begreifen und ihnen die Reihenfolge der Zahlen bewußt zu machen.

Ein Kind erhält den Auftrag, auf der Zahlenreihe zu einem bestimmten Nummernfeld zu hüpfen. Das Kind, das auf dem »Start«-Feld beginnt, wird herausfinden, daß es, um auf dem mit der bestimmten Zahl gekennzeichneten Viereck zu landen, eine gleichwertige Anzahl von Hüpfern machen muß – vier Hüpfer, um das mit 4 markierte Viereck zu erreichen, fünf, um auf Viereck 5 zu gelangen, usw.

Spiel 2: Finde Deine Zahl

Dieses Spiel hilft den Kindern wie das vorhergehende, ein Bewußtsein für die Zahlenfolge zu entwickeln.

Zuerst bedeckt der Lehrer die Zahlen auf der Zahlenreihe mit Karten, die groß genug sind, um die Zahl auf jedem Viereck zu bedecken. Dann gibt er jedem Kind eine Karte, auf der eine Zahl geschrieben steht, die einer Zahl der Zahlenreihe entspricht. Nun läuft jedes Kind der Reihe nach zu dem Viereck, das seiner Meinung nach mit seiner Zahl übereinstimmt und entfernt die Deckkarte, um nachzusehen, ob die Zahl paßt.

Der Lehrer sollte das Spiel weiterführen und jedesmal den Kindern eine andere Zahl verteilen, bis sie vollständig mit der Rangordnung jeder Zahl vertraut sind.

Spiel 3: Finde Deinen Nachbarn

In diesem Spiel lernen die Kinder, die nächstfolgende Zahl herauszufinden. Sie gewöhnen sich auch ans Zählen in kleinen Mengen und den Begriff der Addition von eins.

Der Lehrer erzählt den Kindern, daß das Feld, welches dem ausgeteilten Viereck am nächsten liegt, sein »Nachbar« genannt wird. Dann wird der Reihe nach jedem Kind eine Zahl »gegeben«. Einem Kind wird z. B. die Zahl 3 gegeben. Es läuft zu dem mit 3 numerierten Feld, macht dann einen einzigen Hüpfer und »findet seinen Nachbarn«, die Zahl 4. Während es springt, ruft es aus: »3 und 1 ist 4«, und schaut dabei auf die Zahlen. Wenn ein Kind keine Schwierigkeiten hat, Rechenvorgänge wie »3 und 1 ist 4« oder »6 und 1 ist 7« zu verbalisieren, kann es beim Hüpfen kleine Variationen machen, wie z. B. auf einem Fuß aufkommen oder beim Springen in die Hände klatschen, damit keine Langeweile aufkommt und es seine Bewegungsfertigkeiten weiterentwickelt.

Spiel 4: Finde die »Eins« vor Deiner Zahl

Dieses Spiel gibt den Kindern eine Einführung in den Begriff der Substraktion der Zahl eins und lehrt sie das Rückwärtszählen.

Der Lehrer weist darauf hin, daß jede Zahl zwei Nachbarn hat, einen, der vor ihr und einen, der hinter ihr liegt. Nun muß sich jedes Kind auf ein Viereck stellen und dann rückwärtshüpfen, indem es erst die Zahl nennt, von der aus es startet, und dann die Zahl, auf der es landet – z. B. »4, 3.«

Der Lehrer sollte die Bedeutung der Wörter plus und minus erklären. Die Spiele 3 und 4 können noch einmal gespielt werden, wobei die Kinder »plus eins« sagen, wenn sie vorwärtsspringen und »minus eins«, wenn sie rückwärtshüpfen. Dieser Schritt bereitet die Kinder auf die Addition und Subtraktion mit anderen Zahlen als 1 vor.

Spiel 5: Rot und Grün

Dieses Spiel macht die Kinder mit Rechenvorgängen bekannt.

Der Lehrer gibt jedem Kind eine rote und eine grüne Karte, von denen jede mit einer anderen Zahl gekennzeichnet ist. Nun soll es sich zuerst die Zahl auf der grünen Karte anschauen und zu dem Feld der Zahlenreihe mit der entsprechenden Zahl laufen. Wenn es das Feld erreicht hat, sieht es sich die Zahl auf der roten Karte an und hüpft die richtige Anzahl von Feldern nach vorn. Wenn es z. B. eine grüne 3 und eine rote 2 hat, läuft es zur 3, springt dann zwei Felder weiter und landet auf der 5. Während dieses Vorgangs ruft es aus: »3 plus 2 ist 5!« Anfänglich sollte die Zahl der Sprünge (rote Karte) auf eins oder zwei beschränkt sein.

Dieses Spiel kann man genauso spielen, indem man ein Kind rückwärts springen läßt. Seine grüne Karte kann z. B. die Zahl 5 tragen und seine rote die Zahl 2. Es läuft zum Feld 5, hüpft zwei Felder zurück, landet auf Feld 3 und ruft aus »5 minus 2 ist 3!«

Die Kinder können Irrtümer vermeiden, indem sie bei der Fortbewegung auf der Zahlenreihe laut die entsprechenden Zahlen ausrufen. Die Integration von Verbalisation, Bewegung, visuellen und akustischen Reizen macht das Erlernen von Rechenvorgängen für die meisten Kinder einfacher.

Spiel 6: Umkehren

Die Aneignung mathematischer Begriffe und das Erlernen von Addition und Subtraktion werden erleichtert, sobald die Kinder verstehen, daß jedes arithmetische Problem umgekehrt werden kann; z. B. daß, wenn $3 + 2 = 5$ ist, $5 - 2 = 3$ sein muß. Dies kann mit Hilfe von körperlichen Aktivitäten beigebracht werden.

Der Lehrer sollte Rechenvorgänge an die Tafel schreiben, und jedes Kind sollte mindestens einen Rechenvorgang und seine Umkehrung darstellen, indem es auf der Zahlenreihe entlanggeht oder -hüpft. Der Lehrer schreibt z. B. $4 + 2 = 6$ auf. Nun hüpft ein Kind 4 Felder weit und springt noch zwei Kästchen weiter; dann kehrt das Kind das Problem um, indem es zwei Felder zurückhüpft und der Lehrer $6 - 4 = 2$ an die Tafel schreibt. Auf diese Weise sollte das Kind auch entdecken, daß $6 - 2 = 4$ ist.

Spiel 7: Eine Fahrkarte lösen

Die Kinder sollten unterdessen so weit sein, daß sie Aufgaben lösen können, bei denen ein Summand fehlt, wie bei $4 + \quad = 6$. Durch das Eisenbahnspiel werden abstrakte Probleme konkreter, und die Kinder können sie leichter verstehen und lösen. Dieses Spiel macht die Kinder mit dem Begriff des fehlenden Summanden und »Platzhalters« bekannt, ohne die Notwendigkeit, diese Bezeichnungen zu gebrauchen. Der mathematische Wortschatz ist von dem Lehrplan und den Lehrbüchern abhängig, die in der Schule benutzt werden. Das Spiel wirkt selbstkorrigierend.

Der Lehrer sagt: »Jedes Kästchen soll eine Haltestelle auf eurer Eisenbahnstrecke sein.« Dann stellt er eine Frage mit einem fehlenden

Summanden, wie 2 + = 5. »Das heißt, wie weit ist es von der 2. bis zur 5. Haltestelle?« Nun stellt sich ein Kind auf das Quadrat 2 der Zahlenreihe und, damit es besser behalten kann, daß es die zweite Haltestelle ist, wird ihm gesagt, daß dieses Kästchen seine Heimatstadt darstellen soll, die Zwei-Fluß genannt werden kann. Dann heißt es, daß es durch Weiterhüpfen einen »Zug« nach Fünf-Stadt nehmen soll (Feld 5, die fünfte Station). Hierbei muß es sich ausrechnen, wievielmal der Zug halten wird und wieviel es daher für seine Fahrkarte, bei 1 Mark pro Station, zahlen muß. Der Lehrer schreibt die Aufgabe an die Tafel: von der 2. bis zur 5. Haltestelle, 2 + = 5. Das Kind hüpft von Feld 2 auf Feld 5 und zählt dabei die Anzahl der Hüpfer oder »Stationen«. Dann tut es so, als würde es den Fahrpreis von 3 Mark zahlen. Nun schreibt der Lehrer oder ein Kind die Antwort an die richtige Stelle auf der Tafel.

Durch Rückwärtshüpfen kann jedes in seine Heimatstadt zurückkehren, also zu der Zahl, von der es ausgegangen ist. Dabei findet es heraus, daß die Fahrkarte in jeder Richtung dasselbe kostet und daß, wenn 2 + 3 = 5 ist, 5 — 3 = 2 sein muß.

An diesem Punkt sollte das Kind herausfinden, daß Additionsvorgänge in umgekehrter Reihenfolge gebracht werden können, ohne die Summe zu verändern, z. B. 2 + 3 = 3 + 2 (Kommutativ-Gesetz).

Diese Spiele sollten oft wiederholt werden. Man sollte die Kinder darin bestärken, sich für die Städte ihre eigenen Namen auszudenken, die auch gleichzeitig durch Namen wie Ein-Baum, Zwei-Fluß, Drei-Kirch, Vier-Weg, Fünf-Tal, Sechs-Berg, Sieben-Hügel, Acht-See, Neun-Palm und Zehn-Kiefer die Reihenfolge der Stationen anzeigen.

Spiel 8: Mehrere Haltestellen benutzen

Mit Hilfe der Zahlenreihe sollen die Kinder als nächstes lernen, daß eine Zahl aus anderen Zahlen zusammengesetzt ist. Auf diese Weise werden sie mit der Tatsache vertraut, daß man verschiedene Summanden miteinander kombinieren kann, um die gleiche Summe zu erhalten (eine Menge kann aus verschiedenen Teilmengen zusammengesetzt sein). Es ergeben z. B. 4 + 1 + 1, 1 + 3 + 2 und 1 + 5 alle 6.

Den Kindern sollte auch bewußt werden, daß man Zahlen in unterschiedlicher Reihenfolge addieren kann. Ein Kind kann z. B. dreimal, dann einmal und dann zweimal weiterhüpfen. Die Gleichung heißt dann niedergeschrieben 3 + 1 + 2 = 6. Darauf sagt man ihm, es solle in der Folge 1 + 2 + 3 hüpfen und schreibt die Gleichung auf; dann soll es 2 + 1 + 3 mal weiterspringen, dann 3 + 2 + 1 mal, dann 1 + 3 + 2 mal und 2 + 3 + 1 mal. Es ist wichtig, daß die Sprünge des Kindes jedesmal schriftlich notiert werden und daß es Gelegenheit hat, die verschiedenen Reihenfolgen nochmals durchzugehen, in denen die Zahlen addiert werden, um die gleiche Summe zu erhalten.

Spiel 9: Der Eisenbahnfahrplan

(Herausfinden, welche Summanden sich kombinieren lassen, um die gleiche Summe zu ergeben)

Die Kinder benutzen wieder die Zahlenreihe. Sie machen die Entdeckung, daß wenn ein Kind auf Feld 4 beginnt und einen Hüpfer macht, es auf Feld 5 landet. Wenn es auf Feld 2 startet, dann einen Hüpfer und noch zwei Hüpfer macht, landet es ebenfalls auf Feld 5. Die Kinder sollen nun einen »langsamen Zug« nehmen, um alle möglichen Zahlenkombinationen herauszufinden, mit denen sie von einer Station zu einer anderen gelangen können. Wenn sie z. B. von Zwei-Fluß nach Acht-See fahren müssen, können sie sich in einer beliebigen Zahlenkombination von Unterbrechungen weiterbewegen, wie 2 + 4 + 2 oder 2 + 3 + 3. Der Lehrer wird daran erinnert, daß alle Beispiele, die dargestellt werden, auch als Zahlen auf eine Tafel geschrieben werden sollten.

Als nächstes sollte der Begriff der Null eingeführt und das Wort »Start« auf der Zahlenreihe durch eine 0 ersetzt werden.

Die Zahlenreihe, sowie Spring- und Hüpfspiele, sollten nicht so oft verwandt werden, daß es den Kindern langweilig wird. Um Langeweile zu vermeiden und doch für Übung zu sorgen, sollten die Spring- und Hüpfspiele variiert werden. Einige lebhafte Bewegungen geben der ganzen inneren Aktivität wieder neuen Schwung. Die Kinder dürfen z. B. so hoch wie möglich springen, sich beim Springen in der Luft drehen oder hochspringen und in Hockstellung aufkommen.

Die Zahlenreihe kann auch zu anderen Spielen gebraucht werden, wie Bohnensäckchen in vorgeschriebene Kästchen werfen oder kleinere Gegenstände von Feldern aufheben.

b) Eierschachtelspiel

Nahezu alle Zahlenbegriffe lassen sich darstellen. Der Lehrer wird selbst viele eigene Ideen haben. Die folgenden Spiele gelten als Beispiele für fortgeschrittene Kinder. Sie führen den Begriff des Dutzend ein und das Gleichsetzen von Mengen, indem eine Menge auf verschiedene Weisen in Teilmengen eingeteilt wird. Spiele wie dieses sollten häufig gespielt werden, weil sie die Begriffe von Division, Multiplikation, Bruchrechnung, Subtraktion, Grund- und Ordnungszahlen entwickeln helfen. Um das Interesse aufrecht zu halten, kann man die Spiele variieren, indem die Kinder vorgeben, Bäume in einem Wald, Schafe in einem Stall oder Eier in einer Schachtel zu sein.

Für das Eierschachtelspiel muß der Lehrer 12 Vierecke (Skizze 6)

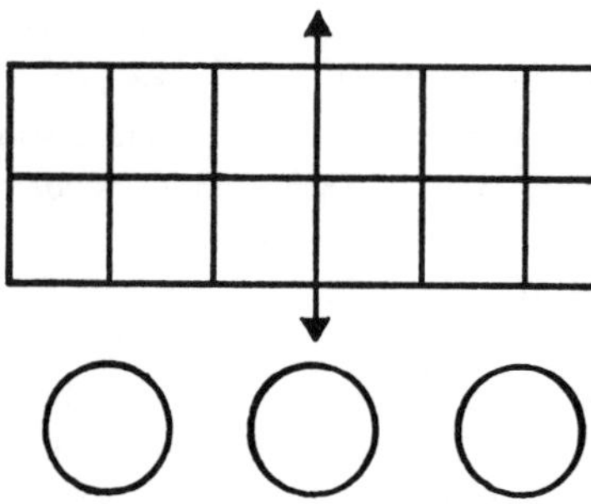

Skizze 6

auf den Fußboden oder Spielplatz aufmalen, die eine Eierschachtel darstellen sollen. Zusätzlich soll er drei Kreise außerhalb der Vierecke aufmalen.

In jedem Viereck der Eierschachtel steht ein Kind. Jedes Kind in einem Viereck hat wie eine Schürze ein oval geformtes weißes Papier um den Hals gebunden, um zu zeigen, daß es ein Ei ist. Der Lehrer befiehlt den Eiern, den Karton zu verlassen, sechs (eine Reihe) sollen zur rechten, die andern sechs zur linken Seite gehen. Der Lehrer könnte sagen: »Jetzt haben wir hier und dort ein halbes Dutzend Eier. Ich sehe zwölf Eier. Zwölf Eier sind ein Dutzend, sechs Eier sind ein halbes Dutzend. Sechs plus sechs ergibt zwölf. Zwei Sechsermengen ergeben zusammen zwölf. Geht wieder in eure Schachtel und laßt sehen, ob wir recht haben. Ja, sechs plus sechs ist zwölf.« Die Kinder sollten die Bewegungen wiederholen. Ein Kind soll die Aufgabe an die Tafel schreiben: $^{12}/_{2} = 6$ und sagen: »Zwölf geteilt durch zwei ist sechs.«

Dann kann der Lehrer auf andere Probleme wie das folgende

übergehen: »Nun wollen wir unsere 12 Eier unter vier Familien aufteilen. Wir tun so, als lebte jede Familie in einer Ecke des Zimmers (oder Spielplatzes). Wenn jede Familie die gleiche Anzahl Eier bekommt, wie viele wird jede haben? Wir wollen es ausprobieren.« Der Lehrer sagt zu einem Kind, es solle in eine Ecke gehen, ein anderes in die zweite, usw., bis die zwölf Eier zu gleichen Teilen auf die vier Ecken verteilt sind – alle Eier sind gleichmäßig auf vier Familien verteilt. »Seht, jede Familie hat drei Eier. Zwölf geteilt durch vier ist drei. Wir wollen es an die Tafel schreiben: $^{12}/_4 = 3$. Jetzt geht jede Gruppe zu je drei Kindern zurück in den Karton. Seht, vier Dreiergruppen ergeben zusammen zwölf. Das wollen wir auch noch an die Tafel schreiben: $4 \times 3 = 12$.«

Beim folgenden Aufgabentyp werden die drei Kreise, die dicht neben der Schachtel liegen, benutzt. Eins nach dem andern laufen die Kinder aus dem Eierkarton zu einem Kreis, immer abwechselnd zu einem anderen Kreis. Wenn schließlich in jedem Kreis vier Kinder sind, wird festgestellt, daß zwölf geteilt durch drei vier ist. Wenn die Kinder wieder zu der Schachtel zurücklaufen, erkennen sie, daß drei Vierermengen zusammen zwölf ergeben. Durch wiederholtes Üben dieses Spiels und das verschiedene Aufteilen der Dutzend Eier erlernen die Kinder die Begriffe von Mengen, von Dividieren und Multiplizieren, von einem Dutzend und der Bruchrechnung.

Die verschiedenen Aspekte des Spiels sollten langsam nahegebracht und die Begriffe wiederholt gelernt werden. Immer wenn ein neuer Begriff eingeführt wird, muß gleichzeitig das Aufschreiben gelernt und geübt werden. Jeder Begriff sollte auch in anderen Situationen geübt werden, beispielsweise in den Stunden für Arithmetik oder Sozialkunde.

Die hier beschriebenen Spiele stellen kein komplettes Mathematikprogramm dar. Der Lehrer kann Spiele hinzufügen, die er in Verbindung mit den Methoden, die gewöhnlich beim Mathematikunterricht in der Klasse angewandt werden, gebrauchen kann.

4. Lesen

Spiele und Übungen können Folgendes beinhalten: geschriebene Anweisungen befolgen, Buchstabenformen erlernen, buchstabieren, Vokale und Silben heraushören, das Alphabet lernen und andere mit dem Lesen verbundene Fertigkeiten.

a) Befolgen von schriftlichen Anweisungen

Wenn Kinder lernen, gedruckte oder geschriebene Anweisungen für die Übungen der Bewegungserziehung zu befolgen, so liegt der Hauptakzent auf dem Training der Bewegungsmerkmale, obgleich das Lesevermögen geübt und mit den Bewegungsfertigkeiten assoziiert wird.

Sobald Kinder zu lesen beginnen, profitieren sie davon, gedruckte Worte zu sehen, welche Handlungen bezeichnen, die sie gerade ausführen sollen. Der Lehrer sollte zuerst Karten zeigen, auf die jeweils ein Verb oder eine Präposition wie g e h e n, h a l t e n, h ü p f e n, h o p s e n, s c h r e i t e n, d r e h e n, r a u f, r u n t e r gedruckt sind. Wenn er eine Karte zum erstenmal zeigt, spricht er das Wort laut aus, und die Kinder führen die Tätigkeit durch. Die Kinder sollten jedoch sobald wie möglich ohne die Mithilfe des Lehrers die Anweisungen lesen und ausführen lernen.

Später soll er hintereinander eine Reihe von Karten zeigen, und die Kinder müssen die verschiedenen Bewegungen so fließend wie möglich kombinieren. Der Lehrer zeigt z. B. (1) die Karte mit g e h e n, und die Kinder gehen umher; (2) die Karte mit d r e h e n, und die Kinder drehen sich; (3) die Karte mit u n t e r, und die Kinder gehen unter dem Seil her oder kriechen unter einen Tisch; (4) die Karte mit h e r a u s, und die Kinder nehmen Bohnensäckchen aus einem Korb heraus; (5) die Karte mit w e r f e n, und die Kinder werfen die Bohnensäckchen in die Luft und fangen sie wieder auf; (6) die Karte mit h i n e i n, und die Kinder legen die Bohnensäckchen wieder in den Korb hinein.

Sobald die Kinder einzelne Worte lesen und korrekt in Handlungen umsetzen können, sollte der Lehrer Karten mit kurzen Sätzen zeigen, damit die Kinder sie lesen und sich nach ihnen richten können. Solche Sätze wären: *Lauf zu mir! Hol den Ball!*

Fortgeschritteneren Lesern sollten längere Sätze u. U. auch Satzfolgen gezeigt werden. Der Lehrer könnte z. B. aufschreiben: (1) *Gehe über den Spielplatz wie ein Krebs* oder (2) *Laufe zu der Rutschbahn und spring über das Balancierbrett.*

Wenn die Kinder das Befolgen von geschriebenen Anordnungen beherrschen, kann der Lehrer die Klasse in einzelne Gruppen aufteilen und jede Gruppe löst gemeinsam das Bewegungsproblem, das ihnen schriftlich erteilt worden ist. Der Lehrer sollte schon im voraus verschiedene Instruktionskombinationen vorbereitet haben, um das Schreiben während der Bewegungserziehungsstunden zu vermeiden. Alle Anweisungen für eine Gruppe werden am besten auf eine einzige Papierrolle geschrieben und die Rollen an den Wänden der Turnhalle befestigt, so daß jede Gruppe zu ihrer eigenen hinblicken kann. Unter Umständen brauchen die Kinder viel Zeit, um sich jeden Satz zu erarbeiten, und der Lehrer soll, wenn es nötig erscheint, dabei Hilfe leisten.

Es folgen Beispiele für Kinder, deren Lesevermögen dem Niveau einer guten dritten Klasse (oder vierten Klasse) entspricht.

Gruppe 1:

1. Holt das lange Sprungseil.
2. Zwei von euch drehen das Seil, während sich die anderen in einiger Entfernung von dem Seil hintereinander aufstellen. Versucht, das Seil ständig zu drehen.
3. Das erste Kind in der Reihe läuft zu dem Seil hin und springt zehnmal darüber hinweg. Wenn ihr gesprungen seid, stellt euch am Ende der Reihe auf. Dann ist das nächste Kind dran.
4. Die letzten zwei Kinder, die springen, nehmen die Plätze der seildrehenden Kinder ein, die nun als nächste springen dürfen.
5. Seid ihr alle gesprungen, ohne von dem Seil berührt zu werden? Jeder von euch ist von dem Seil gestreift worden, versucht es auf andere Weise. Stellt euch ganz nahe an das Seil heran, bevor es gedreht wird. Springt erst los, wenn es geschwungen wird. Das macht es anfänglich leichter.

Gruppe 2:

1. Hüpft im Wechselschritt dreimal quer durch den Raum. Jeder wählt sich seinen eigenen Weg.
2. Hüpft im Galopp dreimal quer durch den Raum. Jeder wählt sich seinen eigenen Weg.
3. Während ihr wieder dreimal den Raum durchquert, wechselt vom Gehen zum Hüpfen über. Stellt euch hinter Lisa in einer Reihe auf. Sie ist die Anführerin.
4. Als nächstes macht ihr Galoppsprünge und wechselt dann über zum Gehen. Sellt euch hinter John auf. John ist der Anführer.
5. Als letztes soll jeder auf seine Art einen Übergang vom Galopphüpfen zum Hüpfen und dann zum Gehen finden. Stoßt dabei nicht gegeneinander.
6. Kommt zu mir, sobald ihr fertig seid.

Gruppe 3:

1. Jeder von euch nimmt ein Bohnensäckchen und einen Kegel.
2. Stellt den Kegel auf den Boden und geht fünf Schritte zurück.
3. Stellt euch in Richtung auf den Kegel auf und nehmt das Bohnensäckchen fest in die Hand.
4. Versucht das Bohnensäckchen so zu werfen, daß es den Kegel trifft.
5. Holt euch das Bohnensäckchen und werft es noch einmal.
6. Immer, wenn ihr dreimal in einer Reihe richtig geworfen habt, geht einen Schritt zurück und werft von dort aus.
7. Findet die weiteste Entfernung heraus, aus der ihr den Kegel dreimal treffen könnt.
8. Meßt diese Entfernung mit dem Metermaß aus.
9. Daniel soll der Schiedsrichter sein und die Entfernung aufschreiben, aus der jeder von euch geworfen hat.

Wenn die Gruppen ihre Aufgaben erfüllt haben, soll der Lehrer veranlassen, daß sich zwei Gruppen hinsetzen, während die dritte Gruppe das, was sie gemacht hat, demonstriert und bespricht. Die Kinder können Fragen stellen und Schwierigkeiten diskutieren. Dann sollen die Gruppen wechseln.

Bei anderen Aktivitäten kann der Lehrer Geräte oder bestimmte Bezirke des Spielplatzes oder der Turnhalle mit Schildern versehen. Dann hält er die Kinder dazu an, die Schilder zu lesen und entsprechend den Anweisungen eine Hindernisstrecke zu bewältigen.

Er könnte z. B. das Klettergerüst mit *Großer Berg* beschriften, eine Leiter mit *Hoher Turm,* einen Holzstapel mit *Steiler Felsen,* auf den Spielplatz oder Fußboden gezogene Linien mit *Breiter Graben,* den freien Platz zum Laufen in der Mitte mit *Große Wiese,* den Schwebebalken mit *Schmale Brücke,* einen Baumstamm mit *Runder Stamm,* einen Kreis auf dem Boden mit *Fischteich.* Dann hält er Karten mit Anweisungen hoch, die etwa folgendermaßen lauten:

Steigt über den Großen Berg.
Springt über den Breiten Graben.
Klettert auf den Hohen Turm.
Lauft um den Fischteich herum.
Klettert auf den Steilen Felsen.
Lauft über die Große Wiese.
Überquert die Schmale Brücke.
Rutscht über den Runden Stamm.

b) Buchstabenformen und buchstabieren

Bei den folgenden Spielen liegt die Betonung auf dem Lesen, nicht auf der Bewegungsfertigkeit. Bewegung wird nur als Lernmethode angewandt.

Die Markierungen auf dem Spielplatz können sehr nützlich sein, um die Buchstabenformen des Alphabets beizubringen. Wenn eine Figur komplex genug ist, kann sie fast alle Buchstaben enthalten.[28] (s. Skizze 7)

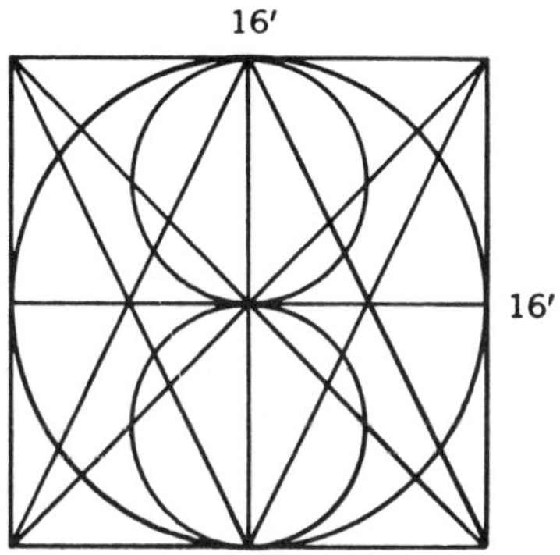

Skizze 7

Andere Spielplatzmarkierungen können das Erkennen von Buchstaben und das Buchstabieren fördern. Um die räumliche Einordnung der Buchstaben zu erlernen, kann man den Kindern auch helfen, indem sie die Reihenfolge der Buchstaben lernen müssen und sie auf diese Weise alphabetisch ordnen.

Der Lehrer sollte das Alphabet nach Skizze 8 auf farbige Felder von ca. 60 cm² übertragen.

A	B	C	D	E	F	G
H	I	J	K	L	M	N
O	P	Q	R	S	T	U
V	W	X	Y	Z		

Skizze 8

---

[28] Diese Form wurde von *Bryant Cratty* entworfen (mündliche Mitteilung).

Ein Kind wird beispielsweise aufgefordert, das Wort *Mutter* zu buchstabieren, indem es zuerst zu dem M-Feld geht, in die Hände klatscht und den Buchstaben nennt, dann zu den Vierecken mit den anderen Buchstaben des Wortes hingeht, in die Hände klatscht und jeden Buchstaben ausspricht. Nachdem es ein Wort buchstabiert hat, sollte jedes Kind das Wort auf eine kleine Schiefertafel schreiben. Wenn ein Kind ein Wort nicht sofort hinschreibt, kann es Von-Rechts-nach-Links-Umkehrungen lernen. Beim Buchstabieren des Wortes f e l d auf dem Spielplatz geht das Kind von rechts nach links, nicht von links nach rechts. Wenn dann das Wort geschrieben wird, wird sich das Kind besser an die richtige Reihenfolge der Buchstaben erinnern können.

Buchstaben können auch ohne die übliche Reihenfolge solchermaßen gedruckt werden, daß jede Reihe und Kolumne mehrere Konsonanten und mindestens einen Vokal enthält. Die Kinder sollten sich überlegen, wieviel Worte sie in jeder Reihe und Kolumne buchstabieren können, wenn sie zwischen den Buchstaben hergehen oder -laufen. Wieder sollte jedes Wort aufgeschrieben werden. (s. Skizze 9)

B	A	D	N	K	C
J	O	T	L	X	Y
H	W	I	P	Z	A
U	Q	E	T	S	O
R	A	F	M	S	T
Y	G	R	A	V	B

Skizze 9

c) Vokale und Silben

Der Lehrer nennt verschiedene Wörter und läßt die Kinder einen kleinen Schritt machen, wenn sie in einem Wort einen kurzen Vokal hören, und einen großen Schritt, wenn sie einen langen Vokal vernehmen. Oder man läßt sie hüpfen (ein-, zwei- oder dreimal), um die Silbenzahl in einem Wort anzugeben.

d) Körperalphabet

Barsch (1965) und *Kirschner* haben empfohlen, um den Klang und die Namen der Buchstaben besser lernen zu können, den ganzen Körper mit einzubeziehen.

Wir haben Alphabetkarten vorbereitet, die die Bewegungen des Körpers herausstellen.[29] Ein Kind kann beispielsweise die Form des Buchstabens K nachmachen, indem es sich aufrecht hinstellt, einen Fuß nach vorne stellt und eine Hand nach oben streckt, als hielte es ein Szepter, eine königliche Haltung, bei der das K zugleich König bedeutet. Für die anderen Buchstaben werden andere Methoden gebraucht, die empfundene oder dargestellte Bewegung umfassen. Ein Kind kann z. B. ein imaginäres Paket auf seinem Rücken tragen, um die Form des Buchstabens P zu erfahren. Mit herabhängenden Schultern geht es im Raum umher, beugt sich vorwärts, als würde es ein schweres Paket auf seinem Rücken tragen und sagt: »Fritz trägt ein schweres Paket auf seinem Rücken. Wie schwer ist Fritz' Paket.« Diese Methoden werden anstelle des Körperalphabets von *Barsch* und *Kirchner* gebraucht, weil der menschliche Körper sich nicht mit allen Buchstabenformen in Übereinstimmung bringen läßt, und wir möchten vermeiden, daß sich zwei Kinder für einen einzigen Buchstaben zusammentun müssen. Geschieht dieses, so gewinnt jedes Kind nur von einem Teil eines Buchstabens die kinästhetische Erfahrung.

Barsch wendet noch andere Techniken zum Erlernen von Buchstaben an, wie z. B. das Gehen oder Laufen auf der Außenseite eines Buchstabens. Nachdem ein Kind das gemacht hat, »zieht es die Buchstabenform nach«, indem es ohne Hilfe einer Linie auf dem Boden seine Form entlanggeht oder -läuft. Diese Übung verlangt von dem Kind, daß es sich von zwei Dimensionen (der gezeigte Buchstabe) auf drei Dimensionen (Körperbewegung) umstellt. Es hilft ihm auch, sich ein geistiges Bild von dem Buchstaben zu machen.[30]

---

[29] Eine auf eigenen Erfahrungen beruhende Zusammenstellung von Illustrationen und die dazugehörende Besprechung kann der Leser durch die Frostig Alphabet-Karten von den Autoren beziehen.

[30] Gewöhnlich ist es viel schwieriger für ein Kind, ein wahrgenommenes Muster auf dem Boden entlangzulaufen, als es an die Tafel oder auf ein Papier zu malen (*Keogh*).

Ebenso hat es sich klinisch herausgestellt, daß es für ein Kind mit visuellen Wahrnehmungsstörungen sehr schwierig ist, irgendetwas von zwei auf drei Dimensionen zu übertragen. Deshalb ist Übung nicht nur für das Lesen von Wert, sondern auch für die räumliche Orientierung und für die Entwicklung der visuellen Wahrnehmung.

KAPITEL 9

Bewegungserziehung für Kinder mit Lernschwierigkeiten

Kinder mit Lernstörungen findet man in allen Klassen, nicht nur in Sonderschulen. Dies trifft besonders auf Schuldistrikte zu, bei denen der sozial-ökonomische Standard niedrig ist. Daher ist dieses Kapitel für *alle* Lehrer von großer Wichtigkeit. Lehrer sollten dieses Kapitel nicht aus dem Grunde unbeachtet lassen, weil sie keine Schulklassen zu unterrichten haben, die für lerngestörte Kinder bestimmt sind.

Einige Pädagogen glauben, daß Programme für Kinder mit Lernschwierigkeiten primär auf körperlicher Erziehung, kombiniert mit Wahrnehmungstraining, aufbauen sollten. *Drowatsky* ist z. B. der Meinung, daß Fertigkeiten wie laufen, springen und werfen die grundlegenden Elemente eines solchen Programmes zu bilden haben.

Kephart (1960), *Barsch* (1965) und andere haben Leibeserziehungsprogramme entwickelt, die speziell für neurologisch behinderte und retardierte, sowie langsam lernende Kinder bestimmt sind. Diese Erzieher, die teils von neurologischen Betrachtungsweisen, teils von optometrischen Gesichtspunkten ausgehen, legen ihr Hauptinteresse auf die Beziehung zwischen Wahrnehmung und Bewegung. Ihre Programme beinhalten das Training der Seitendominanz, der sensomotorischen Funktionen, der visuellen Wahrnehmung und der Reaktion des Körpers auf die Schwerkraft. Obwohl eine Untermauerung der entsprechenden wissenschaftlichen Theorie noch nicht zur Verfügung steht und die Ansprüche bezüglich dieser therapeutischen Programme noch nicht klar durch wissenschaftliche Angaben erwiesen sind, bringen sie ausgezeichnete Vorschläge und sollten von allen Erziehern von Kindern mit Erziehungsproblemen sorgfältig studiert werden.

Das von *Naville* und *Ajuriaguerra* entwickelte psychomotorische Erziehungsprogramm basiert auf neurophysiologischen und entwicklungsbezogenen Grundlagen und auf von Dalcroze stammenden Vorschlägen für »Rhythmik«, oder, wie wir jetzt sagen würden, einer Form von Bewegungserziehung. Psychomotorische Erziehung ist als ein Teil des gesamten Erziehungsprogrammes für Kinder gedacht. Es vermittelt ausgezeichnete Hinweise für die Arbeit mit neurologisch behinderten Kindern, besonders durch seine Betonung der inneren

Kontrollen (Selbstkontrolle). Seine theoretische Grundlage und Erziehungsphilosophie ähnelt stark der unsrigen.

Wir glauben, daß alle Kinder ein auf den Bewegungsmerkmalen beruhendes, abgewandeltes Bewegungserziehungsprogramm benötigen (Kapitel 12). Daher umfaßt dieses Programm auch Übungen für das Körperbewußtsein (Kapitel 4), schöpferische Bewegung (Kapitel 5 und 11), die Integration von Training der Bewegungserziehung mit Training von psychologischen Funktionen (Kapitel 6) und für die Integration der Bewegungserziehung mit schulischen Kenntnissen (Kapitel 8). Die Kapitel 4 und 6 sind für Kinder mit Lernstörungen von besonderer Bedeutung und sollten daher von allen Lehrern studiert werden, die mit solchen Gruppen zu arbeiten haben.

Das gesamte Programm ist auf alle Kinder anwendbar, auch auf solche mit Behinderungen, wenn Anpassungen vorgenommen werden, die die unterschiedlichen Bedürfnisse dieser Kinder berücksichtigen. Solche Anpassungen sind das zentrale Anliegen dieses Kapitels. Ferner werden zusätzlich Themen behandelt, die für Kinder mit Lernschwächen von Bedeutung sind. Diese Kinder findet man in allen Klassen. Da der Lehrer den Bedürfnissen jedes Kindes Rechnung tragen muß, sollte dieses Kapitel von allen Klassenlehrern gelesen werden.

1. Charakteristische Merkmale von Kindern mit Lernstörungen

1. Charakteristische Merkmale von Kindern mit Lernstörungen

In bezug auf Kinder mit Lernschwächen ist eine Vielzahl von Bezeichnungen gebraucht worden – Ausdrücke, die auf die verschiedenen Begriffsbildungen hinweisen, auf die unterschiedliche Ätiologie und Symptomatik. Das wahrnehmungsgestörte Kind oder das hirngeschädigte Kind, das Kind mit dem sogenannten Strauss-Syndrom[31], das psychoneurologisch gestörte Kind, das Kind mit dem sog. psychischen Grenzbefund[32] und das lernbehinderte Kind sind alle

[31] Charakterisiert durch Unruhe, Enthemmung, Impulsivität und Ablenkbarkeit, die auf einen neurologischen Defekt zurückzuführen sind.

[32] *Doll* (1965) beschreibt das Kind mit dem psychischen Grenzbefund »... als eines, das in seiner psychischen Symptomatik dazwischen, am Rande steht und schwach ist, aber insgesamt nicht ohne Begabung und zu erfolgreichem Lernen fähig ist. Diese unscharf abgrenzbaren Defekte wer-

Beispiele dieser Ausdrucksformen.[33] Es variieren nicht nur die Bezeichnungen, sondern es variieren ebenso die Beschreibungen der kindlichen Verhaltensweisen, die demselben Begriff zugeordnet sind. Einige Fachleute beschreiben in der Hauptsache Kinder mit Wahrnehmungsstörungen oder perzeptiv-motorischen Ausfällen, einige hyperaktive Kinder, andere langsam lernende und wieder andere Kinder, die wegen Anpassungsproblemen in Sonderklassen sind.

Erzieher müssen sich Kinder mit Lernschwächen als eine äußerst heterogene Gruppe vorstellen, zu der sowohl hyperaktive wie hypoaktive Kinder gehören, solche mit großer oder begrenzter Intelligenz, Kinder mit unzureichendem Bewegungsvermögen oder für Sport und Spiel begabte, Kinder mit altersentsprechendem oder unterentwickeltem Sprachvermögen.

Trotz dieser Heterogenität gibt es vieles in diesem Kapitel, was sich so gut wie auf jedes dieser Kinder anwenden läßt, da sie bestimmte charakteristische Merkmale gemeinsam haben. Sie neigen alle dazu, auf Grund ihres früheren Versagens, an sich selbst zu zweifeln und gegenüber Kritik und Tadel überempfindlich zu sein; aus demselben Grund haben fast alle Schwierigkeiten bei der sozialen Anpassung.

Gallagher hat von Kindern mit Lernschwierigkeiten berichtet, daß sie an Entwicklungsverzögerungen und Unausgeglichenheit leiden. Diese Verzögerungen können im Bereich jeder psychologischen Fähigkeit in Erscheinung treten – im Bereich der senso-motorischen Funktionen, der Sprache, der Wahrnehmung, der Denkprozesse, der emotionalen Entwicklung und sozialen Anpassung – wobei die Verzögerung einer jeden Funktion die Lernfähigkeit des Kindes beeinträchtigt. Diese Kinder können auch an übergeordneten Störungen oder Dysfunktionen der Gesamtregulierung des Nervensystems leiden (siehe Kapitel 1). Sie sind oft impulsiv, perseverierend, ablenkbar und mangelhaft orientiert. Andere sind durch ein geringes Ausmaß an Energie und Hypoaktivität gekennzeichnet.

---

den deutlich in verschiedenen sensorisch, neuromuskulär, intellektuell und sozial abhängigen Verhaltensweisen.

[33] Siehe auch *Clements, S. D.*: Diskrete cerebrale Hirnschädigung bei Kindern, Terminologie und Identifikation. U. S. Department of Health, Education and Welfare, NIMB Monogr. *3*, Jan. 1966.

2. Probleme der Wahrnehmung, Motorik und Anpassung

Problemen der Wahrnehmung, der Motorik und Anpassung begegnet man so häufig bei Kindern mit Lernschwächen, daß sie als allgemein gängige Symptome betrachtet worden sind. Sorgfältige Untersuchungen haben gezeigt, daß sie nicht allgemein verbreitet, ihr Auftreten aber tatsächlich besonders häufig ist.

Als Beispiel kann eine Untersuchung dienen, die von den Autoren und ihren Mitarbeitern in einem öffentlichen Schuldistrikt in Kalifornien gemacht worden ist. Allen Kindern (374) der Vorschulklassen wurde der im Frostig-Center erarbeitete Wahrnehmungs-Entwicklungs-Test (*Maslow et al.*, 1964) gegeben. Die Kinder wurden außerdem von ihren Lehrern nach ihrer motorischen Koordinationsfähigkeit bewertet. Die Analyse der Statistik zeigte, daß Kinder, deren Bewertung im Perzeptionstest bei den unteren 10–20 % lag, mit Wahrscheinlichkeit eine geringe motorische Koordination aufwiesen. Motorische Koordination und Wahrnehmungsprobleme standen in engem Zusammenhang. Noch größer war die Beziehung zwischen Störungen der Wahrnehmung und der Anpassungsfähigkeit in der Klasse.

Rubin und *Braun* berichten, daß 40 % einer Gruppe von Kindern, deren schlechte Anpassung »diagnostiziert« worden war, sowohl unzureichende kognitive Funktionen (perzeptive und intellektuelle) zeigten als auch ein mangelhaftes motorisches Verhalten.

Ayres (1969) fand unter Anwendung der Q-Technik-Faktor-Analyse heraus, daß ihre Auswahl an 36 Kindern mit Erziehungsschwierigkeiten zwei größere Ausfallsmuster aufwiesen: (1) Mängel des Gehörs, der Sprache und der zeitlichen Reihenfolgen sowie (2) Störungen der Haltungs- und Bewegungsintegration beider Körperseiten.

3. Einschätzung der individuellen Schwierigkeiten

Bevor ein voll wirksames therapeutisches Programm der Bewegungserziehung für irgendeine Gruppe von Kindern entwickelt werden kann, ist es notwendig, die Mängel jedes Kindes in bezug auf die verschiedenen Bewegungsmerkmale zu analysieren. Der Lehrer sollte z. B. wissen, daß Fritz sich nicht nach vorne beugen und den Boden berühren kann, ohne seine Knie zu beugen. Er muß sich immer gleichzeitig in der Taille und den Knien beugen (Mangel an Flexibilität); oder daß Nora, wenn sie auf dem Rücken liegt, nicht ihre Knie anheben kann (schwache Bauchmuskeln), daß Hans nicht in der Lage ist, richtig einen Ball zu werfen (wahrscheinlich geringe Augen-Hand-Koordination) oder daß Stefan keine bilateral asymmetrischen Bewegungen ausführen kann, wie das gleichzeitige Anheben des linken Armes und rechten Beines.

Da die Erfahrungen des Lehrers während des Unterrichtens von Bewegungserziehung zunehmen, wird auch seine Fähigkeit wachsen, die Mängel eines Kindes zu erkennen und sich spezifische Übungen auszudenken, die ihm helfen können. Er wird dafür sorgen, daß Übungen zur Erweiterung der Beweglichkeit im Hüftgelenk, zur Stärkung der Bauchmuskulatur, zur Entwicklung der Augen-Hand-Koordination und zum Training von asymmetrischen Bewegungen gebracht werden, um jedem seiner Klasse, Fritz, Nora, Hans und Stefan, zu helfen.

Durch die Verschiedenartigkeit der Leistungsformen und -ausfälle, die die Kinder mit Lernstörungen charakterisieren, wird es also notwendig, die Schwerpunkte des Bewegungserziehungsprogrammes so zu variieren, daß den individuellen Bedürfnissen entsprochen werden kann. Die vorausgegangenen Vorschläge weisen darauf hin, daß ein spezifisches klinisches Vorgehen selbst im Zusammenhang mit einem Gruppentraining durchgeführt werden kann. Die folgenden Beispiele geben noch eine weitere Erläuterung zu diesem Punkt.

Jan war außerstande, zwischen rechts und links zu unterscheiden, und konnte daher nicht das Bein oder den Arm bewegen, wie es den verbalen Anordnungen des Lehrers entsprochen hätte. Als der Lehrer die Schwierigkeiten erkannte, stellte er sich direkt vor Jan hin, blickte in dieselbe Richtung wie er und machte die Übungen der Gruppe mit, so daß Jan seine Bewegungen nur wiederholen mußte.

2. Eine Gruppe von Kindern wurde aufgefordert, über ein niedriges, gespanntes Seil zu springen. Der Lehrer veränderte die Seilhöhe je nach den Fähigkeiten eines jeden Kindes. Bettina konnte den Sprung nicht bewerkstelligen, selbst nicht, wenn das Seil auf dem Boden lag, da sie sich immer ungewollt mit ihren Armen zurückriß, sobald sie zum Sprung ansetzte. Sie konnte nur über das Seil kommen, wenn sie mit einem Fuß nach dem andern hinüberstieg. Der Lehrer machte deshalb den Vorschlag, ihre Arme vor der Brust zu verschränken, bevor sie zu springen versuchte. Daraufhin hatte die Kleine Erfolg. Als Bettina für kurze Zeit diese Methode praktiziert hatte, half ihr der Lehrer, die Arm- und Beinbewegungen zu synchronisieren, in-

dem er einen leichten Druck auf ihre Arme ausübte, wenn sie über das Seil sprang. Die Hilfe des Lehrers bestand in diesem Fall darin, erst einmal Bettina dahin zu bringen, die Körperteile zu fixieren, die sie mit den übrigen nicht koordinieren konnte, und ihr später aktive Hilfe bei der Synchronisation der Einzelelemente der Gesamtbewegung zu geben.

3. Mark war ein Junge, dem es sehr schwer fiel, einen Ball zu fangen. Während der Lehrer einzeln mit Mark arbeitete, gab er den andern Kindern zur Aufgabe, auf verschiedene Weise Fangen und Werfen zu üben. Er sagte zu Mark, er solle seine Hände hohl machen, sie vor sich hinstrecken, genau aufpassen und versuchen, erst ein Bohnensäckchen und später den Ball aufzufangen, den er ihm in Richtung auf seine Hände zuwarf. Er warf aus sehr geringem Abstand, bis Mark gelernt hatte, die Augen-Hand-Bewegungen so ausreichend zu kooridinieren, daß er den Ball fangen konnte. Dann vergrößerte der Lehrer allmählich den Abstand.

4. Für ein anderes Kind war das Werfen und Fangen sogar noch schwieriger. Der Lehrer versuchte anfänglich, diese Fähigkeiten zu üben, indem er einfach von dem Jungen verlangte, einen Ball, den er ihm zurollte, zurückzurollen. Dann setzte er die Übungen wie mit Mark in Beispiel 3 fort.

Bei jedem dieser Fälle wurde die Übung auf die Fähigkeit des einzelnen Kindes hin zurückgeschraubt, und jedes Kind wurde durch kleine Fortschritte, jedesmal ein Stück, zu größerem Erfolg geführt. Um diese Absicht zu erreichen, mußte der Lehrer beides analysieren, die Bewegung, die ausgeführt werden sollte, und die Art der kindlichen Schwierigkeit. Dann mußte er darauf vorbereitet sein, Hilfe zu leisten und die Aufgabe im einzelnen so zu veranschaulichen, daß das Kind fähig wurde, die verschiedenen Bewegungselemente zu beherrschen und dann zu koordinieren.

Bei allen vorangehenden Übungen kann ein Kind erlernen, die Rolle des Lehrers zu übernehmen. Es ist von großem Vorteil für die Kinder, wenn sie lernen, wie man sich gegenseitig hilft.

Ein Lehrer muß gelegentlich noch andere Veränderungen zur besseren Anpassung vornehmen. Da Joachim beispielsweise Schwierigkeiten beim Sprachverständnis hat, wird der Lehrer seine Sätze sorgfältig formulieren und langsam und deutlich sprechen müssen. Damit Willy im Gedächtnis behält, was gesagt worden ist, wird der Lehrer alles zweimal zu wiederholen haben. Um sicher zu sein, daß Anna nicht die Bewegungen der anderen Kinder durcheinanderbringt, wird der Lehrer gewisse Gesichtspunkte jeder Unterrichtsstunde vorausplanen müssen. Um zu erreichen, daß sich Stefan und Max beteiligen, wird er ständig zu lächeln, nicken, kleine liebevolle Klapse zu geben und viele ermunternde Worte zu gebrauchen haben. Und damit Susanne, die sehr ablenkbar ist, nicht in Versuchung gerät, in der Zeit, die für Flexibilitätsübungen angesetzt ist, Ball zu spielen, muß er die Geräte, die nicht gebraucht werden, für alle Kinder außer Reichweite stellen.

4. Die Anpassung des Programmes an die emotionalen und sozialen Bedürfnisse

Es ist notwendig, das Programm den emotionalen und sozialen Bedürfnissen anzupassen. Die emotionale und soziale Entwicklung von Kindern mit Lernschwierigkeiten ist selten ausgeglichen und ungestört. In der Regel haben diese Kinder so viel Versagen und Rückschläge erfahren und so viel Angst und Zweifel an sich selbst erlitten, daß allein ihre emotionalen Schwierigkeiten ihre Leistungsfähigkeit in bezug auf Lernen, Anpassung und freie und geschickte Bewegung vermindern.

Bewegungserziehung kann von äußerstem Nutzen zur Förderung der emotionalen und sozialen Entwicklung der lerngestörten Kinder sein, aber nur, wenn der Lehrer eine aktive und einfühlsame Rolle bei der Befriedigung der kindlichen Bedürfnisse spielt. Es ist ebenso wichtig für den Lehrer, die Gefühlsreaktionen eines Kindes zu verstehen wie sein körperliches Unvermögen. Der Lehrer muß aufmerksam jede Gelegenheit ergreifen, den Kindern zu einem freudigen und stolzen Erfolgsgefühl bei ihren körperlichen Betätigungen zu verhelfen und durch Gruppenaktivitäten ein Gefühl für die andern und Anerkennung durch sie zu entwickeln.

Kinder mit Lernschwächen brauchen gewöhnlich viel mehr unterstützende Ermutigung als sogenannte normale Kinder, weil sie kein Vertrauen in ihre eigene Fähigkeit zum Erfolg haben (*Towne* und *Joiner*). Für solche Kinder ist eine fröhliche Atmosphäre ein besonders wichtiger Bestandteil der Bewegungserziehung.

In diesem Kapitel werden spezifische Möglichkeiten besprochen, mit denen der Lehrer das Programm anwenden kann, um ein gefühlsmäßiges Wohlbefinden zu vermitteln. Aber vielleicht sollte nichts mehr betont werden als das allgemeine Verhalten, das erst die eigentliche Belohnung ausmacht. Ein Kind, das *gerne* liest, vertieft sich ganz in sein Lesen; ein Kind, das *gerne* spielt, wird ganz von seinem Spiel in Anspruch genommen; ein Kind, das Bewegungserziehung *liebt*, wird intensiv daran teilnehmen.

Ein Gefühl des Wohlbefindens und Glücks, ein Drang zum Schöpferischen und Freude, anderen einen Gefallen zu tun, stellen sich mit Sicherheit ein, wenn die Bewegungserziehung Vergnügen bereitet. Die Freude an der Bewegung in sich, wenn Erprobtes zum Erfolg führt, kann viele Probleme mangelhafter motorischer Kontrolle, Probleme der Verhaltensstörung und Zerstreutheit beseitigen und kann den Kindern helfen, ihre Aufmerksamkeit den bevorstehenden Aufgaben zuzuwenden.

Wenn es irgend möglich ist, sollte der Lehrer vermeiden, ein neurologisch behindertes Kind zu einer erteilten Aufgabe zu zwingen. Als der Lehrer während einer Stunde für Bewegungserziehung sagte: »Nun, wer würde gerne in S-Linien laufen (Schlangenlinien auf dem Boden), ohne mit einem anderen Kind zusammenzustoßen?« antworteten alle außer einem »Ich«. Ein kleiner Junge sagte: »Nein, ich habe keine Lust dazu.« Da sagte der Lehrer: »Gut, du darfst dich ausruhen.« Nachdem das Kind die anderen Kinder beobachtet hatte, fühlte es sich unbehaglich, weil es nicht mit den anderen teilgenommen und sich seiner Empfindung nach falsch benommen hatte. Es sah verwirrt aus, schien seine Tränen zurückzuhalten, wurde rot im Gesicht, preßte seine Lippen zusammen und versteckte seinen Kopf hinter seinen Armen. Der Lehrer ging zu ihm hin und sagte: »Es ist sehr gut, wenn Kinder wissen, wann sie sich ausruhen müssen. Das hast du heute richtig gemacht. Das nächste Mal, wenn du nicht müde bist, wirst du wieder mit uns laufen.« Auf diese Weise half der Lehrer dem Kind dabei, die Schule ohne Schuldgefühl verlassen zu können. In der nächsten Stunde machte sich das Kind ohne Überredung an seine Aufgabe.

Im großen und ganzen sind solche Stimuli und Aktivitäten förderlich, die erwiesenermaßen einem Kind Vergnügen bereiten, wohingegen Stimuli und Betätigungen, die strafend wirken, als unangenehm empfunden werden und nur Schaden anrichten. So schrieb *Locke*: »... man muß Kindern nicht nur erlauben, sich zu zerstreuen, sondern auch, es nach ihrem eigenen Gutdünken zu tun. Denn man darf nie glauben, sie richtig anzuleiten, solange sie nicht Freude an den Dingen finden, die Spaß machen sollten.«

Die Gefühlsreaktion der Kinder auf ihr körperliches Erziehungsprogramm wird im allgemeinen den Hinweis dafür geben, ob das Programm ihren emotionalen Bedürfnissen entspricht.

5. Verhaltenskontrolle durch Bewegungskontrolle

Bewegungserziehung lehrt Bewegungskontrolle. Kinder lernen Selbstkontrolle, während sie in einer Reihe warten, beim Versuch, ihre Bewegungen an festgesetzten Markierungspunkten zu stoppen, oder wenn sie bei Gruppenaktivitäten, ohne die Bewegung der anderen zu stören, innerhalb eines zugewiesenen Raumes bleiben müssen. Beim Ausüben von Bewegungsfolgen muß ein Kind die Bewegungen vermeiden, die es gegebenenfalls selbst unterbrechen könnten – z. B. darf es nicht Bewegungen einschalten, die seine Balance beim Überqueren eines Schwebebalkens stören oder die einen Sprung verderben könnten, oder die es veranlassen, bei einem Wettlauf aus der Spur zu geraten. Außerdem lernt ein Kind durch die Bewältigung einer Bewegungsfolge, innerhalb von festgesteckten Grenzen etwas durchzuführen.

Da jedes Verhalten einen motorischen Aspekt hat, kann eine solche Bewegungskontrolle zu einer verbesserten Verhaltenskontrolle im allgemeinen führen. Leider stehen keine wissenschaftlichen Untersuchungen zur Verfügung, die beweisen könnten, daß die Aneignung von kontrollierter Bewegung im Turnsaal oder auf dem Spielplatz sich auf das alltägliche Verhalten überträgt. Klinische Erfahrung weist indessen deutlich darauf hin, daß dies der Fall ist. Man muß zumindest annehmen, daß das Benehmen und die Verhaltensweisen, die in einer Situation erworben worden sind, sich auf die anderen übertragen.

Es gibt nur wenige Untersuchungen, die beweisen, daß bessere Bewegungskontrolle eine bessere Gedanken-, Wahrnehmungs- oder emotionale Kontrolle nach sich zieht. Ob dieses zutrifft, war der Meinungsstreit in der Literatur über das Körperimago (*Schilder, Corder*).

Johnson und *Fretz* berichteten, daß 79 Kinder, denen ein grundlegendes, neuromotorisch-perzeptives Training gegeben worden war, über einen Zeitraum von acht Wochen hinaus eine statistisch signifikante Verbesserung der visuellen Perzeption, der Motorik und, was besonders wichtig ist, eine größere Frustrationstoleranz zeigten. Klinische Erfahrungen am Frostig Center stützen diese Aussage. (Siehe auch *Oliver*)

a) Selbstkontrolle

Die Maßnahmen, die den Kindern zur Kontrolle von Bewegung und Allgemeinverhalten verhelfen, fördern ebenso die Selbstkontrolle.

Die Kontrolle, sei es von spezifischen Bewegungen oder des Allgemeinverhaltens und sozialen Gehabes, kann wahrscheinlich noch effektiver werden, wenn der Lehrer im Lauf des Tages die Kinder wiederholt und in geeigneten Momenten an das Verhalten während der Bewegungserziehung erinnert. Auf diese Weise wird die Übertragung der Verhaltensmuster, die während der Bewegungserziehung erworben worden sind, erleichtert.

Zur Förderung der Selbstkontrolle ist es hilfreich, für kurze Ruheabschnitte zwischen aufregenden und lebhaften Übungen zu sorgen und abwechselnd sowohl Übungen zu bringen, die ruhige Konzentration erfordern, wie solche zur Entwicklung des Körperbewußtseins und auch anspruchsvollere Aktivitäten.

Cratty und viele andere glauben, daß die Unterrichtsstunden für Körpererziehung bei lerngestörten Kindern möglichst ruhig gehalten werden sollten, um eine Überreizung der Kinder zu verhindern. Unsere Erfahrung ist jedoch gewesen, daß bessere Erfolge erzielt werden, wenn lebhafte Übungen, die Spaß machen, mit entspannenden Übungen abwechseln.

Der Lehrer kann durchaus höchst stimulierende Übungen anwenden, wenn er darauf achtet, daß die Kinder sich wohl fühlen und nicht zu »aufgedreht« werden; daß die Kinder sich immer bewußt sind, wie sie sich und ihre Bewegungen in Kontrolle haben und daß sie im wesentlichen selbst dafür verantwortlich sind.

Das Unterrichten von Kindern mit Lernschwierigkeiten, die schon über die ersten Grundschuljahre hinaus sind, erfordert die gleichen Anpassungen, wie sie in diesem Kapitel besprochen worden sind. Die Notwendigkeit zur Kontrolle muß in regelmäßigen Abständen wiederholt werden. Die Kinder sollten wissen, wie wichtig es ist, bei vielen Tätigkeiten außer den Übungen, der schöpferischen Bewegung und dem Sport weiche, kontrollierte Bewegungen zu haben.

b) Soziales Bewußtsein

Viele Kinder mit Lernschwierigkeiten haben beträchtliche Mühe, sich Gemeinschaftssituationen anzupassen. Ihnen muß man Schritt für Schritt helfen, soziales Verhalten zu erlernen. Die Bewegungserziehung liefert hier ausgezeichnete Möglichkeiten, da die Intensität und die Dauer der sozialen und körperlichen Kontakte der Kinder sehr genau kontrolliert werden können.

Solchen Kindern muß man Übungen und Betätigungen geben, bei denen sie paarweise und in Gruppen sowie auch einzeln zu arbeiten haben. Übungen, bei denen sich zwei Kinder an den Händen halten oder bei denen eines das andere stützt (z. B. hält eines die Hand des andern, wenn es über den Schwebebalken geht), bereiten die Kinder auf kompliziertere Interaktionen bei Tänzen oder Gruppenspielen vor. Auf verschiedenen Bahnen laufen ohne aneinanderzustoßen, ist auch eine gute Übung, damit die Kinder ein Bewußtsein füreinander bekommen.

Das Planen und Diskutieren in Gruppen ist ebenfalls von Nutzen. Man sollte die Kinder dazu ermuntern, das zu beschreiben, was die andern Kinder tun, das Positive ihrer Ausführungen hervorzuheben und ihre Leistung gegenseitig zu loben.

c) Andere Methoden zur Kontrolle

Den Lehrern sind wahrscheinlich zwei andere Methoden, die die Verhaltensweisen verändern helfen, vertraut, auf die im Zusammenhang mit der Bewegungserziehung hingewiesen wird: (1) konditionierende Methoden, die unlängst sehr befürwortet worden sind (Belohnung und Strafe) und (2) Reizminderung (*Strauss* und *Lehtinen, Cruickshank et al.*,).

Belohnungen

Die Ära, während der greifbare Belohnungen völlig vermieden wurden, scheint vorüber zu sein. Heutzutage ist die Anwendung von materiellen Belohnungen eine häufig gebrauchte Methode, um Kinder mit Lernschwierigkeiten zu motivieren. Sie versuchen nämlich oft, den Lernaufgaben auszuweichen, entweder wegen vorausgegangener Enttäuschung und Versagen, oder weil ihre Hyperaktivität es ihnen schwer macht, sich einzuordnen.

Eine materielle Belohnung kann in Form eines Spielzeugs oder Bonbons erfolgen oder der Erlaubnis, sich einer beliebten Beschäftigung zuzuwenden. Man kann sie direkt aushändigen oder im Austausch gegen eine bestimmte Zahl von Münzen oder Chips, die bei guter Leistung verdient werden. Man muß indessen darauf achten, daß solche »Verstärker« nicht als die hauptsächliche oder einzige Methode der Verhaltensmanipulation benutzt werden. *Kuypers et al.* stellen fest, »... daß das Münzensystem ... nur ein Mittel innerhalb einer großen Auswahl von Möglichkeiten darstellt, die dem Lehrer zur Verfügung steht ... Um aber der Aufgabe gerecht zu werden, ist die Anwendung sämtlicher Möglichkeiten erforderlich.«

Die Auswahl an Übungen sollte den Erfolg garantieren und folglich auch jedem Kind bei wenigstens einigen der Aufgaben eine wirkliche Belohnung garantieren. Zum Beispiel besaß Luise, ein Mädchen in einer Gruppe, nur geringes Koordinationsvermögen und wenig Muskelkraft. Sie übte bestimmte Aktivitäten weit schlechter als die anderen ihrer Gruppe aus. Sie war nicht in der Lage, im Galopp zu hüpfen oder vom Sitzen ohne die Hilfe ihrer Hände aufzustehen, ebensowenig ihre Beine vom Boden anzuheben, wenn sie auf dem Rücken lag, selbst wenn ihre Schultern nach unten gedrückt wurden. Im Bewußtsein, daß Luise ein einfallsreiches kleines Mädchen war, wollte der Lehrer diese Stärke ausnutzen, indem er das Kind »nach einer neuen Möglichkeit, den Raum zu durchqueren« fragte. Dabei sollte sie mit drei Punkten des Körpers den Kontakt zum Boden halten (z. B. einer Hand und beiden Füße). Bei Aufgaben wie dieser, die Luise Spielraum für ihre Kreativität gaben, fielen ihr gewöhnlich mehr Variationen als irgendeinem anderen Kind ein, und sie erntete die entsprechende Bewunderung.

Als Regel kann gelten, daß ein Lehrer kein Kind zwingen sollte, etwas zu tun, vor dem es Angst hat oder das ihm wahrscheinlich mißlingen wird. Er sollte eine Aufgabe herausfinden, bei der sich das Kind wohlfühlt und sich dann mit kleinen Schritten einer anspruchsvolleren Aufgabe zuwendet, um, wenn möglich, Angst und Versagen vorzubeugen.

Kinder mit Lernschwierigkeiten besitzen ein übergroßes, ihnen allen gemeinsames Bedürfnis – eine bessere Meinung von sich zu haben. Daher ist Erfolg die schönste Belohnung für die meisten von ihnen, verstärkt durch soziale Anerkennung wie Lob, Lächeln, Nicken oder irgendeine andere Form freundlichen Verhaltens von seiten des Lehrers oder der Mitschüler.

Bestrafung

Die Strafe sollte beim Umgang mit Kindern keine Hauptrolle spielen. Obwohl ein Kind einem Strafreiz wie lautes Schimpfen, Schmerz oder Vergnügungsentzug Aufmerksamkeit schenken wird, erfolgt die Aufmerksamkeitszuwendung sehr auf Kosten des Kindes. Der Druck und die Anspannung, die daraus resultieren, werden eher die gesamte Entwicklung des Kindes zerstören als sie fördern.

In jedem Fall bedeutet es ein schädigendes Vorgehen, Strafen wie Schütteln, Schreien oder Schlagen anzuwenden. Aber selbst die milderen Bestrafungsformen wie Schimpfen oder Vergnügungsentzug (z. B. durch Verkürzung der Spielzeit) sollten als regelmäßige Maßnahmen vermieden werden.

Es ist möglich, gewisse Verhaltensformen durch systematisches Bestrafen unter Kontrolle zu bringen, aber es erheben sich Zweifel, ob sich auf diese Weise erworbene Kontrolle auf andere Situationen übertragen läßt.[34] Positive Anreize wirken vielleicht weniger fordernd, aber sie sind viel effektiver.

Reizminderung

Es ist möglich, die ablenkenden Reizfaktoren bei der Bewegungserziehung zu vermindern, wenngleich nur bis zu einem bestimmten Grad.

Dem Verhalten hyperaktiver Kinder kann man durch Zwischenschalten von entspannenden Übungen (siehe Kapitel 4 und 12) während der Stunden für Bewegungserziehung Abhilfe schaffen. Eine zeitweise Reizausschaltung dadurch, daß sich die Kinder z. B. in entspannter Haltung und mit geschlossenen Augen auf den Boden legen, ist sehr nützlich. Wir haben ebenso ausgezeichnete Ergebnisse beobachtet, wenn man ruhige Musik spielen ließ, während sich die Kinder nach der Übungszeit ausruhten. Noch bessere Ergebnisse werden erzielt, wenn der völligen Ruhe eine Entspannungs- oder Atemübung vorangeht.

Wir möchten unbedingt dazu raten, daß immer, wenn der Lehrer mit einer Klasse lernbehinderter Kinder arbeitet oder solche Kinder in seiner normalen Klasse hat, er die Stunde der Bewegungserziehung in ruhiger Form ausklingen läßt.

Genauso ratsam ist es, Geräte wegzuräumen oder außer Reichweite zu stellen, wenn sie nicht unmittelbar benötigt werden. Geschieht dies nicht, so wird der zappelige Johnny weiterhin Bohnensäckchen in die Luft werfen, anstatt sich am Schwebebalken für eine Übung aufzustellen.

---

[34] *Reese* bemerkt: »Der im Versuch erbrachte Beweis unterstreicht, daß, wenn nicht sehr große Intensitäten angewandt werden, eine aversive Stimulation allein das Verhalten nicht ständig unterdrückt.«

Man sollte auch die Kinder so weit wie möglich daran hindern, sich durch nicht passende Tätigkeiten abzulenken oder über Dinge zu reden, die mit ihrer Beschäftigung nicht in Verbindung stehen.

6. Ein optimales Anspannungsniveau aufrechterhalten

Viele Kinder mit Lernschwierigkeiten können mit einem gewissen Ausmaß an Anspannung und Anforderung nicht fertig werden. Wenn die Anspannung zu groß ist, kann ein Kind »in Stücke gehen« und, wie *Goldstein* es nennt, »eine Katastrophenreaktion« zeigen. Ist andererseits die Anspannung zu gering, wird ein Kind u. U. träge, teilnahmslos, gelangweilt und unaufmerksam.

Sarah, die ängstlich und körperlich schwach war, benötigte in der Klasse z. B. ein langsames Tempo und viele Pausen, aber sie empfand eine leichte Stimulierung als angenehm. Sie brauchte ein mittleres Beanspruchungsniveau. Jonas war dagegen gewöhnlich verspannt, zeigte wenig Eigenkontrolle, abrupte Bewegungen und wurde sehr schnell übererregt. Er brauchte einen sehr niedrigen Anspannungslevel mit häufigen Zeitabständen, bei denen er seiner Energie freien Lauf lassen konnte und auf die eine Ruhepause folgte.

Während beide, Sarah und Jonas, ein fehlgesteuertes Verhalten zur Schau trugen, wenn sie überreizt waren, mußte die Beschäftigung mit einem beruhigenden Effekt für sie beide verschieden sein. Sarah wurde durch eine angenehme, mäßig belebende Beschäftigung besänftigt, wie z. B. ein ruhiges mimetisches Spiel mit einer Puppe. Für Jonas war es wichtig, so lange auf den Punchingball einzuschlagen, bis er müde wurde, und dann in Ruhe zu pausieren und sich abzureagieren. Im Gegensatz dazu hat vielleicht ein anderes Kind ein so niedriges Anspannungsniveau, daß es einschlafen würde, wenn es nicht ständig in Bewegung gehalten und mit allen erdenklichen Mitteln motiviert würde, wie Belohnungen bei Vollendung einer Aufgabe und wiederholte Stimulierung durch Geräusche, Worte und physischen Kontakt.

In der Klasse muß der Lehrer den Kindern in direkter Form helfen, ein optimales Anspannungsniveau aufrechtzuerhalten. Normalerweise muß er die Kinder anregen und anleiten, sich den ihnen entsprechenden Beschäftigungen zuzuwenden. Darüberhinaus sollte geeignetes Material wie Puppen und Punchingbälle immer zur Verfügung stehen.

Unserer Erfahrung nach hat sich jedoch gezeigt, daß nach den ersten zwei oder drei Stunden der Bewegungserziehung die meisten Anspannungs- oder Temporegulierungen von den Kindern selbst getroffen worden sind – wenn der Lehrer die Aktivitäten variiert, das gesamte Tempo auf das Tempo der Gruppe einstellt und sich jedes Kind erfolgreich fühlt. Kinder strengen sich in unterschiedlichem Maße gerne an. Wenn ein Kind sich ausruhen möchte, sollte der Lehrer es darin bestärken. Solche Selbstregulierung ist ein wesentlicher Teil der Selbstkontrolle, wie schon oben beschrieben wurde.

7. Zeit-, Raum- und Kausalitätsbewußtsein

Die Bewegungserziehung fördert das Bewußtsein der Kinder – das Bewußtsein für die Umwelt, die Zeit, den Raum und die Kausalität. Die Kenntnis von Zeit, Raum und Kausalität ist unbedingt erforderlich, um die Reaktionszeit einem Reiz entsprechend zu bemessen; weiterhin, um unüberlegte, übereilte Reaktionen zu vermeiden, und schließlich, um eine Gefährdung auszuschalten, die durch die Unfähigkeit, das Bewegungstempo der Aufgabe anzugleichen, hervorgerufen sein kann. Diese Kenntnis ist ein unentbehrlicher Faktor, um Bewegungskontrolle zu erlernen.

Gegenstände und Ereignisse empfindet man als an Raum und Zeit gebunden und miteinander verwoben. Aber viele Kinder mit Lernschwierigkeiten haben ein gestörtes Raum-, Zeit- und Kausalitätsbewußtsein; es ist verworren, wechselnd und inkohärent. Wenn dieses Bewußtsein gestört ist, ist die Realitätswahrnehmung ebenso beeinträchtigt. Als Folge davon wird auch das allgemeine Verhalten gestört.

a) Zeit

Ohne ein Zeitempfinden fühlt sich ein Kind verwirrt, da es seinem Leben an Einheitlichkeit und Voraussagbarkeit zu fehlen scheint. Darüberhinaus kann sein mangelhaftes Zeitgefühl das Kind in Konflikt mit seiner Umwelt bringen, weil es schuld daran ist, daß es zum Ärger der anderen zu spät oder zu früh kommt, oder z. B. zu den merkwürdigsten Zeiten nach Mahlzeiten verlangt. Auch der schulische Fortschritt kann ernsthaft beeinträchtigt sein. *Bateman* stellt fest: »Es besteht kein Zweifel, daß sich Störungen des Zeitbegriffs auf vielen Gebieten der Erziehung negativ auswirken. Solche spezifischen Gebiete umfassen Schwierigkeiten beim Buchstabieren, Schreiben, Lesen, bei dem Sprechen, der Formulierung und dem Rhythmus . . .«[35]

Die von *Bateman* erwähnten Fertigkeiten beziehen sich auf die Fähigkeit, aufeinanderfolgenden Ereignissen Aufmerksamkeit zu schenken. Ein Bewußtsein für den Fluß der Zeit kann nur durch den Wechsel der Ereignisse geweckt werden und wird im allgemeinen von Kindern, deren Aufmerksamkeit immer wieder abschweift oder die sich ihrer Umwelt nur verschwommen bewußt sind, in geringem Maße erfaßt. Es ist leicht vorstellbar, daß dies zu Schwierigkeiten in der Schule führen muß.

b) Raum

Raum wird als eine Ausdehnung des eigenen Körpers empfunden. Körperbewußtsein ist für beides, die Raumwahrnehmung und die Selbsteinschätzung, so wichtig, daß das Kapitel 4 diesem Thema gewidmet worden ist.

Ein mangelhaftes Raumgefühl ist oft mit einem gestörten Körperbewußtsein kombiniert. Klinische Beobachtungen weisen allerdings darauf hin, daß Störungen in der Einschätzung von räumlichen Relationen auch bei einigen Kindern mit relativ intaktem Körperbewußtsein auftreten. Solche Kinder gehen ganz unauffällig umher, solange nichts in ihren Weg kommt. In diesen Fällen kann Unbeholfenheit das Resultat von Störungen bei der visuellen Wahrnehmung sein, und es müßte ein Testen und Training der visuellen Wahrnehmung eingeleitet werden. Oder die Unbeholfenheit ist das Ergebnis einer fehlenden Aufmerksamkeit der Umwelt gegenüber, und es muß die Ursache für solche Aufmerksamkeitsschwäche, inklusive Befangenheit durch emotionale Probleme, herausgefunden werden.

Piaget (1954, 1956, 1962) hat gezeigt, daß die frühen senso-motorischen Aktivitäten eines Kindes (sein Spiel, die Bewegungen, die es während des Spielens macht, und die Beobachtung der Wirkung dieser Bewegungen) die spätere Entwicklung seiner kognitiven Funktionen und seines Verständnisses beeinflussen. Durch die Erfahrung der Bewegung kann ein Kind seine Erfahrung mit Zeit, Raum und der Folgerichtigkeit der Ereignisse machen und auf diese Weise seine Umwelt begreifen lernen und ein besseres Verständnis für die Wirklich-

[35] Veröffentlicht mit Erlaubnis des Autors und Herausgebers.

keit bekommen. Der Lehrer kann das Programm der Bewegungserziehung so aufbauen und lenken, daß dieser Prozeß erleichtert wird.

c) Der Aufbau von Zeit und Raum

Die Bedeutung einer Systematik bei Kindern mit Lernschwierigkeiten wird in nahezu allen Schriften über die Erziehung solcher Kinder erwähnt. Eine Aufgabe gliedern, meint, die verschiedenen Aspekte einer Aufgabe in einen Zusammenhang zu bringen oder aufeinanderfolgende Aufgaben zueinander in Beziehung zu setzen (*Bruner*, 1966).

Um eine Bewegungsfolge zu erlernen, die Zeit und Raum umfaßt, muß ein Kind erst einmal den Anweisungen aufmerksam zuhören. Und während es auf jede Einzelheit in der richtigen Reihenfolge achtet, muß es den gesamten Ablauf im Gedächtnis behalten. Dies ist für Kinder mit Lernschwierigkeiten oft sehr mühsam, da sie neben ihren Problemen der zeitlichen und räumlichen Wahrnehmung und Kausalzusammenhänge oft unfähig sind, diese Folgen für länger als eine kurze Zeitspanne in Erinnerung zu behalten. Als Folge davon tun sie sich schwer, Bewegungen und Bewegungsabläufe zu erfassen und wiederzugeben.

Die »Ganzheiten«, die Kinder mit Lernstörungen aufnehmen und verstehen können, sind gering; damit größere »Ganzheiten« entstehen können, müssen sie Stück für Stück aufgebaut werden (*Drowatsky*).

Der Lehrer kann eine Übung oder Bewegungsfolge aufbauen, indem er die zeitlichen, räumlichen und kausalen Zusammenhänge nach und nach erklärt. Lernen, wie man einen Wettlauf macht, kann z. B. schrittweise vorbereitet werden. Der Lehrer zeigt erst einmal den Kindern, wo sich jedes von ihnen in der Reihe aufstellen soll, damit sie sich die räumlichen Verhältnisse klarmachen. Als eine Art Einführungsspiel könnte er dann folgendes sagen: »Wenn ich sage ›lauft!‹, rennt ihr auf eure Plätze. Seht zu, daß ihr dort ankommt, bevor ich das Wort viermal wiederholt habe. So wird es klingen: ›Lauft ... lauft ... lauft ... lauft!‹ Alles fertig? Lauft ... lauft ... lauft ... lauft ...!‹« Durch das Warten auf das Startzeichen, durch das sofortige Loslaufen, nachdem sie es gehört haben, und durch das genaue Verfolgen, wie oft das Wort »lauft« ausgesprochen worden ist, bekommen die Kinder einen Begriff von zeitlichen Aufeinanderfolgen und Zeitspannen.

Nachdem die Kinder gelernt haben, zu einem Ziel zu laufen, sollte der Lehrer sie bitten, der Reihe nach auf ein Kommando hin zu einer bestimmten Stelle zu gehen, ein Bohnensäckchen aufzuheben, zum Ende der Reihe zurückzukehren und dem vordersten Kind beim Vorbeigehen das Bohnensäckchen abzugeben. Schließlich wiederholen die Kinder den ganzen Bewegungsablauf in Form eines Wettspiels, aber anstatt zu gehen, laufen sie jetzt.

Bei solchem Schritt-für-Schritt-Vorgehen können die zeitlichen Zusammenhänge betont werden, indem man den Kindern sagt: »*Zuerst* macht ihr dies, *dann* macht ihr jenes und *zuletzt* macht ihr das.« Die räumlichen Relationen kann man durch den Hinweis betonen: »Ihr geht von eurem Platz zu dem Ziel, dann zurück zu dem ersten Kind in der Reihe und zuletzt ans Ende der Reihe.«

Unter Umständen wird der Lehrer diese Aufgabe für einige Kinder noch weiter zu unterteilen haben – es könnte z. B. nötig sein, den Kindern beizubringen, wie man ein Bohnensäckchen weiterreicht.

Kinder mit Lernschwächen sollte man dazu anhalten, jeden Abschnitt einer Übung durch Wiederholung zu »überlernen«, bis sie in der Lage sind, den ganzen Ablauf einer Übung ohne Fehler zu vollbringen. Klinische Erfahrung läßt erkennen, daß Kindern, andernfalls unfähig, Bewegungsfolgen nachzuvollziehen, genauso geholfen wird, wenn sie immer wieder bei Übungen zusehen können, als wenn sie sie selbst ausführen. Man sollte ihnen daher reichlich Gelegenheit bieten, den Lehrer oder sich gegenseitig zu beobachten. Alle Etappen einer Übung beibringen, wie z. B. den Wettlauf, kann Tage, ja sogar Wochen in Anspruch nehmen, aber die Kinder gewöhnen sich auf diese Weise an ein richtiges Verhalten bei Aufeinanderfolgen und gewinnen mehr und mehr Klarheit über Zeit, Raum und Kausalität.

Gegliederte Bewegungsübungen sollten verbal, durch Abbildungen und in schriftlicher Form angeboten werden. (s. Skizze 10)

Skizze 10

Für jüngere Kinder könnten die mündlichen oder schriftlichen Anweisungen wie folgt lauten:

1. Stellt euch gerade hin.
2. Wenn ich klatsche, lauft zum Tor.
3. Lauft zurück.

Für ältere Kinder können die Anweisungen folgendermaßen lauten (s. Skizze 11):

Skizze 11

1. Hände und Füße auf den Boden, wie ein Hund.
2. Hände vom Boden wegnehmen, Gewicht auf die Beine.
3. Aufrecht hinstellen.
4. Knie beugen und Arme vorwärts strecken.
5. Wieder ein »Hund« sein.
6. Dreimal wiederholen.

Cratty (1963) hat folgende vier Etappen für den Unterricht von Bewegungsfolgen bei lerngestörten Kindern empfohlen:

1. Der Lehrer sollte versuchen, die Kapazität eines Schülers festzustellen, um die Bewegungsfolgen verständlich und systematisch vorausplanen zu können.

2. Die *ganze* Bewegung sollte auf eine ihr ähnliche Bewegung bezogen werden, mit der der Lernende bereits vertraut ist.

3. Dann sollte die *ganze* Bewegung beigebracht werden oder so viel von ihr, wie es den vorher festgestellten Grenzen des Lernenden entspricht.

4. Nachdem eine allgemeine Vorstellung von dem ganzen »Schema« der Bewegung gewonnen worden ist, sollte der Lernende dahin geführt werden, das Schema so weit zu korrigieren, bis die Ausführung der vom Lehrer und Schüler erwünschten Form entspricht.

Das Folgende soll ein Beispiel für die Anwendung der vier Etappen von *Cratty* sein:

1. Kind A, das ein gutes Koordinationsvermögen besaß, wurde aufgefordert, im Galopp um den ganzen Spielplatz zu hüpfen, während die anderen Kinder zuschauten. Dann ließ der Lehrer alle Kinder galopphüpfen.

2. Einige Kinder hatten beim Galopphüpfen Schwierigkeiten. Der Lehrer bat die Kinder, sich zu entsinnen, wie sie am Vortage gelernt hatten, über ein Seil zu springen und dabei erst das eine und dann das andere Knie angehoben hatten.

3. Der Lehrer riet dann den Kindern, sich vorzustellen, sie würden noch einmal auf die gleiche Weise über das Seil springen.

4. Daraufhin forderte der Lehrer die Kinder auf, einen Schritt zu machen und ihre Knie bei jedem Schritt hochzuziehen. Nachdem die Kinder das Galopphüpfen gelernt hatten, half der Lehrer ihnen, den Bewegungsablauf fließender durchzuführen, indem er sie noch auf weitere Verbesserungsmöglichkeiten hinwies, wie die Knie noch höher zu heben und sich schneller zu bewegen.

Solche räumliche und zeitliche Gliederung, besonders wenn sie oft vom Lehrer und Kind verbalisiert wird, bedeutet eine wichtige Hilfe, um den Kindern ein Bewußtsein für zeitliche und räumliche Abläufe sowie ein Gefühl für Ursache und Wirkung zu geben. Es ist von großem Wert, umfassende Störungen zu beheben, weil es den Kindern hilft, den Plan zu einer Handlung zu formulieren, ihn zu erlernen, auszuführen und zu wiederholen.

d) Andere Methoden zur Bewußtmachung von Zeit und Raum

Das obige Beispiel zeigt, wie die Etappen bis hin zu einem Wettlauf so gelehrt werden können, daß beides, räumliches und zeitliches Bewußtsein, gefördert werden. Aber das Gefühl für Zeit und Raum kann auch durch Tätigkeiten positiv beeinflußt werden, die dazu bestimmt sind, Ordnung während der Bewegungserziehung herzustellen. Man zeigt den Kindern, wo die Geräte sind, wo sie sich immer hinstellen und wie sie sich hintereinander aufreihen sollen, wo ihr Platz während der Übungen ist, welchen Standort sie in Beziehung zu einem Gerät einzunehmen haben (vor, hinter oder neben ihm) und welchen Standort in Beziehung zu anderen Kindern. Sie sollten Klarheit über die notwendige Reihenfolge ihrer Aktivitäten bekommen – das Aufstellen der Geräte in einer bestimmten Anordnung, das Ausführen der Übung in korrekter Reihenfolge, das Abbauen und Wegstellen der Geräte.

Ein zeitliches und räumliches Bewußtsein kann auch durch Körperbewegung erworben werden – einen Laufschritt machen, um genug Schwung für einen Sprung zu haben, oder z. B. die Hüften vom Boden abheben, um zum Schulterstand hochzukommen.

Kindern kann man auch durch Hinzunehmen von Rhythmus ein Zeitgefühl vermitteln.[36] Gestörte Kinder sind meist arhythmisch (*Doll*, 1951). Das Zusehen und Ausführen von rhythmischen Bewegungen, sei es in Form von Tanzbewegungen oder Wettspielen, mit oder ohne die Begleitung von Schlaginstrumenten oder Musik, erleichtert es den Kindern, eine klare Vorstellung vom zeitlichen Aufbau zu entwickeln.

Das Zeitbewußtsein kann auch durch den Gebrauch einer Stoppuhr oder Stundenuhr verbessert werden, so daß die Kinder herausfinden können, wie lange eine Tätigkeit dauert und durch das Lernen die Uhrzeit feststellen können. Es ist wichtig für Kinder, eine Gefühl für Geschwindigkeit zu haben (die Schnelligkeit und Langsamkeit einer Bewegung), wenn sie in der Lage sein sollen, Zeitintervalle zu erfassen.

Im allgemeinen »durchlebt« ein Kind, wenn eine Aktivität sorgfältig vorbereitet, in einer schrittweisen Form beigebracht und nach der Ausführung noch einmal verbalisiert wird, den Bewegungsablauf intensiver. Das ist nötig, um den Zeitablauf zu erfassen und sich die Zusammenhänge der Vorgänge wieder ins Gedächtnis zu rufen.

Das räumliche Bewußtsein wird gefördert, wenn ein Kind erlernt, seinen Körper im Raum zu beherrschen, freie Bewegung zu erlangen, Gegenstände aufzufangen oder zu meiden, wie das Werfen und Fangen eines Balls, das Überspringen eines Seils, das Schlagen gegen einen Boxball, das Laufen durch einen rollenden Reifen oder Bewältigen einer Hindernisstrecke.

Kinder, denen es an Raumbewußtsein fehlt, haben Angst, sich zu verletzen oder andere wegen ihrer Dummheit ärgerlich oder spöttisch zu machen. Wenn man ihnen diese Angst nicht nimmt, kann die Folge sein, daß sie sich noch unbeholfener anstellen oder die Bewegung ganz ablehnen. Manchmal ist es möglich, einem Kind beim Überwinden seiner Befürchtungen zu helfen, indem man ihm ein

---

[36] Webster's Second International Dictionary definiert Rhythmus als »Bewegung, die gekennzeichnet ist durch die regelmäßige Wiederkehr oder den regelmäßigen Wechsel von Formgestalten, Formelementen, Phänomenen, etc.; folglich eine Regelmäßigkeit der Wiederholung oder des Wechsels und als Beispiel dafür: die Periodizität.«

besonderes Kunststück oder einen Tanz beibringt, den es voll Stolz vorführen kann. In jedem Fall ist es sehr wesentlich, mit ganz einfachen Aufgaben anzufangen und für viel Lob und Aufmunterung zu sorgen.

Während des Unterrichtens von Fertigkeiten, die für das Raumbewußtsein wichtig sind, sollte der Lehrer die Gelegenheit wahrnehmen, räumliche Begriffe wie *über, unter, rauf, runter, rechts, links, in der Mitte, vor und zurück* klarzustellen.

Wie bei der Förderung des Zeitbewußtseins ist die Verbalisation durch den Lehrer und die Kinder sowie die Veranschaulichung und das gleichzeitige Anhören (ein geistiges Bild entwerfen und eine Gehörsvorstellung entwickeln) von äußerster Wichtigkeit.

Die Kenntnis eines Kindes über die Beziehung seines Körpers zu dem es umgebenden Raum beeinflußt seine Bewegungsmuster. (Wie man diesen Bereich am besten trainiert, ist in Kapitel 5 besprochen worden.)

8. Die Beeinflussung des Bewegungstempos

a) Hyperaktive Kinder

Die häufigste Abweichung von der Norm in bezug auf Schnelligkeit sowie Häufigkeit der Bewegung ist die Hyperaktivität. Hyperaktive Kinder sind in ständiger Bewegung. Die Bewegungen sind gewöhnlich sehr sprunghaft, hastig, abrupt und nicht zielgerichtet, wobei sie oft die Ausführung der eigenen Aufgaben und die der anderen Kinder beeinträchtigen. Langsame, exakte Bewegungen, die eine sorgfältige Steuerung durch die Kinästhesie sowie den Gesichts- und Gehörssinn erfordern, sind für diese Kinder schwer zu erreichen. Es passiert ihnen häufig, daß sie am Tisch Dinge verschütten, daß sie über ihre Schuhbänder, die sie nicht zubinden können, stolpern, unbeabsichtigt andere Kinder schubsen, stoßen und Aufträge ungenau befolgen. Sie tun sich schwer, Motorik, Sprache und Wahrnehmung zu integrieren. Beim Zählenlernen können sie beispielsweise nicht exakt auf Gegenstände zeigen und dabei ihre Anzahl nennen; sie neigen dazu, Worte auszulassen. (Siehe Kapitel 7.)

Beim Erlernen von Bewegungsfolgen, wie einfache Tanzschritte, sind sie durch ihr Unvermögen, ihre Bewegungen zu verlangsamen, behindert. Bei anderen schulischen Aufgaben machen sie viele Flüchtigkeitsfehler, wie falsches Abschreiben, unkorrektes Befolgen von Aufträgen, oder sie tragen bei »Auswahl-Fragen« die Antworten in die falschen Spalten ein. Dabei mangelt es ihnen entweder an räumlicher Wahrnehmung, oder sie nehmen sich nicht die notwendige Zeit, sich erst einmal zu orientieren und ihre Handlungen zu planen, bevor sie sich auf ihre Aufgabe stürzen.

Bewegungserziehung bietet viele Gelegenheiten, die Hyperaktivität unter Kontrolle zu bekommen. Hyperaktive Kinder machen Fortschritte, wenn der Lehrer ihnen dabei behilflich ist, ihre Bewegungen zu planen, bevor sie sie ausführen, eine Pause einzulegen und nachzudenken, bevor sie handeln. Auch vermag er, durch verbales Eingreifen ihre hastigen Reaktionen zu verlangsamen und kann sicherstellen, daß sie ihre Aufgaben in der erlernten Reihenfolge ausführen. Das ausdrückliche Gebot »erst denken, dann handeln« muß konstant wiederholt werden.

b) Hypoaktive Kinder

Hypoaktivität ist weniger häufig beobachtet und beschrieben worden. Hypoaktive Kinder bewegen sich langsam, sitzen oft lange Zeit bewegungslos da, zeigen wenig Energie, benötigen eine gewisse Anlaufszeit, bevor sie auf einen Befehl reagieren können und bleiben bei der Ausführung ihrer Aufgaben hinter ihrer Gruppe zurück.

Hypoaktivität ist therapieresistenter als Hyperaktivität. Trotzdem ist eine Behandlung gewöhnlich von Nutzen, wenngleich es sich um einen langwierigen Prozeß handeln kann. Die klinische Erfahrung der Autorin am Frostig Center zeigte, daß es möglich ist, die Reaktionen und Handlungsweisen von hypoaktiven Kindern durch vieles Üben zu beschleunigen, daß sie aber oft bis weit in ihre Jugendjahre hinein Behandlung brauchen. Sie müssen sich ihrer eigenen Langsamkeit bewußt werden und ebenso, daß sie durch Übung Fortschritte erzielen können.

Hypoaktive Kinder muß man mit viel Geduld behandeln. Der Lehrer darf nicht zu viel von ihnen erwarten, noch dürfen sie selbst zu viel von sich erwarten. Der Lehrer muß solchen Kindern helfen, durch winzige Fortschritte ihr Reaktionsvermögen zu steigern. Man sollte ihnen auch dabei helfen, die Geschwindigkeit von fortlaufenden Bewegungen wie Laufen zu erhöhen und sollte immer wieder Geschicklichkeitsübungen machen, bei denen sie während der Bewegung ihre Körperhaltung verändern müssen. Bei solchen Kindern wird der

Lehrer stärkere Anreize als gewöhnlich anwenden müssen, wie das Verändern der Stimmhöhe oder Einwerfen von irgendwelchen Ermahnungen. Der Gebrauch eines Weckers, einer Eieruhr oder eines Metronoms kann zur Beschleunigung des Bewegungstempos nützlich sein.

Der Lehrer muß jedoch realisieren, daß diese Kinder nicht mit anderen, sondern nur mit sich selbst konkurrieren können. Jeder Erfolg, und sei er noch so gering, muß sofort anerkannt und gelobt werden, selbst wenn sich ein Kind im Vergleich zu seinen Mitschülern immer noch langsam zu bewegen scheint.

9. Wie man den Schwierigkeitsgrad und die Reihenfolge der Aktivitäten festlegt

Einer der wichtigsten Gesichtspunkte bei der Angleichung des Bewegungserziehungsprogramms für Kinder mit Lernschwierigkeiten ist die häufige Notwendigkeit, mit einfachen, fundamentalen Übungen zu beginnen.

In einer Gruppe von neun Kindern im Alter von sechs bis sieben Jahren gab es verschiedene, die unfähig waren, die einfachste Bewegung oder Anordnung auszuführen, so z. B. einen Schritt nach vorne zu gehen. Statt dessen machten sie zwei Schritte oder einen Schritt seitwärts oder rückwärts. Wenn sie ein Knie anheben sollten, hoben sie einen Fuß. Diesen Kindern mußte beigebracht werden, wie sie ihren Körper in einfachen Bewegungen lenken. In einigen Fällen mußte z. B. der Arm oder Kopf eines Kindes vom Lehrer geführt werden, bevor das Kind die Bewegung selbständig beginnen konnte.

Die ersten Übungen in diesem Buch (Kapitel 4) sind in erster Linie dazu bestimmt, Kindern bei der Durchführung einfacher Übungen zu helfen, die abhängig vom Körperbewußtsein sind. Ein Kind muß lernen, willentlich einen Arm oder ein Bein anzuheben, ein Knie zu beugen oder seinen Oberkörper in vorgeschriebener Richtung zu bewegen. Fast alle Kinder kommen schnell weiter, wenn solche simplen Übungen sorgsam beigebracht werden. Innerhalb der ersten paar Stunden lernen Kinder, die vorher nicht in der Lage waren, einfache Aufgaben zu erfüllen, zwei oder drei Bewegungen gleichzeitig auszuüben, z. B. vorwärts zu springen und zur gleichen Zeit ihre Arme zu heben. Die Kinder werden sich ihrer neuentdeckten Fähigkeit, die Bewegungen ihres Körpers zu steuern, bewußt, und sie werden ihrer Freude über das Erreichte Ausdruck geben.

Obwohl es für alle Kinder wichtig ist, eine optimale Selbsteinschätzung zu haben, ist es für Kinder mit Lernschwierigkeiten von ganz besonderer Bedeutung. Diese Kinder fühlen sich außerstande, verloren und unfähig, Dinge zu tun, die andere Kinder fertigbringen. Mit Fragen wie diesen verlangen sie oft nach Rückversicherung: »Ob ich wohl auf die oberste Sprosse des Klettergerüsts hinaufkomme?« »Glaubst du, daß ich auf meinen Händen stehen kann?« »Glaubst du, daß ich auf einer geraden Linie entlanggehen kann?«

Wenn die Kinder positive Bemerkungen machen wie: »Ich kann auf dem Boden in einer S-Linie laufen« oder »Ich kann auf dem Boden im Kreis gehen« oder »Ich kann mein Bein nach vorne setzen und meine Hände ganz weit nach oben strecken«, weiß der Lehrer, daß er mit dem Programm in richtigem Tempo vorangeht.

Um sehr kleinen Kindern zu dem Bewußtsein zu verhelfen, daß sie fähig sind, neue Übungen zu bewältigen, kann man ein Spiel wie das folgende machen: Die Kinder bilden einen Kreis (oder mehrere Kreise, wenn mehr als zehn Kinder in der Klasse sind) und singen beim Herumgehen: »Wir sind alle stolz auf Julia (oder John oder wen auch immer), denn Julia kann sich drehen« (oder was Julia auch immer kann). Das Spiel kann in der Weise gespielt werden, daß entweder der Lehrer den Kindern Anweisungen gibt, oder die Kinder sich selbst Bewegungen ausdenken. Der Lehrer sollte jedoch darauf achten, daß ein paar neue Bewegungen eingeführt werden, damit die Kinder ihr Bewegungsrepertoire erweitern und zeigen können, daß sie etwas Neues gelernt haben.

In Klassen mit lernbehinderten Kindern gibt es immer einige, die langsamer vorwärtskommen als die übrigen. Solche Kinder sollten mehr Zuwendung bekommen und wissen dürfen, daß der Lehrer jede Bemühung und jeden Fortschritt anerkennt, selbst wenn er klein ist. Ein ausgesprochen unbeholfener Junge in einer Gruppe von zehn- bis dreizehnjährigen Kindern war nicht imstande, sich zwischen den Sprossen eines Klettergerüsts hindurchzuwinden. Schließlich konnte er zwischen zwei Stäben hindurch auf die andere Seite klettern. Er strahlte über seinen Erfolg und erhielt vom Lehrer reiches Lob, obwohl er den Leistungsstand der anderen Kinder nicht erreichen konnte.

Das Tempo, mit dem schwierigere Übungen eingeführt werden, muß am Anfang langsam sein, weil die Kinder sehr viel individuelle Hilfe brauchen. Während der ersten Stunden sollten sie sich gegenseitig beobachten und voneinander lernen. Später sollten sie aktiver werden. Dies ist wichtig, da wissenschaftliche Untersuchungen ganz deutlich zeigen, daß zum Erlernen von Bewegungsfertigkeiten die Beobachtung von Bewegung eine ebenso große Rolle spielt wie die Ausübung der Bewegung selbst. Kinder engagieren sich nicht nur aktiv, wenn sie sich selbst bewegen, sondern ebenso, wenn sie zuschauen und später wiedergeben, was sie beobachtet haben. Kinder sollten daher zusehen, wie der Lehrer oder ein anderes Kind einen Schritt nach vorne oder eine Drehung oder etwas anderes ausführt.

Der Lehrer sollte immer die Kinder fragen, wer von ihnen eine bestimmte Bewegung schon beherrscht, um sie den anderen vormachen zu können. Aber er muß die Stunde vorbereiten, so daß jedes Kind einmal in der Lage ist, den anderen etwas vorzuführen, und auf diese Weise fühlt, daß es selbst gelegentlich der Vorturner ist.

10. Die Aufmerksamkeit lenken

Es ist förderlich, wenn man die Bewegung des Lehrers oder eines anderen Kindes beobachten läßt, weil dies die Aufmerksamkeit des Kindes in Anspruch nimmt. Für viele Kinder ist es sehr schwer, aufmerksam zu sein, und dabei ist es so notwendig für sie, Aufmerksamkeit zu erlernen.

An verschiedenen Stellen haben wir schon diskutiert, wie man es den Kindern erleichtert, aufmerksam zu sein. Eine Methode von spezieller Bedeutung, die es verdient, wiederholt zu werden, ist die Vorankündigung oder der Bedingungsbefehl, wie »*Wenn* ich in die Hände klatsche, *dann* springt auf,« oder »Wartet, bis ich ›jetzt‹ sage!«

11. Rechts-Links-Orientierung im Raum und an sich selber

Beobachter von Kindern mit Lernstörungen haben häufig eine mangelhaft ausgeprägte Handdominanz und Rechts-Links-Diskriminierung sowie Störungen der motorischen Funktionen und der Wahrnehmung festgestellt. Es ist viel über die Wechselbeziehung dieser Funktionen zueinander und ihre Beziehung zum Nervensystem geschrieben worden, aber es bestehen immer noch Meinungsverschiedenheiten.

(Rechts-Links-Orientierung im Raum und an sich selber, sowie

Übungen zur Entwicklung einer Rechts-Links-Kenntnis und des Richtungssinns, wurden in Kapitel 4 diskutiert. Sie werden hier noch einmal erwähnt, da lernbehinderte Kinder oft Probleme in bezug auf die Rechts-Links-Orientierung im Raum haben.)

12. Sprache

Die Rolle, die ein überlegter Gebrauch der Sprache spielen kann, um Kindern mit Lernschwierigkeiten weiterzuhelfen, ist bereits in diesem Kapitel sowie in Kapitel 6 aufgezeigt worden. Der angemessene Gebrauch von Wörtern wie *schnell* und *langsam, eher* und *später, vor* und *nach,* hilft den Kindern, ein Zeitgefühl zu entfalten. Der Gebrauch von Wörtern wie *groß* und *klein, schmal* und *breit,* erleichtert es den Kindern, sich über das Phänomen des Raumes und die räumlichen Charakteristika von Gegenständen bewußt zu werden.

Der Lehrer sollte die Wörter selber benutzen und die Kinder dazu anregen, sie sinngemäß zu gebrauchen. Die sorgfältige Verbalisation jedes Vorganges bei einer Bewegungsfolge bringt die Kinder so weit, sich zeitliche und räumliche Begriffe anzueignen. Sie hilft ihnen auch, den Gebrauch der inneren Sprache zu entwickeln, was diese Kinder wiederum befähigt, ihr eigenes Verhalten zu kontrollieren, Aufgaben zu analysieren und sie in der richtigen Reihenfolge auszuführen. Innere Sprache wird auch entwickelt, wenn man ein Kind auffordert, eine Tätigkeit zu beschreiben, die es bereits vollbracht hat. Um den Lernprozeß des Wettlaufs noch weiter zu veranschaulichen, könnte ein Kind z. B., nachdem es den Bewegungsablauf hinter sich hat, sagen: »Ich stand an der roten Linie, bis der Lehrer ein Zeichen gab. Sobald ich den Pfiff hörte, lief ich los. Ich rannte zu dem gelben Pfahl, wo Johnny mir das Bohnensäckchen entgegenhielt. Ich nahm das Bohnensäckchen, rannte zurück und gab es Jack. Dann lief ich ans Ende der Reihe.« Später lernt das Kind, einen Bewegungsablauf nur gedanklich zu wiederholen.

Man muß indessen vorsichtig sein bei einer zu häufigen Verbalisation vor der Ausführung von Bewegungsabläufen. Beim normalen Kind geht die Fähigkeit, Bewegungsfolgen zu imitieren, zu planen und auszuführen der Verbalisation voraus. Nachträglich wird die Verbalisation für viele Handlungen ein Verständnis fördernder Faktor. Aber das ausschließliche Lernen über visuelle, taktile und kinästhetische Kanäle behält seine Bedeutung bei, besonders im Hinblick auf die kinästhetischen Reize, die so wichtig für die Entwicklung des Körperbewußtseins sind. Verbale Kommunikation sollte deshalb gelegentlich auf ein Minimum beschränkt werden und dem Kind erlaubt sein, sich durch die Sprache des Körpers auszudrücken – Bewegungsfolgen ohne die Zuhilfenahme von Worten zu erfassen, zu veranschaulichen und zu schematisieren. Beide Lernmethoden sollten angewandt werden.

Beim Gebrauch der Sprache zum Unterrichten von lerngestörten Kindern in Bewegungserziehung muß der Lehrer berücksichtigen, daß einige Kinder nur eine begrenzte Fähigkeit besitzen, Sprache zu gebrauchen oder zu verstehen (*Drowatsky*).

Es kann nötig sein, verbale Erklärungen und Instruktionen nur kurz und ganz einfach zu geben und sie oft zu wiederholen. Manchmal ist es schwierig zu entscheiden, ob ein Kind keine korrekte Antwort geben kann, weil es aus irgendeinem Grunde verstockt ist, weil ihm die Aufgabe zu schwierig erscheint oder weil es die Aufgabenstellung nicht verstehen kann. Deshalb ist es ratsam, immer, wenn die Antwort eines Kindes nicht richtig ausfällt, die Anweisungen sofort zu wiederholen und sie dabei zu vereinfachen. Es wäre auch zu erwähnen, daß Kinder leichter Kommandos befolgen, wenn man ihnen sagt, *was* sie tun sollen, anstatt, *was* sie *nicht* tun sollen. Wenn ein Kind auf eine Anordnung wie »John, hör auf, Boxball zu spielen!« nicht reagiert, sollte der Lehrer es mit einem einfacheren, positiven Befehl versuchen, wie »John, komm her zu mir!«.

(In Kapitel 6 wurden Vorschläge dargestellt, wie man die Bewegungserziehung zur Förderung der Sprachentwicklung anwenden kann.)

KAPITEL 10

Einrichtung, Ausstattung und Handhabung der Bewegungserziehung

An jeder Schule wird die Planung des Bewegungserziehungsprogramms von den inneren und äußeren Gegebenheiten bestimmt, vom Wetter und den vom Staat festgelegten Unterrichtszeiten.

1. Empfohlene Zeit

Auf Grund von staatlichen Bestimmungen ist ein Minimum an Zeit für die Leibeserziehung an vielen Schulen festgelegt. Wir empfehlen indessen für dieses Programm mit Rücksicht auf Alter, Klassenstufe und die Bedürfnisse und Fähigkeiten der Kinder folgende Zeiten (nicht inbegriffen ist die Zeit zum Wechseln von Kleidern und Schuhen):

Vorschule 20 bis 25 Minuten täglich; 1 Std., 40 Minuten wöchentlich; 1.–3. Klasse 30 bis 35 Minuten täglich; $2^1/_2$ Std. wöchentlich

Wenn an bestimmten Tagen Turnhalle und Spielplatz nicht zur Verfügung stehen, sollte sich der Lehrer an diesen Tagen mindestens 5–10 Minuten für Übungen im Klassenzimmer nehmen.

2. Das Unterrichten im Klassenzimmer

Bewegungsfertigkeiten sind so wichtig, daß die Bewegungserziehung ein wesentlicher Bestandteil im täglichen Lehrplan sein sollte, wie ungeeignet die Einrichtungen und wie kalt oder naß das Wetter auch sein mögen.

Wenn die Einrichtungen unzureichend oder das Wetter schlecht sind, kann dieses Programm dem zur Verfügung stehenden Raum angepaßt werden. Der Erzieher, der die Turnhalle z. B. nur an zwei Tagen der Woche zur Verfügung hat, sollte an den restlichen drei Tagen die Bewegungserziehung nicht vernachlässigen, weil der Spielplatz naß oder schneebedeckt ist, oder weil gerade mit einer anderen Klasse über die Benutzung des Spielplatzes oder der Turnhalle Uneinigkeiten bestehen. Er sollte einfach das Programm in seiner Klasse durchführen.

Das Programm auf die Gegebenheiten des Klassenzimmers umstellen, bedeutet in gewissen Bereichen mehr Einschränkung als in anderen. Kreatives Bewegen (Kapitel 5) erfordert z. B. beträchtlichen Raum, sei es auf dem Spielplatz oder im Turnsaal, weil die Kreative Bewegung weitgehend auf der Auseinandersetzung der Kinder mit dem Raum beruht. Übungen, bei denen zu einem Ziel hingelaufen und bei denen mit Bällen und anderen Objekten geworfen wird oder gruppenweise Kreisspiele gemacht werden, erfordern ebenfalls viel Platz.

Trotzdem kann der Lehrer, der nur ein Klassenzimmer für seine Arbeit zur Verfügung hat, das Laufen zu einem Ziel durch Laufen auf der Stelle oder zwischen den Sitzbänken ersetzen. Anstelle von Weitsprung mit Anlauf kann man in dem freien Raum vor dem Lehrerpult einen Weitsprung aus dem Stand machen lassen und Übungen, die normalerweise im Liegen[37] gemacht werden, läßt man statt dessen im Sitzen durchführen. Der Lehrer muß die Übungen auswählen, die in dem zur Verfügung stehenden Raum gemacht werden können.

Räumliche Beschränkungen führen unvermeidlich zu zeitlichen Einschränkungen. Kinder, die wenig Platz zum Üben haben, werden leichter müde oder gelangweilt als Kinder, die sich auf dem Spielplatz oder im Turnsaal bewegen können. In solchen Fällen wird der Lehrer die Übungszeit auf 5–10 Minuten reduzieren müssen. Er kann allerdings jeden Tag die empfohlene Gesamtzeit einhalten, indem er täglich zwei oder drei Übungsperioden einschaltet.

Unzählige Beispiele bestätigen den Wert vieler kurzer Übungszeiten für die Bewegungserziehung, und dies möchten wir gerne anhand eines Beispiels unterstreichen, über das wir gelesen haben. Eine 6. Klasse von unterprivilegierten Kindern in der Hauptstadt New York war feindselig, unaufmerksam, nervös und weigerte sich zu lernen. Der Beobachtung ihrer Ruhelosigkeit entnahm der Lehrer, daß ihr Bedürfnis nach Bewegung nicht befriedigt worden war, daß sie Aktivität brauchten, um ihre Emotionen in gewisse Bahnen zu lenken. Er beschloß, ihnen in jeder Stunde eine 10-Minuten-Pause einzuräumen, in der sie spielen konnten. Dies erwies sich als erster Schritt zu einem erfolgreichen Unterrichten seiner Klasse.

---

[37] In der Klasse können billige Plastik- oder Strohmatten benutzt werden.

Wenn wenig Platz vorhanden ist, sollten die Übungen häufiger als gewöhnlich von Musik begleitet werden, um etwas von der Freude und Begeisterung zu vermitteln, zu der es durch den Mangel an freier Bewegung nicht kommen kann. Dabei können Trommeln, Tamburine, Rumbakugeln, Glocken, Schallplatten oder Tonbänder benutzt werden. Wo indessen Platz im Freien oder eine Turnhalle zur Verfügung steht, sollte die Musik nur einen geringen Raum während der Unterrichtsstunde einnehmen, damit jedes Kind seinen eigenen Rhythmus und Stil entwickeln kann und das Tempo findet, das seiner individuellen Verfassung und körperlichen Konstitution am meisten entspricht.

3. Entwurf für einen Spielplatz

Das beste Gelände für die Bewegungserziehung bei Erstkläßlern ist ein Spielplatz, ein Spielplatz mit einer Grünfläche. Rasen ist sehr viel vorteilhafter als die harte Oberfläche eines Spielplatzes. Allerdings sollte es auch einen für jedes Wetter geeigneten asphaltierten Bereich geben, auf den Zahlenreihen und andere Markierungen gemalt werden können (siehe Kapitel 6 und 8).

Besonders in städtischen Bezirken sollte der Spielplatz so weit wie möglich der Natur angeglichen werden, so daß Lehrer und Schüler in gleicher Weise Freude an der Natur und Sinn für ihre Schönheit, an der es leider so oft fehlt, entwickeln können. Es ist eine traurige Realität, daß Stadtkinder häufig genug nicht mal einen Baum zu sehen bekommen. Spielplätze sollten deshalb nicht kahl sein, sondern es sollte wenigstens ein paar Bäume, Sträucher oder Pflanzen in Behältern geben, wenn zur Pflanzung in den Boden nicht genug Erdreich vorhanden ist. Transportables Laubwerk kann man bei Hindernisläufen gebrauchen, es ist eine Wohltat fürs Auge und dient im Unterricht zu Naturbeobachtungen.

Wenn möglich, sollte ein kleiner Bezirk zum Gärtnern vorhanden sein, da das Pflanzen und die Pflege der Pflanzen nicht nur viel körperliche Übung mit sich bringt, sondern auch eine wertvolle Beziehung zur Natur herstellt. Spielplätze werden oft deshalb nicht bepflanzt, weil man glaubt, daß Pflanzen zu viel Platz wegnehmen und daß Kinder sie zerstören. Pflanzen können jedoch natürliche Abgrenzungen sein und nehmen nur wenig von der Spielfläche in Anspruch. Wir haben beobachtet, daß selbst die wildesten Jungen zartfühlig werden, wenn sie mit Setzlingen umgehen oder Pflanzen ziehen. Der Stolz eines Kindes auf seinen schönen Spielplatz und auf die Pflanzen, die es selbst gepflegt hat, bereichert sein Leben und trägt in hohem Maße zu seiner menschlichen Entwicklung mit der Fähigkeit zu lieben und einem Verantwortungsgefühl allem Lebendigen gegenüber bei.

Spielplätze sind natürlich entsprechend den Geldmitteln, dem zur Verfügung stehenden Raum und den Klimaverhältnissen sehr unterschiedlich. Die Zeichnung (Skizze 12) zeigt, wie eine sorgfältig durchdachte Planung eine sehr kleine Grundfläche aufs beste ausnutzen kann, indem die Mitte des Spielplatzes für Aktivitäten genommen wird, bei denen Markierungen auf dem Boden erforderlich sind und die Peripherie zum Aufstellen der Geräte.

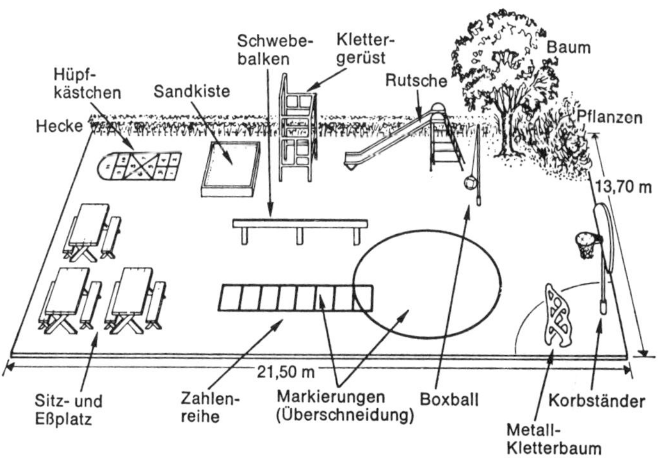

Skizze 12

Die einzelnen Geräte der gesamten Ausstattung sollten so angeordnet sein, daß sie entweder einzeln oder bei einem Hindernisrennen hintereinander gebraucht werden können. Ein Hindernisrennen ist günstig, weil es die Entwicklung aller Bewegungseigenschaften unterstützt. Darüber hinaus sollten die einzelnen Geräte ausreichend weit voneinander entfernt stehen, damit verschiedene Gruppen von Kindern gleichzeitig, aber getrennt an ihnen arbeiten können. Auf dem Spielplatz in Cupertino, Kalifornien (siehe Abb. Seite 167) kann sich z. B. eine Gruppe von Kindern verschiedene Möglichkeiten ausdenken, wie man sich auf dem Boden zwischen den Autoreifen vorwärtsbewegt – durch Hüpfen auf einem Fuß, auf beiden Füßen oder durch Hüpfen mit einer Drehung in der Luft. Eine andere Gruppe kann an den herabhängenden Seilen hin- und herschwingen und dabei verschiedene Körperstellungen einnehmen. Wieder eine andere Gruppe könnte auf verschiedene Weise über den Holzstoß klettern oder auf den Baumstämmen entlangbalancieren. In dieser Form benutzen die Kinder die verschiedenen Geräte zur selben Zeit, ohne aufeinander warten zu müssen oder sich gegenseitig zu stören.

Die Mitte des Spielplatzes kann unterdessen für Turnübungen und kreatives Bewegen genutzt werden.

4. Ausstattung

Bewegungserziehung kann ohne Geräte durchgeführt werden, ihre Anwendung steigert jedoch die Teamarbeit, fesselt die Aufmerksamkeit, trainiert das Koordinationsvermögen, die Geschicklichkeit, die Flexibilität und die Balance und gibt den Kindern ein schönes Gefühl der Körperbeherrschung.

Es ist nicht allzu wichtig, eine große Zahl an feststehenden oder transportablen Geräten zu haben. Für die kleineren Kinder sollte allerdings der Spielplatz mit ausreichenden Geräten zum Klettern, Springen, Balancieren oder Kriechen ausgerüstet sein. In einem Klima wie in Kalifornien werden die Außeneinrichtungen bei der Bewegungserziehung häufiger gebraucht als in klimatisch kälteren Gegenden. Die Gesamtausstattung sollte deshalb mehr Geräte enthalten, wie vertikale und horizontale Leitern, die unter der Leitung des Lehrers gebraucht werden und weniger Geräte zur reinen Entspannung wie Schaukeln, Wippen und Karussells.

Einige Spielplatzausrüstungen werden bereits als fertige Kombinationen geliefert. Beispiele dafür sind die sogenannten »Spiellandschaften«, die bunt und ästhetisch schön sind, relativ wenig Raum beanspruchen und viele Klettergeräte enthalten. Ferner sind vor kurzem Geräte entwickelt worden, die man abbauen und auf verschiedene Weise zusammensetzen kann, die also Raum sparen und den Kindern ermöglichen, sich ihre eigenen Kombinationen auszudenken. Ein Beispiel dafür ist der Stegel.

Wir bringen im Folgenden eine Zusammenstellung von empfehlenswerten, aber nicht erforderlichen Geräten:

Klettergerüst oder andere Klettergeräte[38], vorzugsweise mit einem Kletterbaum. Kleine Klettergerüste können von Vorschulkindern benutzt werden. Ältere Kinder brauchen größere Konstruktionen, an denen sie sich herumwinden, -drehen und herumrollen können. Den Boden oder Matten kann man für alle Arten von Saltoübungen nehmen.

Schwebebalken oder Baumstamm für Balancierübungen. Üblich ist ein Balken von 5 – 10 cm Breite und 1,85 – 3,65 m Länge, der von einem Holzgestell gestützt wird. Anfänger sollten mit der 10 cm-Breite beginnen und sich bis zur 5-cm-Breite verbessern.

Balancier-Brett für Gleichgewichtsübungen. Das Balancierbrett ist eine quadratische Plattform auf einem in der Mitte befindlichen Holzteil. Dieser Holzteil ist gewöhnlich 7,5, 10,0 oder 13,0 cm breit. Anfänger und Kinder, die Schwierigkeiten mit der Balance haben, sollten mit dem 13-cm-Pflock beginnen. (Viele Erzieher sind der Ansicht, daß ein Balancierbrett zu den »Muß«-Ausstattungen gehört, aber wir halten es für fakultativ. Viele Balanceübungen, die kein Balancierbrett erfordern, sind in Kapitel 12 zu finden.)

Trampolin oder Trampolinbrett. Ein Trampolinbrett sollte immer, wenn zu wenig Platz oder Geld für ein Trampolin vorhanden ist, zur Verfügung stehen. Es ist kleiner als ein Trampolin (ungefähre Maße: 1,82 x 0,42 m). Obgleich es nicht so vielseitig wie ein Trampolin ist, hat es seine Vorteile. Es ist leicht und nimmt wenig Raum ein. Trampoline und Trampolinbretter regen die Kinder dazu an, in einer endlosen Vielzahl von Bewegungsarten und -mustern zu springen. Das Phänomen des Fliegens, das beide vermitteln, ist ungemein stimulierend und befriedigend und ist zur Förderung des Körperbewußtseins von großer Wirkung.

Schaukeln oder andere Geräte zur rhythmischen Bewegung des ganzen Körpers. Kreisförmige Rutschbahnen und Wippen erfüllen denselben Zweck. Wenn kein im Handel übliches Gerät erworben werden kann, tun auch an Seilen hängende Reifen ihren Dienst.

Rutschen.

Sandkiste.

Improvisierte Ausstattung mit Reifen, Brettern, Leitungsrohren und anderem Material können die Kreativität anregen und viel Spaß

[38] Im Handel sind viele Geräte erhältlich, die man zum Klettern benutzen kann. Viele von ihnen können auf verschiedenste Weise gebraucht werden, um die Kinder für kreatives Bewegen zu begeistern. Unter ihnen wäre der »Spielbaum« und die »Spielwand« erwähnenswert.

bereiten. Entwürfe von zwei nicht sehr kostspielig ausgestatteten Spielplätzen werden in den Skizzen 13 und 14 gezeigt. Die Spielplätze wurden von dem Schuldistrikt in Cupertino, Kalifornien, nach den Vorschlägen der Autorin geplant und eingerichtet. Der Schuldistrikt war daran interessiert, für den geringsten Preis die wirkungsvollste Einrichtung zu bekommen. Das Material – hölzerne Stangen, Seile und ein paar Leitungsrohre zum Klettern, Drehen und Springen – sind leicht erhältlich.

Wir wollen damit nicht sagen, daß alle Spielplätze mit einem Minimum an Aufwand eingerichtet werden sollten. Aber selbstgemachte Ausstattung hat neben dem wirtschaftlichen Gesichtspunkt durchaus seine Vorteile: sie ist wärmer und freundlicher, weil nicht so viel Metall verwandt wird wie bei der handelsüblichen Spielplatzausstattung; außerdem kann sich eine Gruppe von Eltern zusammenschließen, die Freude daran hat, einen Spielplatz selbst aufzubauen, und nicht zuletzt läßt sie der Vorstellungskraft der Kinder mehr Bewegungsfreiheit.

Auf der anderen Seite hat eine gute käufliche Spielplatzausstattung viele Vorzüge. Sie ist gewöhnlich haltbarer, vielseitiger (bietet mehr Gelegenheit zu verschiedensten Übungsvariationen), auf ansprechende Art entworfen und farbiger. Die zwei letzten Gesichtspunkte sind wichtig, denn Spielplätze sollten so attraktiv wie möglich sein, um die trostlose Umgebung, in der so viele Kinder leben, auszugleichen.

Kinder sollten einem Spielplatz immer wieder andere Namen geben, und sie sollten ihn für verschiedene Phantasiespiele gebrauchen. Die Geräte der Ausstattung können auch abwechselnd unterschiedliche Dinge darstellen, wie Häuser, Felsen, Bäume, Brücken, Autos, Züge, Raumschiffe, Palisaden, Zugbrücken und Planeten. Die Kinder sollten lernen, jedes einzelne Gerät auf verschiedenste Weise zu benutzen und über neue Möglichkeiten nachzudenken, wie man mit ihnen umgehen kann.

Selbst wenn nicht alle gewünschten oder empfohlenen Geräte zur Verfügung stehen, kann ein komplettes und gut ausgewogenes Bewegungserziehungsprogramm mit einigen Stücken einer transportablen Ausstattung und gewissem Zubehör wie Seilen, Bällen, Linien und Markierungen auf der Spielfläche durchgeführt werden (*Rasmus*).

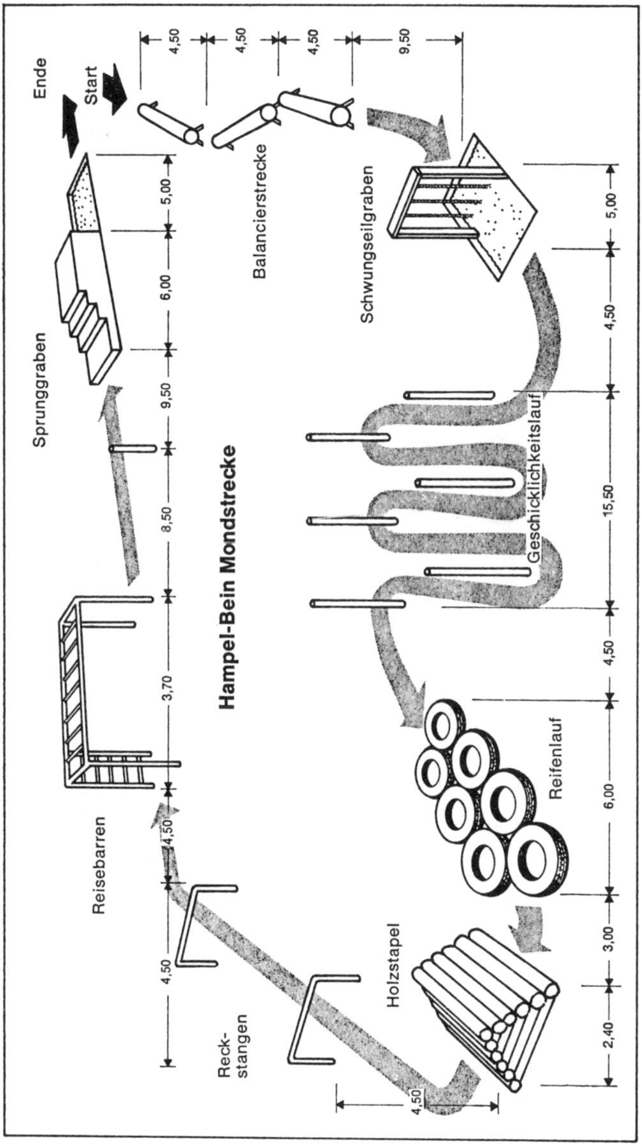
Hampel-Bein Mondstrecke
Ende
Start
Balancierstrecke
Schwungseilgraben
Geschicklichkeitslauf
Reifenlauf
Holzstapel
Reck-
stangen
Reisebarren
Sprunggraben
4,50
4,50
4,50
9,50
5,00
4,50
15,50
4,50
6,00
3,00
2,40
4,50
4,50
4,50
3,70
8,50
9,50
6,00
5,00

Skizze 13

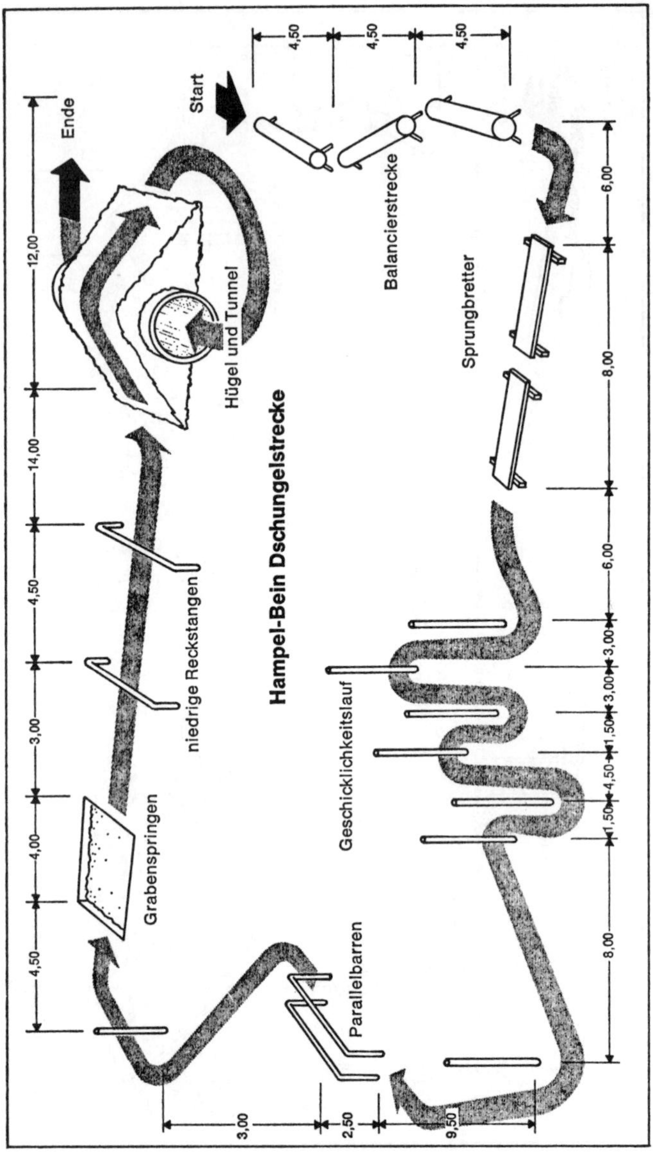
Hampel-Bein Dschungelstrecke
Start
Ende
Balancierstrecke
Sprungbretter
Hügel und Tunnel
niedrige Reckstangen
Grabenspringen
Geschicklichkeitslauf
Parallelbarren

Skizze 14

5. Markierungen

Markierungen auf dem Spielplatz sind eine große Hilfe beim Organisieren von Spielen, beim Behandeln bestimmter Unterrichtsstoffe, zum Entwickeln räumlicher Fähigkeiten und, um die Bezeichnung von einfachen geometrischen Figuren klarzumachen (siehe Kapitel 6 und 8). Die Markierungen sollten deutlich mit Kreide oder Farbe auf den Spielplatz gemalt werden, bevorzugt auf dem asphaltierten Bereich. Wenn es aus Raummangel nötig ist, daß sich Markierungen überschneiden (siehe Zeichnung S. 163), können die sich überschneidenden Markierungen verschiedene Farben haben. Holzpflöcke, Stökke oder Seile können ebenso als Markierungen anstelle von Kreide oder Farbe benutzt werden. Sie haben den eindeutigen Vorteil, daß sie leicht wieder entfernt werden können.

6. Innenraum

Für eine Klasse von 30 Kindern sollte der Mindestraum einer Turnhalle 220 m^2 betragen. Ein kleinerer Raum läßt in der Klasse keine Gruppenaufteilung zu, um verschiedene Übungen gleichzeitig zu machen oder sich mit kreativer Bewegung zu befassen.

Im wesentlichen kann dieselbe Ausstattung, die auf dem Spielplatz benutzt wird, auch in der Turnhalle gebraucht werden. Seile und Ringe, die im Freien an speziellen Geräten befestigt werden müssen, können von der Decke herunterhängen, wenn der Raum als Turnsaal gebaut ist.

Im Idealfall sollte es einen abgetrennten Raum zur Bewegungserziehung bei kleineren Kindern geben. Wir haben am Frostig Center einen Raum von 12 x 9,50 m Größe, der für die Bewegungserziehung von 8 – 10 Kindern genommen wird. Der Raum enthält keine Geräte und ist mit einem sonnigen Gelb ausgelegt. Wir glauben, daß der Teppich und die Helligkeit des Raumes dazu beitragen, die Kinder zur Kreativität anzuregen. Geräte werden nur auf dem Spielplatz gebraucht.

7. Kleinere Ausstattung

Selbst wenn nur wenig Gebrauchszubehör vorhanden ist, ist dieser wichtiger als feststehende Geräte. Das meiste dieses Zubehörs kann sowohl draußen als auch drinnen benutzt werden. Im folgenden bringen wir eine Liste des Mindestbedarfs für Kindergartenkinder und Erstkläßler, der zu einem gut ausgewogenen Bewegungserziehungsprogramm nötig ist:

Bälle: 23 cm; empfohlen wird einer für jedes Kind, mindestens einer für zwei Kinder.

Tennisbälle: empfohlen wird einer für drei Kinder.

Bohnensäckchen: empfohlen wird eines für jedes Kind, mindestens eines für zwei Kinder.

Stäbe, Stangen oder Stöcke: 60–75 cm lang und 1,3 cm im Durchmesser; empfohlen wird einer für jedes Kind, mindestens einer für zwei Kinder. Diese werden benutzt, um drüber- oder drunterherzugehen, bei Streckübungen und als zeitweilige Markierungen auf dem Boden.

Reifen: (hölzern – Plastik ist zu zerbrechlich). Empfohlen wird einer für jedes Kind, mindestens einer für zwei Kinder. Reifen läßt man mit den Händen oder einem Stock rollen, klettert oder springt hindurch, nimmt man als Wurfziel für Bälle und Bohnensäckchen. Ferner kann man Kindern mit Hilfe von ihnen beibringen, in kleinen Gruppen zu arbeiten und Bewegungsfolgen zu entwickeln.

Seile: ein 3 m langes; ferner 1,80 m lange Sprungseile, empfohlen wird eines für jedes Kind, mindestens eines für zwei Kinder.

Elastische Seile: (5) Am Frostig Center fanden wir Gummiseile unschätzbar wichtig. Ein Gummiseil ist weniger gefährlich als ein gewöhnliches Seil, weil es elastisch ist und nachgibt, wenn sich der Fuß oder ein anderer Körperteil in ihm verfängt. Wenn man die beiden Enden des Gummiseils miteinander verknüpft, können die Kinder mit ihm leichter lernen, sich in einem Kreis zu bewegen. Sie gewinnen sehr viel an Körper- und Gruppenbewußtsein hinzu, wenn sie verschiedene Bewegungen als ein Team ausführen. (Siehe Kapitel 12 wegen entsprechender Übungen.)

Papp-, Gummi- oder Plastikscheiben: Zehn Stück à 30,5 cm und 40 Stück à 20 cm Durchmesser. Sie werden als Schrittmarkierungen bei Gleichgewichtsübungen gebraucht.

Matten: Eine für zwei Kinder, wenn keine Turnhalle zur Verfügung steht, zwei Matten für Saltoübungen, wenn eine Turnhalle vorhanden ist und die Kinder sich auf dem Boden ausruhen können.

Rohre oder Autoreifen: Drei bis fünf.

Holzklötze: Zehn bis fünfzehn Stück zu 30 x 15 cm.

Zusätzlich sollte der Erzieher folgende Gegenstände besitzen:

Stoppuhr.

Bandmaß.

Plattenspieler und Schallplatten.

Rhythmikinstrumente, bes. ein Tamburin.

Transportable Schreibtafel.

KAPITEL 11

Aufbau der Bewegungserziehung

Obgleich die Hauptziele der Bewegungserziehung gleichbleibend sind, kann man den Akzent des Programms verlagern, um ganz bestimmte Absichten zu erreichen. Am häufigsten wird der Lehrer Wert auf die Bewegungsmerkmale legen (z. B. Gleichgewicht und Geschicklichkeit) oder sich auf die kreative Bewegung konzentrieren. Aber er sollte auch die Umsetzung von sensorischen Erfahrungen in Bewegung (Anordnungen befolgen oder eine Bewegungsfolge nachahmen) und das Körperbewußtsein trainieren lassen. Ferner muß auch den speziellen Bedürfnissen von Gruppen mit Lernschwierigkeiten oder geistig behinderten Kindern begegnet werden.

Der Aufbau jeder Stunde für Bewegungserziehung wird sowohl von all diesen Erwägungen wie auch von den physischen Gegebenheiten, der Reife der Schüler und den Interessen und der Ausbildung des Lehrers beeinflußt. Vor allem aber sollte die Gliederung der Unterrichtsstunde von den Reaktionen der Kinder abhängig gemacht werden.

Eine Flexibilität des Vorgehens ist für die ganze Bewegungserziehung wichtig (und selbstverständlich für alles Unterrichten). Ein guter Lehrer bereitet einen Plan für die Stunde vor, ist aber darauf eingestellt und auch bereit, von ihm abzuweichen. Selbst die Reaktion von einem Kind kann es nötig machen, die Stunde so umzugestalten, daß den augenblicklich feststellbaren Bedürfnissen aller Kinder gedient wird – mehr oder weniger anstrengende Übungen gegeben werden, man mehr oder weniger lehrerorientiert ist oder in einem anderen Tempo weitergeht. Der Lehrer sollte auch immer die Möglichkeit in Betracht ziehen, eine Übung für ein bestimmtes Kind abzuändern oder das Kind sie für sich selbst umwandeln zu lassen.

1. Die Wahl des Lehrstils

Beim Unterrichten von Bewegungserziehung ist der Unterrichtsstil, – das »Wie« – genauso wichtig wie das »Was«. Der Stil des Unterrichts sollte hauptsächlich darauf abzielen, den Kindern mehr Selbstvertrauen zu vermitteln. Sogar kleine Kinder können ein Selbstvertrauen erlernen, und je selbständiger sie sind, um so geringer werden die Disziplinprobleme sein (*Mosston*). Das Ausmaß an Führung durch den Lehrer richtet sich nach der speziellen Aktivität und den Fähigkeiten der Kinder, aber im allgemeinen sollte der Lehrer so wenig Hilfe wie möglich geben, um die Ziele einer Stunde oder einer Aktivität innerhalb einer Unterrichtsstunde zu erreichen.

Kinder müssen lernen, Selbstvertrauen zu entwickeln, wenn sie produktiv sein sollen. Wir erinnern uns an die Arbeit mit Kindern aus der Innenstadt, die sich ungeordnet zusammendrängten, um sich sicherer zu fühlen und keinen Raum für die Bewegung übrig ließen. Erst nachdem wir sie in ihrer Angst beruhigt hatten, wagten sie sich so hinzustellen, daß jeder für seine Bewegung genug Platz hatte, ohne ein anderes Kind zu stören. In einer folgenden Stunde rief eines der Kinder glücklich aus: »Es ist jetzt so leicht für mich, meinen Platz zu finden. Ich erinnere mich genau, wo ich vorher gestanden habe. Dies ist mein Platz!« Die gleichen Kinder waren ebenso außerstande, sich Bewegungsfolgen auszudenken oder irgendeine Bewegungsfolge unabhängig voneinander zu verändern. Obwohl sie schnell neue Bewegungsfolgen und Regeln, die im Detail vom Lehrer demonstriert oder beschrieben worden waren, aufnahmen, waren diese Kinder nicht fähig, für sich selbst zu entscheiden, was sie tun sollten. Sie setzten Unabhängigkeit in bezug auf Urteilsvermögen, Gedanken und Handlung mit Ausgelassenheit gleich.

Man sollte Kindern jedoch bewußt machen, daß Unabhängigkeit nicht gleichzusetzen ist mit einer Einbuße an Ordnung und Selbstkontrolle. Den meisten Kindern wird schon in früher Kindheit bewußt, daß Bewegungskontrolle wichtig ist, wenn sie nicht hinfallen und sich gegenseitig anstoßen wollen, und vielleicht können sie lernen, daß solche Kontrolle für alle ihre Aktivitäten notwendig ist, wie auch zur Aufrechterhaltung von Vergnügen und Spontaneität.

Gehemmten Kindern, wie wir sie oben beschrieben haben, kann man helfen, indem man sie anfangs zu zweit arbeiten läßt. Obwohl paarweises Arbeiten gewöhnlich auf die Einzelarbeit folgt, vermittelt die soziale Wechselwirkung von helfen und geholfen bekommen den Kindern ein Sicherheitsgefühl, so daß sie anfangen, sich unabhängiger zu fühlen. Wir haben beobachtet, daß sogar Vorschulkinder lernen können, als Gruppe in einer geordneten, selbständigen Weise zu arbeiten, sowohl auf dem Spielplatz wie auch im Klassenzimmer. Kreative Bewegung ist ein ausgezeichnetes Mittel, um die Selbständigkeit zu fördern. Sie gibt den Kindern die Sicherheit, die sich aus der Erfahrung der engen Bindung zur Gruppe und anderen Personen herleitet, und sie läßt erkennen, daß Freude ihren Ursprung in selbständigem Probieren haben kann (Kapitel 5).

2. Wettbewerb

Bei der Bewegungserziehung sollte es unter den einzelnen und den Gruppen nur wenig Konkurrenz geben, besonders bei kleinen Kindern. Selbst später sollte das gegenseitige Konkurrieren nur beim Sport gelten. Jedes Kind muß lernen, sich sowohl auf seine eigene Tätigkeit als auch auf die Zusammenarbeit mit anderen Kindern zu konzentrieren. Im allgemeinen sollte ein Kind nur beim Versuch, seine eigenen Leistungen zu verbessern, mit sich selbst weitteifern.

3. Anreiz zur schöpferischen Bewegung

In Kapitel 5 haben wir beschrieben, wie ein Lehrer ein kleines Mädchen ermuntert, sich einen Tanz auszudenken, bei dem es seine Puppe hin- und herwiegen durfte, weil es nicht wie die anderen Kinder einen Schal loslassen konnte. Der Tanz des kleinen Mädchens regte die anderen Kinder zu verschiedenen Bewegungsfolgen an, bei denen sie zeigten, wie man Gegenstände trägt und wie man sich um Kinder und Tiere kümmert. Der Lehrer bestärkte die Kinder darin, sich Bewegungsfolgen auszudenken, die dazu anregen konnten, z. B. einen Krug mit Wasser zu tragen, ohne ihn zu verschütten, Blumen zu pflücken und sie später jemandem zum Geburtstag zu schenken oder einen jungen Vogel heil zu seinem Nest zu bringen. Dann erzählte der Lehrer, selbst wieder durch die Kinder inspiriert, eine Geschichte. Er erklärte den Kindern, daß sie aufmerksam zuhören sollten, um später die Geschichte selbst darstellen zu können.

»An einem bestimmten Ort in Brasilien leben und spielen Delphine in einem Fluß, der in einen breiten Strom mündet. In einem Jahr fiel nur ganz wenig Regen, und der Fluß hatte nicht mehr genug Wasser, um in den breiten Strom fließen zu können. Die Delphine waren in dem Fluß gefangen. Zwar konnten sie noch an den tiefen Stellen des Flusses spielen, aber sie konnten nicht mehr zu dem breiten Strom zurückschwimmen. Entweder mußten sie sich an der Selle des Flusses, wo das meiste Wasser war, zusammendrängen oder sie würden sterben. Sie brauchten tieferes Wasser.

Eine Gruppe von Entdeckungsreisenden bemerkte die Delphine und beschloß, ihnen zu helfen. Sie spannte ein Netz über den Fluß, schrie laut und schlug mit ihren Stangen auf das Wasser. Die durch den Lärm verschreckten Delphine schwammen in das Netz hinein. Dann zerrten die Wissenschaftler das Netz ans Ufer. Drinnen waren vier Delphine.

Die Wissenschaftler banden jeden der Delphine auf ein Brett und trugen sie alle zu dem nahe gelegenen großen Strom. Da ließen sie die Delphine frei. Die Delphine schwammen und spielten und waren glücklich, wieder im tiefen Wasser zu sein.

Als der Lehrer geendet hatte, half er den Kindern, eine Bewegungsfolge, die auf der Geschichte beruhte, zu entwickeln. Hierbei machten die Kinder das »Delphinschwimmen« nach, überschlugen und rollten sich, hüpften und sprangen in die Höhe. Dann wechselten sie von den freien Bewegungen zu eingeschränkten Bewegungen über, um das vorsichtige Tragen der Delphine zu demonstrieren. Schließlich kehrten sie wieder zu ganz freien Bewegungen zurück, womit sie die Freude der Delphine über ihre Rettung andeuten wollten.

Diese Geschichte veranschaulicht, wie Gedanken und Gefühle zur Entwicklung von Bewegungsfolgen eingesetzt werden können. Sie zeigt auch das beziehungsfördernde Wechselspiel, das sich zwischen Lehrer und Kindern entwickeln kann, wenn der Lehrer flexibel ist. Ein Teil der Unterrichtsstunde kann ganz einfach aus der Rückwirkung auf die Reaktionen der Kinder erwachsen.

Einfälle, die viel einfacher als die Delphingeschichte sind, können angewandt werden, besonders bei sehr kleinen Kindern. Man kann z. B. zu ihnen sagen, sie sollten so gehen, als ob sie ein schweres Paket tragen würden; oder man läßt sie sich vorstellen, daß sie einen neuen Ball bekommen hätten, und nun sollen sie zeigen, wie sie ihn werfen, auffangen, ihn prellen und mit ihm herumtanzen.

4. Anwendung von Musik

Ein anderer wichtiger Impuls und Begleiter der Bewegung ist die Musik. Ob nun die Musik melodisch oder rhythmisch ist, Kinder wollen sich nach ihr bewegen. Um sich Melodien zu beschaffen, können entweder ein Klavier oder Schallplatten benutzt werden. Es gibt eine große Auswahl an Schallplatten, speziell für Kinder, und der Lehrer sollte die Musik auswählen, die für die Klasse am besten geeignet ist.

Ein Schlaginstrument, wie z. B. ein Tamburin, Gong, eine Zimbel oder Glocke, kann dazu verwandt werden, den Rhythmus und die Tonqualität zu bestimmen (schwer-leicht).

Bei fortgeschritteneren Klassen kann man ein Schlaginstrument benutzen, um auf folgende Weise mehr Bewegungsanreiz zu geben. Die Kinder gehen im Kreis herum, während der Lehrer mit einem Tamburin oder einem anderen Instrument einen unveränderlichen, gleichmäßigen Takt angibt. Wenn ein Kind diese ziemlich irritierende Monotonie durchbrechen will, geht es in die Kreismitte und führt eine selbsterdachte Bewegungsfolge aus. Sobald sich das Kind in die Mitte des Kreises begibt, hört der Lehrer mit dem Taktschlagen auf, und die anderen Kinder bleiben stehen, um zuzusehen. Wenn die ganze Folge beendet ist, nimmt der Lehrer wieder den Takt auf, und die Kinder gehen weiter im Kreis herum, bis das nächste Kind die freie Fläche betritt und eine Bewegungsfolge vorführen will.

Bewegung kann das Schlaginstrument bestimmen, wie auch umgekehrt, wenn ein Kind durch seine Bewegungen einen Rhythmus festlegt. Ein anderes Kind oder der Lehrer greift mit dem Instrument den Rhythmus auf. Die übrigen Kinder bewegen sich nach diesem Rhythmus. Ein solches Vorgehen hilft den Kindern, sich den Rhythmus und die Bewegung der anderen ebenso bewußt zu machen wie ihren eigenen.

Es muß daran erinnert werden, daß Musik sparsam angewandt werden soll, denn andernfalls wird den Kindern die Gelegenheit genommen, ihren eigenen Rhythmus zu entwickeln und ihm zu folgen.

5. Das Programm beginnen

Der Lehrer sollte bei einer Klasse, die vorher dieses Programm noch nicht gehabt hat – gleichgültig, ob es Vorschulkinder oder Drittkläßler sind – mit zwanglosen Einführungsstunden beginnen. Diese Einführungsstunden sollten so aufgebaut sein, daß sie Informationen über die Reaktionen der Kinder auf die verschiedenen Aspekte der Bewegungserziehung geben. Der Lehrer kann den Unterricht für seine Klasse nicht durchplanen, ohne zu wissen, auf welchen Gebieten die Kinder besondere Hilfe brauchen.

Es folgen die Punkte, auf die der Lehrer während der Einführungsstunden besonders achten sollte:

1. Technisches: Sind die Kinder in der Lage, sich in geordneter

Weise zu dem Ort zu begeben, der für die Bewegungserziehung vorgesehen ist (Spielplatz, Turnhalle, Aufenthaltsraum)? Sind sie fähig, bei Bedarf notwendiges Material, wie Bälle oder Reifen zu holen? Können sie irgendwelchen erforderlichen Kleiderwechsel vornehmen, wie Schuhe, Strümpfe oder Kleidung für draußen an- oder ausziehen? Können sie sich z. B. in einer Reihe aufstellen oder einen Kreis bilden?

2. Fertigkeiten der Fortbewegung: Können sie laufen, galoppspringen, hüpfen?

3. Körperhaltung: Können die Kinder auf Verlangen einfache Haltungen einnehmen, wie Kriechen oder Sitzen mit übereinandergeschlagenen Beinen?

4. Wortschatz: Verstehen die Kinder einfache Formulierungen? Ein Kind könnte z. B. fähig sein, eine Bewegung wie das Galopphüpfen auszuführen, wenn es andere beobachten kann, aber nicht von sich aus diese Bewegung beginnen, weil es das Wort *Galopp* noch nie gehört hat.

5. Verhältniswörter und Vergleichsbezeichnungen wie: *in, neben, schneller, breiter* können für einige Kinder verwirrend sein. Ebenso kennen einige Kinder u. U. nicht die Namen von Körperteilen wie *Knie, Ellbogen, Schultern.* (Siehe Kapitel 6.)

6. Verständnis von Anweisungen: Können die Kinder auf Ersuchen einfache Aufträge ausführen wie »Geh zur Tür« oder »Klatsch in die Hände«? (Siehe auch Kapitel 6.)

7. Gedächtnis: Wie gut kann sich ein Kind an eine Bewegung oder Bewegungsfolge erinnern, die vorher schon einmal geübt worden ist? Erinnert sich ein Kind an seinen Ausgangspunkt im Raum, nachdem es sich von ihm entfernt hat? Kann es sich eine Reihe von Anordnungen merken? (Siehe auch Kapitel 6.)

8. Raumausnutzung: Jedes Kind muß den Raum erforschen, den es mit den anderen teilt – den gemeinsamen Raum und den Raum, den es braucht, wenn es sich auf der Stelle bewegt – den persönlichen Raum. Wie geübt sind die Kinder, einen Teil ihres Körpers zu bestimmten Raumformen in Beziehung zu bringen? Reagiert z. B. ein Kind in korrekter Weise auf: »Streck deine Hand in das Dreieck! Steck deinen Kopf und die Schultern in den Reifen«?

9. Gebrauch von Turngeräten: Kennen die Kinder wenigstens eine Anwendungsform für jedes Gerät? Sind ihnen die Namen geläufig? Kennen sie für jedes die Sicherheitsvorschriften (wenn nötig)? Reagiert ein Kind besonders auffällig auf ein Turngerät (entweder sehr negativ oder sehr positiv)?

10. Individuelle Reaktionsformen: Sind bestimmte Kinder hyperaktiv? Hypoaktiv? Reagieren einige Kinder sehr stark auf den Lehrer? Auf andere Kinder? Reagieren einige Kinder positiv oder negativ auf Musik (eine wichtige Überlegung bei Kindern mit Lernstörungen)?

11. Wechselbeziehung zwischen den Kindern: Können die Kinder den gemeinsamen Raum ohne Gefährdung anderer Kinder benutzen? Kann ein Kind auf Verlangen seinen Körper in Beziehung zu dem eines anderen bringen, wie bei »Stell dich vor deinen Partner« oder »Stell dich hinter ihn«?

Die für diese Einführungsstunden ausgewählten Aktivitäten sollten einfach sein. Während der Lehrer sie aufmerksam beobachtet, dürfen die Kinder laufen, hüpfen, zur Musik klatschen, die Hände eines Partners fassen, über einen Stock steigen, ein Bohnensäckchen werfen und fangen und die Spielplatzgeräte benutzen.

Der Lehrer braucht nicht zu befürchten, daß Kinder, die einige oder die meisten Bewegungsformen beherrschen, sich bei den einfachen Aktivitäten langweilen. Kinder, die im Alter von drei Jahren gerne hüpfen, hüpfen auch noch gerne, wenn sie zehn Jahre alt sind – ja selbst bis ins Erwachsenenalter hinein!

Die zwanglose Einführungsphase wird in ihrer zeitlichen Dauer bei den verschiedenen Gruppen von Kindern erheblich variieren, selbst bei verschiedenen Klassen derselben Klassenstufe innerhalb der gleichen öffentlichen Schule. Für einige Gruppen wird sie eine Stunde dauern, für andere ein paar Wochen, und Monate für einige hirngeschädigte Kinder. Selbst für die letzte Gruppe können die Unterschiede beträchtlich sein.

Die Entscheidung, ob der Lehrer zu schwierigeren Aktivitäten übergehen soll, hängt nicht nur von dem Bewegungskönnen der Kinder ab, sondern davon, wie gut die Schüler miteinander zusammenarbeiten und wie sie sich gegenüber den Elementen der kreativen Bewegung dieses Programms verhalten.

6. Übungen und »Programmieren«

Es ist nicht möglich, Bewegungserziehung auf die Minute und mit größter Exaktheit zu »programmieren«. Im Gegensatz zum Unterrichten von wissenschaftlichen Fächern kann beim Unterrichten von musischen Fächern nicht in gradliniger Form weitergegangen werden.

Die künstlerischen Fächer stellen mehr eine umfassende Klärung von zeitlich-räumlichen Dingen als eine hierarchische Aufeinanderfolge von Fertigkeiten dar.

Dieses Programm ist nicht dazu bestimmt, nur gewisse Fertigkeiten zu vermitteln, wenngleich dies ein sehr wichtiger Bestandteil von ihm ist. Es beabsichtigt, Kindern zu helfen, sich durch Bewegung auszudrücken, sich über sich selbst und andere bewußt zu werden, sich der Gefühle gewahr zu werden und darüber, wie sie durch Bewegung mobilisiert werden können. Jede Bewegungsfolge beansprucht unterschiedliche Bewegungsmerkmale, welche die Kinder in verschiedenem Ausmaß beherrschen. So mag ein Kind in einem bestimmten Gebiet oder einem Teil von ihm schon fortgeschritten sein, während ein anderes Kind im selben Bereich noch zurück ist. Deshalb muß bei den Kindern die gleiche Übung in verschiedenen Variationen geübt werden.

Da Übungen, die Ausdauer, Wettspiele und akrobatische Kunststücke enthalten, mehr für Kinder über das Niveau der dritten oder vierten Klasse hinaus, geeignet sind, sind sie in diesem Programm nur wenig berücksichtigt worden. Unter diesem Niveau ist ein schrittweises Programmieren möglich und notwendig, wenn der Hauptakzent auf bestimmten Bewegungsmerkmalen liegt: es ist z. B. für ein Kind möglich, durch Training an Flexibilität zu gewinnen. Aber auch hier wiederum können die Fähigkeiten der Kinder innerhalb einer Klasse so stark differieren, daß es unmöglich ist, für die Klasse als Ganzes einen Standard festzusetzen. Die Zunahme der körperlichen Fertigkeiten der Kinder wird nicht von der gesamten Wachstumsrate bestimmt. Das chronologische Alter legt nicht in sich selbst die körperliche Fertigkeit oder die Fähigkeit fest, sich durch Bewegung auszudrücken.

Bei den Übungen handelt es sich nicht um ein strenges Weiterentwickeln von der einfachsten zur schwierigsten Übung. Einige Übungen, die am Ende oder fast am Ende eines Abschnittes stehen, sind u. U. einfacher als solche, die schon früher gebracht wurden. Die Koordinationsübungen 16 bis 19 befassen sich z. B. mit Werfen und Fangen von Bohnensäckchen, aber sie sind einfacher als einige Koordinationsübungen mit niedrigeren Nummern. Dies kommt daher, weil die Geräteübungen möglichst an das Ende jedes Abschnittes gesetzt worden sind. Das Fangen von Bohnensäckchen (und Bällen) sollte den Kindern schon früh in diesem Programm nahegebracht werden, wie auch andere einfache Übungen an Geräten.

Die Variationen innerhalb einer Übung steigern sich in den meisten Fällen für fast alle Kinder von den einfachsten zu den schwierigsten. Ausnahmen bestehen dann, wenn eine einfache Übung zwischengeschaltet werden muß, um fließend zu einer komplexeren Variation überzugehen.

7. Richtlinien zur Unterrichtsplanung

Obwohl man sich bei der Planung einer Unterrichtsstunde für Bewegungserziehung Flexibilität bewahren soll, sollten die Stunden sorgfältig vorbereitet werden und die Unterrichtsprinzipien gleichbleibend sein. Das Folgende sind wesentliche Hinweise, die den Lehrer befähigen sollen, nützliche Stundenpläne zu entwerfen, die auf den Richtlinien des Programms basieren.

1. Der Lehrer wird daran erinnert, daß die Kinder an jedem Schultag eine gewisse Form von Bewegungserziehung haben sollen.

2. Es müssen die praktischen Voraussetzungen der Bewegungserziehung beigebracht werden – z. B. wo man sich anstellen oder wo man während der Übungen auf der Stelle stehen soll, wie man sich Turngeräte holt und zurückbringt.

3. Wenn einige Kinder die grundlegenden Formen der Fortbewegung wie hüpfen, hopsen, springen und laufen nicht kennen, muß man sie ihnen zeigen und viele Übungsmöglichkeiten geben.

4. Jede Stunde sollte mit einer Aufwärmübung beginnen – einer, die kräftige Bewegung erfordert, um sicher zu sein, daß die Kinder sowohl geistig aufnahmefähig, wie körperlich für die Stunde vorbereitet sind.

5. Die Aktivitäten sollten in jeder Stunde so verteilt sein, daß eine relativ lebhafte Aktivität von einer entspannenden abgelöst wird.

6. Der Lehrer sollte nicht einen Aspekt des Programmes auf Kosten eines anderen zu sehr betonen, wie z. B. die kreative Bewegung unter Verzicht auf die Arbeit an den Bewegungsmerkmalen.

7. In jeder Stunde sollten zwei oder drei neue Übungen hinzugefügt werden und schon vorher behandelte Übungen nochmals besprochen oder wiederholt werden.

8. Der Lehrer sollte nicht versuchen, die Kinder während einer Stunde alle Variationen einer Übung ausführen zu lassen. Viele der Übungsabwandlungen sind ziemlich schwierig, und sehr kleine Kin-

der oder Kinder mit Lernschwierigkeiten dürften zu ihrer Durchführung nicht in der Lage sein.

9. Übungen auf der Stelle und Übungen zur Fortbewegung sollten in jeder Stunde enthalten sein.

10. Bei Auf-der-Stelle-Übungen sowie Übungen der Fortbewegung sollten die Körperstellungen variiert werden (z. B. auf dem Boden liegend, hockend, stehend).

11. Lange dauernde Übungen wie solche zum Erlernen von Bewegungsfolgen, zum Erkennen von Formen oder Befolgen von schriftlichen Anordnungen müssen nicht in jeder Stunde enthalten sein. Sie sollten nur angewandt werden, wenn es wünschenswert erscheint, solche spezifischen Lerninhalte mit dem Lehrplan für ein bestimmtes Kind, eine Gruppe oder Klasse zu integrieren.

12. Beim Vorbereiten einer Unterrichtsstunde sollte der Lehrer beachten, daß viele Übungen mehr als ein Bewegungsmerkmal trainieren. Wenn sich die Kinder z. B. besonders mit Geschicklichkeit befassen sollen, wäre es falsch, nur im Abschnitt über Geschicklichkeit von Kapitel 12 nach passenden Übungen zu suchen.

13. Die Übungen sollten verschiedene Bewegungsmerkmale umfassen. Die auf den Seiten 199–202 besprochenen Übungsgruppen enthalten beispielsweise Seilspringen, wobei die Beinmuskulatur gekräftigt wird und Geschicklichkeit, Koordination und Gleichgewicht entwickelt werden; das Durchqueren eines Raumes in verschiedenen Bewegungsmustern zur Förderung von Geschicklichkeit und Koordination und das Werfen von Bohnensäckchen, das sowohl die Koordination des ganzen Körpers wie von Auge–Hand entwickelt. In den darauffolgenden Stunden sollte der Lehrer Übungen für andere Bewegungsmerkmale hinzufügen, z. B. beim Vorwärtsbeugen mit gestreckten Beinen versuchen, den Boden zu berühren, was die Flexibilität steigert. Ferner ist es vorteilhaft, eine Übung einzubeziehen, die eine andere Körperhaltung erfordert, wie das Hinsetzen oder -legen. Ebenso kann auf Tempo Wert gelegt werden.

14. Bei allen Kindern, aber besonders bei den körperlich behinderten, muß der Lehrer sofort merken, wenn ein Kind Hilfe braucht. Diese Unterstützung kann unterschiedliche Formen annehmen, sei es dadurch, daß der Lehrer einen Körperteil festhält (siehe z. B. S. 54 und 55), ein Kind die Übung besser im Stehen machen läßt oder durch andere aktive Hilfe. Manchmal ist ein Kind erst in der Lage, eine Bewegung richtig auszuführen, nachdem der entsprechende Körperteil vorsichtig berührt worden ist (z. B. das Knie, wenn das Kind

seine Knie anheben soll). Manchmal muß noch aktivere Hilfe gegeben werden, und der Lehrer muß u. U. die Übung mit dem Kind gemeinsam machen oder seinen Körper stützen.

15. Jedes Kind sollte allein, mit einem Partner und in einer Gruppe üben. Übungen, bei denen die Kinder ihre Bewegungen koordinieren oder sich gegenseitig Hilfestellung leisten, haben einen therapeutischen Effekt, indem sich das Kind sicherer und stärker anerkannt fühlt und dadurch fähiger ist, sich selbst zu kontrollieren und sich anderen anzupassen. Daher sollten solche Übungen so früh wie möglich in das Programm einbezogen werden (obwohl sie am Anfang zu schwierig erscheinen mögen, besonders für behinderte Kinder). Sobald die Kinder mehr Fertigkeiten entwickelt haben, sollte mehr Partner- und Gruppenarbeit gemacht werden. Etwas davon sollte Bestandteil jeder Stunde für Bewegungserziehung sein.

16. In gewissem Umfang kann auch in jeder Stunde mit Musik und Geräten gearbeitet werden, aber ein großer Teil der Stunde sollte ohne eines von beiden bestritten werden, damit sich die Kinder auf ihren eigenen Körper und Rhythmus konzentrieren können.

17. Der Lehrer sollte sich immerfort bewußt sein, daß eine Verbesserung vieler Fähigkeiten – wie Gedächtnis, Konzentration, assoziative Fähigkeiten – durch Bewegung erfolgen kann.

18. Die Unterrichtsstunden sollten Freude machen. Die Kinder sollten nach jeder Stunde das Gefühl haben, daß es schön war und daß sie es gut gemacht haben.

KAPITEL 12

Die Entwicklung von Bewegungsfertigkeiten

Obwohl die Übungen in diesem Kapitel jeweils einem bestimmten Bewegungsmerkmal zugeordnet sind, wird bei keiner Übung ausschließlich ein einziges Merkmal trainiert, ja bei vielen Übungen liegt die Betonung auf mehreren zugleich. Darüber hinaus können gewisse fundamentale Formen der Fortbewegung, wie Galoppspringen, Hopsen, Hüpfen, Hochspringen, sich Drehen, Springen, Rollen, Kriechen, Rennen, Auf-allen-vieren-Laufen, In-geduckter-Haltung-Gehen, oder einer Kombination von allen so arrangiert werden, daß sie jedes Bewegungsmerkmal miteinbeziehen.

Eine Änderung der Anweisungen kann den Akzent einer Übung von einem Bewegungsmerkmal auf ein anderes verlagern. Ist die Grundbewegung z. B. Laufen und läßt der Lehrer die Kinder nur einmal so schnell es geht vor- und zurücklaufen, so liegt die Betonung der Übung auf Geschwindigkeit. Und wenn er, sobald die Kinder loslaufen, hinzufügt: »Wenn ich ›halt!‹ sage, müßt ihr sofort anhalten und ganz still stehen«, wechselt er den Akzent und verlagert ihn jetzt auf Gleichgewicht und Koordination. Wenn sich nun Hindernisse auf der Laufstrecke befinden, die einen häufigen Richtungswechsel nötig machen, liegt das Hauptgewicht auf Behendigkeit und Körperbewußtsein.

Auf was bei einer Bewegung Wert gelegt werden soll, hängt also von der Form oder Kombination ab, in der eine Übung angeboten wird. Der Lehrer sollte sich bewußt sein, daß sich durch geringe Änderung der Anordnungen der Übungseffekt für die Kinder völlig verändern kann.

Außerdem gibt es viele Übungen, wie die zur Kräftigung bestimmter Muskelgruppen und zur Entwicklung des statischen Gleichgewichts, der Flexibilität, der feinen Muskelkoordination und des Körperbewußtseins, die keine Fortbewegung nötig machen, sondern lediglich einen Wechsel der Körperhaltung oder der Bewegung spezifischer Körperteile. Solche Übungen dienen nur einem einzigen Bewegungsmerkmal. Man sollte sie lediglich mit einem bestimmten Ziel ausüben lassen.

Wenn es möglich ist, Übungen abzuwandeln, ist es wichtig, die Gelegenheit zur Förderung der kindlichen Phantasie wahrzunehmen. Der Lehrer sollte die Kinder nach ihren eigenen Vorschlägen fragen und sie diese ausprobieren lassen. Das gibt den Kindern ein viel größeres Gefühl der aktiven Teilnahme und fördert nebenbei die Kreativität und den sprachlichen Ausdruck. Viele der Geschicklichkeitsübungen können in einer Vielzahl von Körperstellungen ausgeführt werden, welche die Kinder vorschlagen dürfen. Es kann z. B. bei der Geschicklichkeitsübung Nr. 3 (Schätze von Übersee) ein Kind das Bohnensäckchen beim Krabbeln auf dem Rücken tragen, beim Gehen auf dem Kopf, auf seinem Schoß beim Vorwärtsrutschen auf dem Boden und in vielen anderen Körperstellungen.

Für viele der Übungen werden Variationsmöglichkeiten empfohlen (z. B. bei den Übungen zum Hüpfen im Wechselschritt), und diese Abwandlungen werden gewöhnlich mit zunehmendem Schwierigkeitsgrad gebracht. Es sollte als eine Regel gelten, daß während einer Unterrichtsstunde nicht mehr als zwei Variationen versucht werden, es sei denn, die Kinder erfinden ihre eigenen Abänderungen.

Wenn kein großer Raum für die Bewegungserziehung zur Verfügung steht, wird eine andere Anwendungsform gefunden werden müssen. Die meisten der Übungen können im Klassenzimmer ausgeübt werden, vorausgesetzt, daß der Raum sinnvoll genutzt wird und die Übungen mit weit ausholenden Bewegungen ihm angepaßt werden. Einige der Übungen können z. B. ausgeführt werden, indem die Kinder anstatt auf dem Fußboden an oder auf ihren Schultischen sitzen. Und einige Gruppenspiele kann man machen, indem die Klasse in Gruppen aufgeteilt wird, die verschiedene Betätigungen zur gleichen Zeit ausüben – einige Kinder an ihren Tischen oder in den Gängen, während andere den größeren Raum an der Vorderseite des Zimmers benutzen.

Die Unterrichtsanleitungen geben selten eine Empfehlung für die Dauer oder die Wiederholungsanzahl der Übungen. Diese hängen von dem Alter, dem Durchhaltevermögen und den Fähigkeiten der Kinder einer Klasse ab. Die Zeitdauer muß daher vom Lehrer selbst bestimmt werden. Dieser soll bedenken, daß, obwohl jede Übung ihren Zweck erfüllen soll, man es besser nicht riskiert, die Kinder zu überanstrengen oder sie die Lust verlieren zu lassen. Es ist gewöhnlich besser, dieselbe Übung mehrere Male und jedesmal nur für eine relativ kurze Zeitdauer zu geben, als sie ein- oder zweimal und dann für längere Zeit ausführen zu lassen.

Die Übungen sollten als Beispiele betrachtet werden, von denen ausgehend der Lehrer sich selbst neue Übungen ausdenken kann, ob-

Abbildung 1: Dieser Junge ist stolz, daß er in der Luft über den Stab springen kann, während er ihn mit beiden Händen festhält.

Abbildung 2: Fünfjährige lernen, sich durch am Boden sitzende Kinder hindurchzuschlängeln, ohne aneinander zu stoßen.

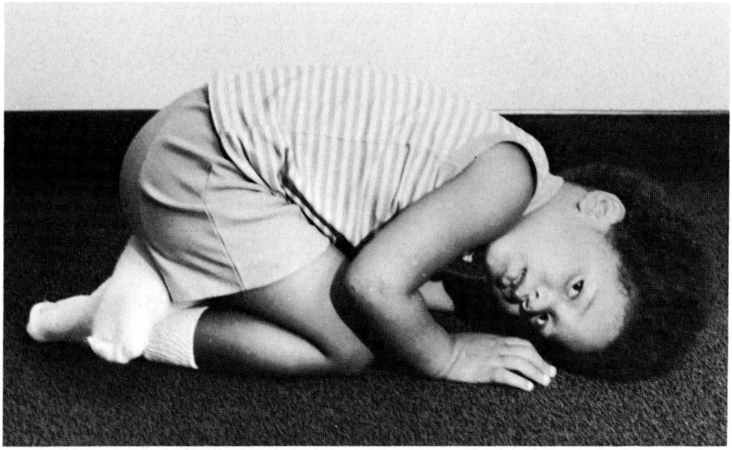

Abbildung 3: Dies Kind ist »rund wie ein Ball«. Es lernt im Rahmen der schöpferischen Bewegung, seine Form zu verändern.

Abbildung 4: Diese Kinder freuen sich beim paarweisen Tanzen und Springen. Dabei lernen sie gemeinsames Üben sowie Koordination und Rhythmus.

Abbildung 5: Bei der kreativen Bewegung lernen die Kinder, wie man seinen Körper breit und groß macht.

Abbildung 6: Beim Gehen auf einer Schnur lernen die Kinder Bodenfiguren abzuschreiten.

Abbildung 7: Auf Scheiben auf allen vieren gehen, erfordert vollkommene Beherrschung der Balance.

Abbildung 8: Dieser 3,65 m hohe Turm ist ein auf Spielplätzen weit verbreitetes Gerät.

Abbildung 9: Dieses kleine Mädchen auf der Zahlenreihe lernt, daß 8 + 2 = 10 ist. Der Junge schreibt es auf.

Abbildung 10: Bei Spielen mit der Zahlenreihe ist es wichtig, daß man ein Kind Aufgabe und Antwort niederschreiben läßt.

Abbildung 11: Der Kopfstand macht viel Spaß!

Abbildung 12: Sobald Kinder gelernt haben, paarweise zusammen zu arbeiten, werden sie mühelos koordiniert von einem Sprungbrett zum andern springen.

Abbildung 13: Werfen und Fangen von Bohnensäckchen ist einer der ersten Schritte zum Erlernen der Augen-Hand-Koordination.

Abbildung 14: Im Kreis mit einem elastischen Seil laufen, ist eine Kunst.

Abbildung 15: Trampolinbretter regen die Kinder zu einer endlosen Zahl von Springmöglichkeiten und Bewegungsmustern an.

Abbildung 16: Dieses Kind braucht Hilfestellung, wenn es beim Schulterstand seine Beine strecken soll. Die Übung führt zur Kräftigung der Rumpfmuskulatur.

Abbildung 17: Anfänger auf der mittleren Stange des Barrens.

Abbildung 18: Diese Jungen üben sich in dynamischem Gleichgewicht, wenn sie mit ausgestreckten Armen diese Strecke auf dem Schwebebalken entlangbalancieren.

Abbildung 19: Gummi- oder Plastikscheiben können bei vielen Übungsarten benutzt werden. Hier lernen die Kinder, auf einem Fuß zu balancieren.

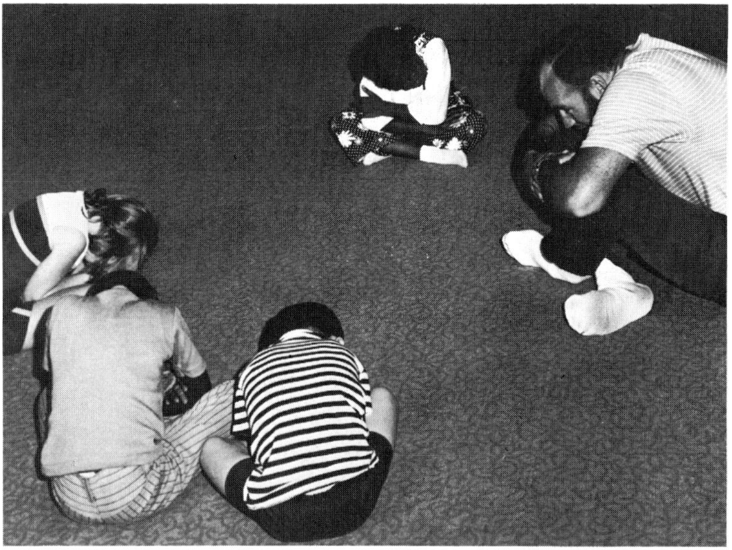

Abbildung 20: Bei der kreativen Bewegung lernen die Kinder, ihrem Körper verschiedene Formen zu geben, – hier die Form eines Balles.

Abbildung 21: Dieses Mädchen nutzt den Raum auf andere Weise – als Balletttänzerin.

Abbildung 22: Diese Kinder wollen gerade mit dem Reifen auf dem Boden üben.

Abbildung 23/24: Zunächst setzen die Kinder einen Fuß in den Reifen, während sie sich an den Händen festhalten. Dann lernen sie, einen Fuß und eine Hand in den Reifen zu bringen. (Siehe Bild nächste Seite).

Abbildung 25: Die Aufgabe, wie sie den Kopf in den Reifen hineinbringen, lernen die Kinder zuletzt.

wohl es für den unerfahrenen Lehrer nötig sein wird, sich strikte an die Anweisungen zu halten. Der erfahrene Lehrer mag indessen viele andere und ähnliche Übungen erfinden und den Kindern behilflich sein, darüber hinaus noch weitere zu entwickeln.

Zum Schluß noch einen Vorschlag zu den Übungen, bei denen die Kinder Gangarten von Tieren nachahmen sollen: Bevor zum erstenmal solch eine Übung gemacht wird, sollte man den Kindern mindestens Bilder von dem Tier zeigen, und wenn möglich, Filme oder Filmstreifen, bei denen das Tier in Bewegung gesehen werden kann. Von größtem Wert ist ein Ausflug in den Zoo mit der gezielten Absicht, die verschiedenen Tierbewegungen zu studieren.

1. Koordination und Rhythmus

Beides, Koordination und Rhythmus, sind charakteristische Merkmale jeder Bewegung. Rhythmus ist von der Koordination abhängig und folglich ist er beim Koordinationstraining ein wesentlicher Bestandteil.

Grundbewegungen, die Koordination und Rhythmus erfordern, wie Hüpfen im Wechselschritt, Galopphüpfen und einfache Volkstanzschritte sollten häufig, mit und ohne Musik, geübt werden.

Die Übungen sollten paarweise und in kleinen Gruppen, aber auch einzeln, geübt werden. Die Kinder sollten sich, wenn sie z. B. im Wechselschritt hüpfen, entweder in der üblichen Art an den Händen halten oder indem sie vorn die Arme kreuzen. Seitwärtsschritte können gemacht werden, indem sich die Kinder Hand in Hand oder Rücken an Rücken gegenüberstehen.

Das Üben von Rhythmus macht eine bewußte und genaue Übereinstimmung der Bewegungen nötig, entweder durch einen von innen kommenden, natürlichen und individuellen oder einen durch Musik gegebenen Rhythmus.

Rhythmusübungen, bei denen jedes Kind seinem eigenen inneren Rhythmus folgt, sind wesentlich für die Entwicklung des Körperbewußtseins (sie sind in Kapitel 4 besprochen worden).

Wenn die Übungen nach Musik ausgeführt werden, wird der Rhythmus von außen auferlegt. Man muß indessen darauf achten, die Musik nicht so ausgiebig anzuwenden, daß sie die Entwicklung eines inneren Rhythmus verhindert. Dennoch verhilft ein gewisses Training mit Musik dazu, den inneren Rhythmus und die Koordination der Kinder zur Entfaltung zu bringen, und schafft so eine der fröhlichsten Betätigungen.

KOORDINATION – 1 (Kreuzen der Mittellinie)

Muscheln sammeln

1. Die Kinder gehen vorwärts, indem sie bei jedem Schritt eine Kniebeuge machen (halbe Hockstellung). Sie heben mit der Hand der Gegenseite des vorderen Fußes eine Muschel auf, die sie sich in ihrer Phantasie vorstellen. Die Muschel liegt genau vor dem Fuß. Die Kinder sollen sich in einem gleichbleibenden, rhythmischen Schwingen vorwärtsbewegen, ohne nach dem Aufheben einer jeden Muschel auszusetzen.

Der Lehrer könnte sagen: »Nun laßt uns so tun, als wollten wir an den Strand gehen und Muscheln sammeln. Um sie aufzuheben, müßt ihr euch tief zum Boden neigen wie ich jetzt (er macht es vor). Wenn *dieser* Fuß (er weist auf den linken) nach vorne kommt, hebt ihr mit *dieser* Hand (weist auf die rechte) eine Muschel vom Sand auf, die genau vor dem linken Fuß liegt. Und wenn *dieser* Fuß (weist auf den rechten) vorne ist, hebt ihr mit *dieser* Hand (bezeichnet die linke) die Muschel vor dem rechten Fuß auf. Gebraucht immer die Hand, die dem Fuß, der gerade vorn ist, entgegengesetzt ist. Seht zu, wie ich es euch vormache. Hier ist eine andere Muschel! Rechter Fuß, linke Hand. Schön, nun sollt ihr's versuchen.«

2. Die gleiche Bewegung, aber die Kinder heben die Muschel mit der Hand auf, die auf derselben Körperseite ist wie der vordere Fuß.

3. Die Kinder tun so, als hüpften sie im Wechselschritt am Strand entlang. Bei einem bestimmten Zeichen (ein Händeklatschen oder der Schlag eines Tamburins) geben sie vor, eine Muschel zu sehen, und bücken sich, um sie aufzuheben; dann hüpfen sie wieder. Die Bewegung sollte so weich und fließend wie möglich sein.

4. Wie 3, aber ohne ein Zeichen. Jedes Kind läuft, hüpft oder geht seinen eigenen Weg und bückt sich um Muscheln aufzusammeln, in seinem eigenen Rhythmus.

KOORDINATION – 2

Gehen wie ein Troll

1. Die Kinder versuchen, Trolle nachzuahmen. Sie ziehen beim Gehen ihre Knie hoch und stampfen mit ihren Füßen auf. Ihr Rumpf ist

nach vorne gebeugt, weil sie ärgerlich sind. Sie halten ihre Arme steif und die Fäuste geballt.

2. Nun sind die Trolle nicht mehr ganz so übel gelaunt. Obwohl sie immer noch nach vorn gebeugt sind, schwingen jetzt ihre Arme leicht beim Gehen. Sie stampfen auch nicht mehr so fest auf.

3. Die Trolle sind nicht weiter verärgert. Sie heben ihre Füße hoch über Wurzeln und Steine, und ihr Körper ist jetzt aufgerichtet. Sie fühlen sich stark, stolz und glücklich.

Der Lehrer wird sagen: »Heute werden wir uns einen Trollspaziergang ausdenken. Weiß jemand von euch, was ein Troll ist? Richtig! Es ist eine Phantasiegestalt. Einige Leute stellen sich vor, daß ein Troll eine Art Zwerg ist, mit einem Auge in der Mitte seiner Stirn, daß er in Höhlen oder Hügeln lebt und in den Wäldern der Länder Norwegen, Schweden und Dänemark versteckt ist. (Wenn möglich, Abbildungen zeigen.) Meist hält man Trolle für schlecht gelaunt, und oft sind sie ärgerlich, aber manchmal sind sie auch glücklich.

Nun frage ich euch erst einmal, könnt ihr einen Troll nachmachen, der wütend ist? Dann geht er so. Er hebt seine Knie hoch, damit er nicht über Wurzeln und Steine stolpert. Und wenn er ärgerlich ist, macht er einen Buckel, hält seine Arme gerade und sehr steif, ballt seine Fäuste und stampft bei jedem Schritt fest mit seinen Füßen auf. Könnt ihr es jetzt probieren? Denkt daran, ihr seid sehr ärgerlich. Vielleicht hat sogar ein Tier des Waldes euer Abendessen geraubt! Gut.

Nun habt ihr ein paar Beeren zum Essen gefunden, deshalb seid ihr nicht mehr so schlecht gelaunt. Könnt ihr auf die gleiche Weise wie vorher weitergehen, aber nicht mehr aufstampfen? Könnt ihr eure Arme vorwärtsschwingen lassen, wie sie es normalerweise tun? Nun habt ihr etwas Honig gefunden und eine Menge guter Dinge zum Essen. Ihr seid überhaupt nicht mehr ärgerlich. Ihr seid stark, stolz und glücklich. Könnt ihr eure Arme und Beine so weiterbewegen wie vorher, aber eure Rücken strecken und euch hoch aufrichten? Ihr seid wunderbare Trolle.«

Der Lehrer könnte dann »In der Halle des Bergkönigs« aus Griegs Peer Gynt Suite 1 vorspielen und sich die Kinder nach der Musik bewegen lassen.

KOORDINATION – 3 (Kreuzen der Mittellinie)
Flexibilität (Schulter, Hüftgelenke, Wirbelsäule)
Gleichgewicht (Dynamisches, statisches)

Flaschenzug

Der Lehrer sollte erklären, was ein Flaschenzug ist und durch Bilder und Gegenstände veranschaulichen.

1. Die Kinder liegen mit dem Rücken auf dem Boden. Sie heben abwechselnd jedes Bein zur Senkrechten hoch und halten dabei die Beine gestreckt.

2. Die Kinder heben abwechselnd jeden Arm hoch; die Beine bleiben flach auf dem Boden.

3. Die Kinder heben beide Beine zusammen an, senken sie und heben dann den linken Arm und das linke Bein hoch. Senken; mit dem rechten Arm und rechten Bein wiederholen. Weitermachen.

4. Die Kinder heben den rechten Arm und das linke Bein; dann den linken Arm und das rechte Bein.

5. Wie 4, aber im Stehen. Die Beine werden abwechselnd bis zur Horizontalen angehoben, und die Hand der entgegengesetzten Seite versucht sie zu berühren. Diejenigen, die dazu in der Lage sind, sollten nur die Schultern und Hüftgelenke bewegen, den Rumpf so ruhig und aufrecht wie möglich halten. Kinder, die Gleichgewichtsschwierigkeiten haben, können sich zum besseren Halt mit dem Rücken gegen eine Wand stellen oder ein anderes Kind stützt sie, indem es eine Hand festhält.

6. Die Kinder stellen sich mit gegrätschten Beinen auf. Sie beugen sich nach vorne und versuchen, den Fuß der Gegenseite zu berühren (erfordert Rumpfbewegung und beträchtliche Flexibilität).

7. Wie 5, aber die Kinder machen Schritte nach vorn, schwingen bei jedem Schritt das freie Bein hoch und berühren den Fuß mit der entgegengesetzten Hand.

8. Wie 7, aber die Kinder gehen rückwärts und berühren den Fuß mit der Hand der Gegenseite.

KOORDINATION – 4

Seitschritt und Gleitschritt

1. Die Kinder gehen seitwärts, indem sie einen Fuß zur Seite setzen und dann den anderen danebenstellen. Nachdem sie sich auf diese

Weise in einer Richtung fortbewegt haben, sollten sie sich nun in die andere Richtung bewegen.

2. Wie 1, aber die Kinder lassen ihre Füße über den Boden gleiten.

3. Die Kinder gleiten zwei Schritte vorwärts, wobei der linke Fuß beginnt und der rechte Fuß an ihn herangezogen wird; dann zwei Schritte zur Seite, der rechte Fuß zuerst, der linke Fuß wird nachgezogen; dann zwei Schritte zurück, wieder führt der rechte Fuß; dann zwei Schritte zur Seite, so daß das Kind ein Quadrat beschreibt. Die Bewegung sollte wiederholt werden; dabei wird mit dem rechten Fuß begonnen und zur linken Seite gegangen.

4. Die Kinder tun so, als würden sie Schlittschuh laufen und bewegen sich frei in irgendeiner Richtung. Eine gewisse Zeit sollte der eine, dann der andere Fuß führen. Die Bewegung sollte so fließend und rhythmisch wie möglich sein.

KOORDINATION – 5
Gleichgewicht (Dynamisches)

Seiltänzergang

1. Die Kinder machen zuerst mit dem rechten Fuß einen Schritt vorwärts; dann gehen sie mit dem linken Fuß nach vorne, indem sie die linke Ferse genau vor und gegen die rechten Zehen setzen. Dann setzen sie die rechte Ferse gegen die linken Zehen. Wiederholen und mit dem anderen Fuß beginnen.

2. Die Kinder machen mit dem rechten Fuß einen Schritt vorwärts, bringen den linken Fuß an ihn heran und setzen die Zehen hinter die rechte Ferse. Wieder bewegen sie den rechten Fuß nach vorn und folgen mit dem linken Fuß. Wiederholen und mit dem andern Fuß beginnen.

3. Das Tempo beschleunigen.

4. Die Kinder probieren nach eigenem Belieben Kombinationen der Variation 1 und 2 aus. Sie machen sich gegenseitig ihre Schrittfolgen vor.

5. Die Kinder führen die Variationen paarweise aus, sind dabei Seite an Seite, kreuzen die Arme an ihrer Vorderseite und halten sich an den Händen.

KOORDINATION – 6 (Kreuzen der Mittellinie)

Kreuzschritt

1. Die Kinder gehen in einer geraden Linie seitwärts, setzen den linken Fuß zur Seite und kreuzen mit dem rechten Fuß den linken

auf der Vorderseite. Sie kehren in die andere Richtung zurück und kreuzen nun mit dem linken Fuß den rechten.

2. Wie bei 1., aber jeder Fuß kreuzt den andern auf der Rückseite.

3. Die Kinder kreuzen abwechselnd auf der Vorder- und Rückseite. Dabei sollen sie immer in Richtung auf den Lehrer blicken und nicht den Oberkörper drehen.

4. Wie 3., aber zu Paaren; die Kinder stehen sich gegenüber und halten sich an den Händen.

KOORDINATION – 7

Bärengang

1. Die Kinder gehen auf ihren Händen und Füßen und halten dabei ihre Arme und Beine gestreckt. Es bewegen sich die Arme und Beine derselben Seite gleichzeitig.

2. Wie 1., aber die Arme und Beine der Kinder sind gebeugt.

3. Wie 1., aber die Kinder halten einen Fuß über dem Boden hoch. (Der Bär lahmt.)

4. Die Kinder werden aufgefordert, über andere Tiere nachzudenken, die sie nachmachen könnten. Vielleicht schlagen sie einen Hund vor (Koordinationsübung 9); einen Krebs (Koordinationsübung 11); ein Kaninchen (Koordinationsübung 14); eine Ente (Geschicklichkeitsübung 14); ein Känguruh (Geschicklichkeitsübung 18); einen Seehund (Kräftigungsübung 15); eine Raupe (Kräftigungsübung 16); einen Elefant (Flexibilitätsübung 6) oder eine Giraffe (Gleichgewichtsübung 9).

Sie dürfen während dieser oder einer späteren Phase eines dieser Tiere imitieren. Sie sollten raten, welches Tier von jedem Kind nachgeahmt wird.

KOORDINATION – 8 (Kreuzen der Mittellinie)

Kriechen (Seitengekreuzt)

Der Lehrer sollte 1 und 2 Schritt für Schritt vormachen. Die Kinder sollten bei der Übung nicht länger kriechen, als es ihnen Spaß macht, da es auf den Knien mühsam ist.

1. Die Kinder beginnen auf ihren Händen und Knien, Hände unterhalb der Schultern, Knie unterhalb der Hüften. Sie bewegen gleichzeitig einen Arm und das entgegengesetzte Bein vorwärts. Der Kopf sollte zur Schulter des Armes gedreht werden, der nicht

ausgestreckt wird. Fortsetzen mit dem Arm und Bein der Gegenseite.

2. Die Kinder kriechen rückwärts, nachdem sie 1 beherrschen.

3. Die Kinder kriechen in verschiedenen Figuren und Richtungen. Sie können Kreise und andere geometrische Figuren beschreiben oder nach ihrem Belieben die Richtung ändern.

4. Die Kinder machen U-Wendungen an der Wand oder beschreiben Linien, deren Rhythmus oder Bewegungsfolgen sie nicht unterbrechen.

5. Die Kinder benennen die Teile des Körpers, die sie gerade bewegen (rechte Hand, linkes Bein, linkes Bein, rechte Hand etc.).

KOORDINATION – 9

Wie ein Hund geht und läuft

1. Die Kinder gehen erst und laufen dann auf allen Vieren. Ihre Knie sollen leicht gebeugt sein. Die Arme und Beine der Gegenseite werden gleichzeitig bewegt.

2. Die Kinder tun so, als seien sie lahmende Hunde. Sie gehen nur auf einem Fuß und zwei Händen und ziehen das lahme Bein nach. Sie können versuchen, auf diese Weise zu laufen.

3. Wie 2., aber die Hunde gehen auf zwei Füßen und einer Hand.

KOORDINATION – 10

Kriechen mit verbundenen Augen

Der Zweck der Übung mit verbundenen Augen besteht darin, die Orientierung auf visuellem Wege auszuschließen und so den kinästhetischen und den Tast-Sinn in den Vordergrund zu rücken. Sie verhilft auch dazu, eine genaue Rechts-Links-Unterscheidung festzulegen, unabhängig vom Gesichtssinn.

1. Der Lehrer verbindet die Augen der Kinder und bindet ein beschwertes Band um einen Arm jedes Kindes (den Arm der dominanten Hand), so daß eine Körperseite als die »schwere« Seite charakterisiert ist. Die Kinder bewegen sich in gewöhnlichem Überkreuz-Kriechen vorwärts. Dabei befolgen sie die Anweisungen wie: »Rechter Arm, linkes Bein; linker Arm, rechtes Bein.« Die Kinder üben so lange, bis sie sich, den Anweisungen des Lehrers entsprechend, in rhythmischer Weise bewegen können.

2. Immer noch mit verbundenen Augen und den Gewichtbändchen am Arm üben die Kinder beides, Überkreuz-Kriechen und seitenglei-

ches Kriechen (Arm und Bein derselben Seite bewegen sich zur gleichen Zeit). Der Lehrer läßt wechselweise die eine und die andere Kriechform ausführen.

KOORDINATION – 11
Geschicklichkeit

Krebsgang

Die Kinder gehen in die Hocke. Sie reichen mit ihren Händen nach hinten und legen sie flach hinter ihren Hüften auf den Boden, ohne sich hinzusetzen. Sie richten ihr Becken so hoch es geht auf und bewegen sich in dieser Stellung zuerst nach rückwärts, dann nach vorwärts. Der Kopf, Nacken und Oberkörper wird parallel zum Boden gehalten.

KOORDINATION – 12
Gleichgewicht (Dynamisches)
Kraft (Schultergürtel, Rumpfmuskeln, Gesäß)

Der Tunnel

1. Die Kinder sitzen auf dem Boden, die Knie sind dicht an den Körper herangezogen, die Füße flach aufgestellt. Sie lehnen sich zurück und setzen ihre Hände auf beiden Seiten hinter sich auf den Boden. Sie richten sich auf den Händen und Füßen hoch und heben den Rumpf an, bis er ungefähr parallel zum Boden ist. Dann Rückkehr zum Sitzen.

Die nächste Variation wird für die meisten Kinder bis zur dritten Klasse zu schwierig sein.

2. Wenn die Kinder sich in der aufgerichteten Stellung befinden, fordert man sie auf, sich so herumzudrehen, daß sie wieder mit dem Gesicht zum Boden sehen. Sie dürfen den Boden mit keinem Körperteil außer den Händen und Füßen berühren. Sie sollten versuchen, den Rumpf beim Herumdrehen waagerecht zu halten.

KOORDINATION – 13
Kraft (Beinmuskeln)
Geschwindigkeit
Geschicklichkeit

Elster, Elster, hüpf schnell zu deinem Nest

Der Lehrer erklärt, was eine Elster ist, und zeigt Bilder von ihr.

1. Die Kinder üben das Vogelhüpfen. Mit geschlossenen Füßen bewegen sie sich in kleinen Sprüngen vorwärts.

2. Die Kinder hüpfen so schnell sie können. Sie dürfen auch um die Wette hüpfen.

3. Die Kinder hüpfen vorwärts, indem sie ein Bohnensäckchen zwischen ihren Knien halten.

4. Es werden ausreichend viele Bohnensäckchen für alle Elstern in die Mitte des Raumes gelegt. Jede Elster läuft zu einem Bohnensäckchen, nimmt es zwischen ihre Füße, ohne die Hände zu gebrauchen, und hüpft schnell mit ihm zu ihrem Nest.

5. Das Spiel kann mit einem Bohnensäckchen weniger, als es der Zahl der Kinder entspricht, gespielt werden. Die Elster, die kein Bohnensäckchen ergattern kann, muß alle Bohnensäckchen einsammeln und sie zur Mitte des Zimmers zurückbringen, so daß das Spiel von neuem begonnen werden kann. Wenn mehr als acht Kinder teilnehmen, sollen noch mehr Bohnensäckchen fehlen, so daß zwei oder mehr keines bekommen können und sie sich beim Einsammeln gegenseitig helfen können.

KOORDINATION – 14
Geschicklichkeit
Kraft (Beinmuskeln)

Hasenhüpfen

1. Die Kinder gehen in die Hockstellung, die Hände berühren den Boden zwischen ihren Füßen. Sie springen vorwärts, landen wieder in der Ausgangsstellung und setzen ihre Bewegung in einer geraden Linie durch den ganzen Raum hindurch fort.

2. Die Kinder tun so, als seien sie junge Hasen, die ganz glücklich sind, weil man ihnen erlaubt hat, frei herumzulaufen und im offenen Feld zu spielen. Sie dürfen in jeder gewünschten Richtung herumhüpfen und -toben.

KOORDINATION – 15
Geschicklichkeit

Galopphüpfen

1. Die Kinder galoppieren in einem Kreis, als wären sie Zirkuspferde.

2. Beim Ertönen eines Schlaginstrumentes wechseln die Kinder die Richtung.

3. Die Kinder bewegen sich unabhängig voneinander und wechseln vom Galoppieren zum Traben, Laufen oder Gehen, ganz wie sie wollen.

4. Die Kinder demonstrieren sich gegenseitig ihre Bewegungsfolgen.

Der Lehrer kann auch jede der Schrittarten paarweise ausführen lassen, indem die Kinder sich ganz normal an den Händen halten oder die Arme hinter ihrem Rücken kreuzen.

Wenn ein Kind Schwierigkeiten beim Galopphüpfen hat, kann es folgende Übung machen: es legt sich auf den Rücken und macht mit seinen Beinen Radfahrbewegungen in einem Eins-zwei-, Eins-zwei-Rhythmus. Wenn es nötig ist, führt der Lehrer seine Beine. Der Lehrer sollte dem Kind zeigen, daß die Bewegung, abwechselnd seine Knie an den Körper zu ziehen, dieselbe ist wie beim Galoppieren, obwohl dabei der Rhythmus gleichmäßiger ist.

KOORDINATION – 16
Geschicklichkeit

Stoß dein Knie und klopf die Ferse (Hüpfen im Wechselschritt)

1. Die Kinder hüpfen im Wechselschritt im Raum umher.

2. Wie 1., aber bei jedem Hüpfen lassen die Kinder das Knie des hüpfenden Beines mit dem anderen Knie zusammenstoßen.

3. Während des Hüpfens reichen die Kinder mit der einen Hand nach hinten und berühren den Fuß des angehobenen Beines derselben Seite.

4. Die Kinder denken sich eigene Variationen zu der Hüpfübung aus. Sie versuchen, Drehungen in den Bewegungsablauf einzubauen.

Wurf- und Fangspiele

Bohnensäckchen- und Ballspiele sind eine ausgezeichnete Trainingsmöglichkeit für die Augen-Hand-Koordination; Fußballspiele für die Augen-Fuß-Koordination. Wenn ein Gegenstand aus dem Stand heraus geworfen wird, ist nur geringe Geschicklichkeit erforderlich. Um mehr Geschicklichkeit abzuverlangen, sollten Bewegungen wie Laufen und Springen hinzugenommen werden, wenn ein Bohnensäckchen oder Ball gefangen oder vermieden werden sollen.

Wurf- und Fangspiele mit dem Ball können auch mit dem Bohnensäckchen gespielt werden. Da Bohnensäckchen leichter zu handhaben sind, sollten sie als erstes benutzt werden.

Die hier beschriebenen Bohnensäckchen- und Ballspiele sind als Beispiele zu betrachten, die dem Schwierigkeitsgrad nach geordnet sind. Lehrer kennen und erfinden noch andere.

KOORDINATION – 17

Auffangen von Bohnensäckchen, einzeln (im Stehen)

1. Jedes Kind wirft ein Bohnensäckchen in die Luft und fängt es wieder auf. (s. Abb. 13)
2. Die Kinder werfen Bohnensäckchen in die Luft und klatschen vor dem Auffangen in die Hände.
3. Die Kinder werfen Bohnensäckchen in die Luft und springen vor dem Auffangen hoch.
4. Wie 3., aber die Kinder setzen beim Aufkommen ein Bein nach vorne und eins zurück.

KOORDINATION – 18

Auffangen von Bohnensäckchen, einzeln (in Bewegung)

1. Die Kinder gehen beim In-die-Luft-Werfen und Auffangen der Bohnensäckchen.
2. Wie 1., aber die Kinder laufen.
3. Wie 2., aber die Kinder ändern beim Laufen die Richtung.

KOORDINATION – 19

Fangen von Bohnensäckchen mit einem Partner

1. Zwei Kinder stehen ungefähr 1,50 m weit auseinander und werfen sich gegenseitig Bohnensäckchen zu.
2. Der Abstand zwischen den Partnern wird nach und nach vergrößert, bis das Auffangen für die Kinder nicht mehr so einfach ist.

KOORDINATION – 20

Werfen von Bohnensäckchen auf ein Ziel

Der Lehrer malt mit Kreide Quadrate auf den Spielplatz oder teilt Reifen oder leere Schachteln aus, in die hineingeworfen werden kann.

1. Die Kinder stehen paarweise ziemlich dicht an den Quadraten oder Schachteln und versuchen, Bohnensäckchen hineinzuwerfen.

2. Sobald die Kinder geübter sind, kann der Abstand vergrößert werden.

3. Die Kinder werden aufgefordert, zu einem Ziel hinzugehen und in jeden von mehreren Behältern, die entlang der Wegstrecke aufgestellt sind, ein Bohnensäckchen zu werfen. Nach jedem Wurf bekommen sie das Bohnensäckchen zurück und gehen mit ihm weiter zum nächsten Ziel. Die Zielbereiche können auf den Spielplatz gemalt oder mit Stöcken, Reifen oder Seilen markiert werden.

Organisiertes Ballspiel

Bevor man organisierte Ballspiele einführt, sollte den Kindern Gelegenheit gegeben werden, sich frei im Stoßen, Fangen und Werfen von Bällen zu üben – einzeln, mit einem Partner und gegen eine Wand.

Dann können Übungen gemacht werden, bei denen der Ball einfach aufgefangen wird oder bei denen der Ball vor dem Auffangen noch auf dem Boden aufspringen muß. Es kann auch wie mit Bohnensäckchen vor dem Auffangen erst hochgesprungen oder in die Hände geklatscht werden.

KOORDINATION – 21

Radspeichen

Die Kinder sitzen in Kreisen von 2,40–3,00 m Durchmesser auf dem Boden, je sechs Kinder in einem Kreis. Ihre Beine sind gerade und gespreizt. Ein Kind sitzt in der Mitte.

1. Das Kind im Zentrum rollt einen Ball zu einem Kind im Kreis oder läßt den Ball erst aufspringen. Dieses Kind rollt oder stößt den Ball zu dem Kind in der Mitte zurück, welches dasselbe mit dem nächsten Kind im Kreis wiederholt. Wenn jedes Kind einmal den Ball zur Mitte zurückgegeben hat, sind alle »Speichen eingesetzt«. Ein anderes Kind wird dann die »Nabe«.

2. Wenn die Kinder die Übung ausreichend beherrschen, soll das Tempo erhöht werden.

KOORDINATION – 22

Kegeln

Die Kinder, in Gruppen zu zweit oder dritt, rollen einen Ball gegen Plastikkegel oder Milchflaschen aus Plastik. Jedes Kind geht, nachdem es gekegelt hat, hinter die Kegel und stellt die wieder auf, die das nächste Kind umwirft.

KOORDINATION – 23

Vor und zurück

Dieses Spiel hilft den Kindern, Entfernungen richtig einzuschätzen.

Die Kinder stellen sich in zwei Reihen, ungefähr 2,00 m voneinander entfernt auf, jedes Kind einem Partner gegenüber. Hinter jedem Kind befinden sich in einer Linie drei Markierungen, immer in einem Abstand von 1,00 m.

Jedes Kind einer Reihe wirft einen Ball seinem Partner auf der anderen Seite zu. Der Empfänger wirft ihn zurück.

Wenn beide Kinder den Ball dreimal aufgefangen haben, tritt ein Kind zu der Markierung hinter ihm zurück, und wieder beginnt das Fangen und Werfen. Wenn jedes den Ball dreimal gefangen hat, wird der Abstand wieder um 1,00 m vergrößert. Sobald die dritte Markierung erreicht worden ist, wird der Abstand in gleicher Weise verringert.

KOORDINATION – 24

Den Ball in einen Reifen springen lassen

Ein Reifen oder ein Rad wird auf den Boden gelegt. Auf jeder Seite von ihm stehen in geringem Abstand zwei Kinder. Eies der Kinder versucht, einen Ball in den Reifen zu werfen. Sein Partner fängt den Ball, nachdem er aufgesprungen ist, auf und gibt ihn auf demselben Wege zurück.

Die Kinder sollten, um Erfolg zu haben, dicht genug an der »Zielscheibe« stehen, aber der Abstand sollte nach und nach von dem Lehrer, ganz dem Können der Kinder entsprechend, vergrößert werden.

KOORDINATION – 25

Heiße Kartoffel

Die Kinder stehen in einem Kreis und jedem dritten Kind wird ein Tennisball gegeben. Jeder Ball soll eine heiße Kartoffel darstellen, die einen »verbrennt«, wenn man sie zu lange in der Hand hält. Jedes Kind, das einen Ball hat, wirft ihn sofort irgendeinem anderen Kind zu, dessen Hände frei sind.

Jedes Kind, das einen Ball fallen läßt oder in falscher Richtung wirft, muß den Ball (nun eine kalte Kartoffel) zum Ofen tragen und sie wieder aufwärmen. Der Ofen ist ein dafür bestimmter Bezirk, in dem das Kind den Ball zehn mal hochwerfen und auffangen muß, bevor es zur Gruppe zurückkehrt.

KOORDINATION – 26

Rund um die Welt

1. Die Kinder stehen in Kreisen (in jedem bis zu zehn Kinder) und reichen schnell einen Ball von einem zum andern im Kreis herum. Sobald ein Kind den Ball fallen läßt, rufen alle: »Krieg ihn!« Es muß den Ball zurückholen und mit ihm um den Kreis herumlaufen. Wenn es an seinen Platz zurückgekehrt ist, muß es ihn weitergeben. Ruft nun der Lehrer oder Spielleiter aus: »Rund um die Welt!« muß jedes Kind, das gerade einen Ball hält, mit ihm um den Kreis herumlaufen.

2. Wie bei 1, nur stehen die Kinder weiter voneinander entfernt, so daß sie sich den Ball gegenseitig zuwerfen müssen.

Wenn die Kinder Lieder kennen, die sie während des Spieles singen können, wird ihr Spaß noch größer sein.

KOORDINATION – 27
Geschicklichkeit

Figurenspringen

Der Lehrer legt mit Stöcken Figuren, wie Quadrate, Dreiecke und Rechtecke, auf den Boden.

Der Reihe nach wird jedes Kind aufgefordert, sich dicht an eine Figur heranzustellen und dann mit geschlossenen Füßen hineinzuspringen. Wenn die Kinder vorher die Namen der Figuren gelernt haben, sollen sie sie beim Springen ausrufen.

KOORDINATION – 28

Scheibenhüpfen

Der Lehrer legt sechzehn mittelgroße Scheiben in vier Reihen mit jeweils vier Scheiben auf den Boden.

Jedem Kind wird eine Karte gegeben, auf der ein Plan der Scheiben gezeichnet und eine Route markiert ist. Jedes Kind springt von Scheibe zu Scheibe, entsprechend der eingezeichneten Strecke auf seiner Karte. Eine Karte könnte z. B. in folgender Weise markiert sein nach Skizze 15.

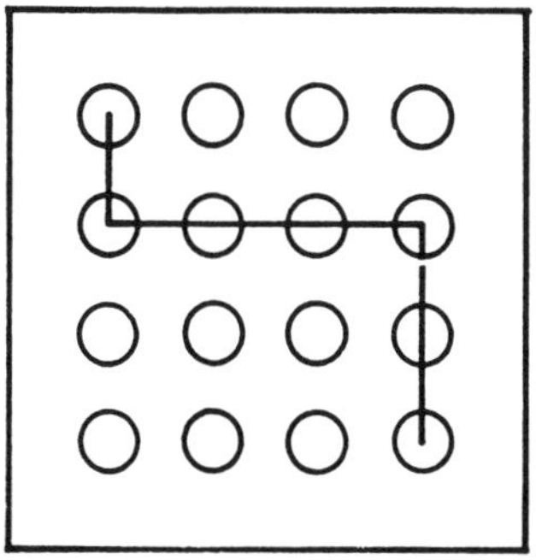

Skizze 15

KOORDINATION – 29
Geschicklichkeit
Kraft (Beinmuskeln)

Grundlegende Sprünge mit dem Seil

1. Die Kinder springen über ein Seil, das auf dem Boden liegt, vorwärts, und wenn sie können auch rückwärts, zuerst mit geschlossenen Füßen, dann springen sie mit beiden Füßen hoch und kommen nur auf einem Fuß auf.

2. Wie 1., aber das Seil wird von zwei Kindern einige Zentimeter über den Boden gehalten.

3. Die Kinder werden aufgefordert, ganz wie sie wollen, über oder unter dem Seil herzugehen.

4. Die Kinder springen über ein Seil, das langsam hin- und hergeschwungen wird. Sie sollten versuchen, einen gleichmäßigen Rhythmus beizubehalten.

5. Jedes Kind springt über ein kurzes Seil, das es selbst dreht.

6. Jedes Kind springt über ein langes Seil, das von zwei anderen Kindern gedreht wird.

KOORDINATION – 30
Geschicklichkeit
Kraft (Beinmuskeln)

Seilspringen für Fortgeschrittene

Sobald die Kinder gut und mit deutlich ausgewogenen Sprüngen seilhüpfen können, dürfen sie schwierigere Schritte versuchen.

1. Es stellt sich immer nur ein Kind dicht an das Seil heran, und

wenn dieses gedreht wird, springt das Kind von einer Seite auf die andere. (Das springende Kind steht einem der Kinder gegenüber, das das Seil schwingt.)

2. Dasselbe wie bei 1., aber die Kinder springen immer nur auf einem Fuß.

3. Dasselbe wie bei 1., aber die Kinder machen beim Springen in der Luft eine Vierteldrehung.

4. Immer nur ein Kind läuft zu dem Seil und springt hinein, während es gedreht wird (entweder in Richtung auf den Springenden hin oder von ihm weg).

5. Wie 4., aber die Kinder machen beim Springen eine halbe Drehung.

6. Jedes Kind benutzt sein eigenes Seil und kreuzt die Arme vor seiner Vorderseite.

7. Wie 6., aber die Kinder lassen zwischen den Sprüngen die Zwischenschritte aus.

8. Wie 6., aber die Kinder setzen beim Springen abwechselnd die Füße zusammen und auseinander.

9. Dasselbe wie 1., aber die Kinder ziehen beim Springen die Knie an den Brustkorb heran.

10. Dasselbe wie 1., aber die Kinder grätschen bei jedem Sprung die Beine, wie Scheren.

11. Dasselbe wie 1., aber die Kinder machen beim Springen eine Radfahrbewegung.

Die Kinder sollten dazu ermuntert werden, jede andere Schrittart, die sie kennen, zu gebrauchen. Oft wissen sie Kinderlieder, die sie beim Springen singen können.

Gespanntes Seil und Trampolinbrett

Übungen am gespannten Seil und Trampolinbrett sollten von den Kindern mit Hilfe des Lehrers ausgearbeitet werden. Kinder pflegen normalerweise mit einfachen Übungen anzufangen und entwickeln dann nach und nach kompliziertere Bewegungen und Bewegungsfolgen. Wenn sie dies tun, sollte der Lehrer sie dazu anleiten. Der Lehrer wird auch das Tempo, in dem diese Entwicklung erfolgt, regulieren. Er sollte aber darauf achten, die Kreativität der Kinder nicht zu hemmen und ihnen nicht seine eigenen Ideen aufzudrängen.

Das Folgende sind Übungen, die von Kindern des Frostig Centers entwickelt worden sind. Wir geben sie deshalb wieder, um die Vielseitigkeit der Bewegungsarten und -folgen zu zeigen, zu denen die

Turngeräte Anregung geben können. Sie sollten nicht als streng methodische Übungen angewandt werden.

KOORDINATION – 31
Geschicklichkeit

Das gespannte Seil

1. Die Enden des gespannten Seils werden zusammengeknotet, um einen Ring zu bilden. Die Kinder stellen sich in einem Kreis auf, alle blicken in eine Richtung, und jedes Kind hält das Seil mit der Innenhand nicht zu stark fest. Nun laufen sie in Kreisrichtung und halten weiterhin das Seil fest. (s. Abb. 14)

2. Die Kinder stehen auf der Innenseite des Seilringes und halten das Seil in Taillenhöhe durch einen leichten Druck ihres Körpers fest. Sie laufen in Kreisrichtung und stützen weiterhin das Seil mit ihrem Körper ab.

3. Wie 2., aber auf ein Kommando hin ändern die Kinder die Richtung, indem sie anhalten und sich drehen. Dann gehen sie in der entgegengesetzten Richtung und halten nach wie vor das Seil durch ihren Körperdruck.

4. Wie bei 3., aber die Kinder dürfen beim Kreisen jede andere Bewegung oder Bewegungskombination anwenden, wie z. B. hüpfen im Wechselschritt, hopsen oder springen.

5. Wie 3., aber wenn die Kinder sich bei dem Kommando drehen, lassen sie sich für einige Sekunden in die Knie fallen, stehen wieder auf, drehen sich und gehen weiter, ohne das Seil fallen zu lassen.

6. Die Kinder machen mit dem Seil geometrische Figuren. Dabei stehen sie innerhalb des Seiles und bilden mit ihren Körpern die Ekken. (Sie entscheiden selbst, wer an welcher Stelle stehen darf, um die Figur darzustellen.)

7. Die Kinder dürfen weiter experimentieren. Sie können z. B. Sterne darstellen, indem sie gewisse Kinder dazu bestimmen, sich auf ein Kommando hin vom Kreis fortzubewegen und das Seil hinter sich herzuziehen, damit die Figur entsteht.

8. Zwei Kinder stehen sich in leichter Grätschstellung gegenüber und spannen das Seil mit ihren Knöcheln in zwei parallelen Linien einige Zentimeter über den Boden. Die anderen Kinder machen der Reihe nach mehrere Schritte entlang dem Seil. In einer Schrittanordnung, die sie selbst bestimmen dürfen, springen sie zuerst über den einen Strang und dann über den andern. Wenn sie das tun, dürfen sie

sich drehen, seitwärts oder rückwärts gehen, sich ducken, hochspringen, auf einem Fuß hüpfen oder sich irgendeine andere Bewegung ausdenken.

9. Wie 8., aber die Kinder springen vorwärts oder seitwärts über beide Stränge gleichzeitig oder nacheinander über jeden einzelnen Strang.

10. Das Seil wird von zwei Kindern in zwei Stränge gespannt – einen tief und einen hoch – um eine Hindernisstrecke zu erhalten. Die Kinder kriechen unter dem niedrigen Strang her und steigen über den hohen.

KOORDINATION – 32
Geschicklichkeit
Gleichgewicht (dynamisches)

Trampolinbrett (s. Abb. 15)

1. Die Kinder machen mit geschlossenen Füßen kleine Sprünge.

2. Wie 1., aber die Kinder schleudern abwechselnd den rechten und linken Fuß nach vorn und lassen dabei die Fersen auf dem Brett.

3. Wie 1., aber die Kinder treten mit dem rechten Fuß bei alternierenden Sprüngen vorwärts.

4. Wie 1., aber die Kinder schlagen abwechselnd die Füße zusammen und nehmen sie wieder auseinander.

5. Wie 1., aber die Kinder schieben in regelmäßigen Abständen große Sprünge ein.

6. Die Kinder machen große Sprünge und ziehen dabei die Knie so hoch wie möglich an.

7. Wie 6., aber die Kinder schieben in regelmäßigen Abständen »Stern-Sprünge« ein (große Sprünge, wobei die Arme und Beine weit zur Form eines X auseinandergeschwungen werden).

8. Die Kinder wiederholen irgendeine der oben angegebenen Schrittart, jedoch drehen sie sich dabei in einer von ihnen gewählten Weise.

9. Wie 8., aber die Kinder machen nach Vorschrift in der Luft viertel, halbe und ganze Drehungen.

10. Die Kinder machen auf einem Fuß verschiedene Schritte und Sprünge, mit oder ohne Drehung.

11. Die Kinder machen Schritte und Sprünge mit geschlossenen Augen.

12. Die Kinder springen, machen eine halbe oder ganze Drehung

und landen mit über dem Brett gegrätschten Beinen auf dem Boden. Sie springen wieder auf das Brett zurück und beginnen von neuem.

13. Die Kinder machen kleine Sprünge und landen in regelmäßigen Abständen mit über dem Brett gegrätschten Beinen auf dem Boden.

14. Die Kinder kombinieren Schritte und Sprünge in beliebiger Reihenfolge.

15. Wie 14., aber die Kinder springen in beliebigem Rhythmus.

16. Wie 14., aber die Kinder benutzen ein Sprungseil.

17. Wie 14., aber die Kinder springen nur mit einem Fuß auf dem Brett, den andern halten sie in die Luft.

18. Die Kinder machen eine vorgeschriebene Anzahl von Sprüngen (z. B. sechs); dann kommen sie wieder mit über dem Brett gespreizten Beinen auf; dann machen sie einen Sprung weniger als beim erstenmal; dann wieder aufkommen mit gegrätschten Beinen; usw., jedesmal einen Sprung weniger.

19. Wenn mehrere Sprungbretter verfügbar sind, springen die Kinder von einem Brett zum andern.

20. Zwei oder mehrere Kinder stimmen ihre Bewegungen aufeinander ab. Es beginnt z. B. ein Kind auf der rechten Seite des Brettes, springt zweimal auf ihm hoch und auf der linken Seite ab. Ein anderes Kind startet dann auf der linken Seite, springt zweimal auf dem Brett hoch und auf der rechten Seite ab. Ein drittes Kind beginnt auf der rechten Seite und so fort.

2. Geschicklichkeit

Geschicklichkeit ist ein äußerst wichtiger Faktor, wenn es darum geht, die Körperstellung mit Übung und Präzision zu verändern, denn sie ist unentbehrlich beim Einhalten der Balance und bei der Umstellung auf eine neue Bewegung. Man braucht sie zur Beherrschung von Klettergeräten, bei Hindernisrennen, bei der Rolle und später bei Sportarten wie Ski fahren, Klettern und Stabhochsprung.

GESCHICKLICHKEIT – 1
Geschwindigkeit

Der mächtige Riese (Abschlagspiel)

Ein Kind, der mächtige Riese, lebt auf einer »Wiese« in der Mitte des Spielplatzes. Auf einer Seite des Spielplatzes stehen die übrigen Kinder, die die Wiese überqueren wollen, um zum »Wald« auf der gegenüberliegenden Seite zu gelangen.

Der Riese ruft laut: »Wer fürchtet sich vor dem großen, starken Riesen?« Die Kinder antworten: »Niemand!« und versuchen, über die Wiese zum Wald zu laufen, ohne von dem Riesen gefangen zu werden. Diesem ist es nicht erlaubt, die Wiese zu verlassen. Wer gefangen wird, ist beim nächsten Mal der Riese.

GESCHICKLICHKEIT – 2
Geschwindigkeit

Wettstreit der Jahreszeiten

Die Kinder stehen aufgereiht längs zweier Kreidelinien sich gegenüber, ungefähr 1,80–2,00 m voneinander entfernt. Zu jeder Gruppe sollten nicht mehr als sechs Kinder gehören. Der Anführer jedes Teams gibt sich den Namen einer Jahreszeit, und die anderen Kinder seiner Gruppe bekommen Namen, die zu der Jahreszeit passen. Zum Sommer kann z. B. eine Blume, Biene, Sonne, ein Strand und Eiskrem gehören; zum Winter paßt Frost, Eiszapfen, Skier, Weihnachten und ein Bär, der einen Winterschlaf hält. Die Kinder versuchen, so viele Namen wie möglich zu behalten.

Der Winter bittet nun den Sommer um einen seiner Untertanen. Wenn er einen der Namen noch genau zu nennen weiß, laufen alle Kinder zum Kreidestrich der Gegenseite, während der Winter versucht, möglichst viele Kinder des Sommer-Teams zu fangen, bevor sie die gegenüberliegende Linie erreicht haben. Diejenigen, die er abgeschlagen hat, müssen ins Gefängnis. Jetzt bittet der Sommer den Winter um einen seiner Untertanen, und derselbe Wechsel der Gruppen beginnt. Sieger ist der Gruppenführer, der als erster drei Kinder gefangen hat. Wenn einer einen falschen Namen nennt oder sich an keinen Namen entsinnen kann, werden alle Kinder in dem Gefängnis freigelassen und das Spiel beginnt von neuem. Die Kinder sagen dann ihre Namen, damit sie sich Sommer und Winter besser einprägen können.

Die Organisation dieses Spieles nimmt einige Zeit in Anspruch. Das

Spiel sollte dann eingeplant werden, wenn der Lehrer nach einer anstrengenden Übung eine Zwischenpause wünscht.

GESCHICKLICHKEIT – 3
Koordination

Schätze von Übersee

Die Kinder sind Seeleute, und jedes hat einen Sack mit Schätzen (Bohnensäckchen), den es nach Hause bringen will. Sie müssen an einem Strand vorbei, an dem Piraten leben, und deshalb müssen sie ihre Hände freihalten, um sich verteidigen zu können.

Hierzu soll jedes Kind seine eigene Lösung finden. Ein Kind könnte z. B. seine Schätze auf seinen Schultern tragen; ein anderes zwischen seinen Knöcheln; ein anderes auf seinem Nacken, wenn es mit vorgebeugtem Kopf geht; und wieder ein anderes beim Kriechen auf seinem Rücken. Oder es könnte ein Kind den Schatz mit dem Fuß über den Sand stoßen; ein anderes mit seinem Fuß vorwärtsschieben; wieder ein anderes könnte ihn auf seiner Nase jonglieren.

Wie bei allen Übungen, bei denen die Klasse selbst verschiedene Lösungen findet, sollen die Kinder sich gegenseitig beobachten und voneinander lernen.

GESCHICKLICHKEIT – 4
Kraft (Beinmuskeln)

Springen über Bohnensäckchen

1. Jedes Kind wirft ein Bohnensäckchen ca. 60 cm weit vor sich auf den Boden, springt darüber hinweg, hebt das Bohnensäckchen auf, wirft es hin, springt wieder drüberweg, usw., bis es ein vorher festgesetztes Ziel erreicht hat.

2. Hin und wieder sollte ein Kind ein Bohnensäckchen etwas mehr nach rechts oder links werfen, so daß es, um drüber hinwegzuspringen, in der Luft eine Drehung machen muß.

3. Die Kinder variieren nach eigenen Einfällen ihre Sprünge. Sie könnten z. B. ihre Knie hoch anheben; sie könnten mit gestreckten Knien und geschlossenen Beinen springen; die Knie aneinanderstoßen und die Fersen berühren (Koordinationsübung 16); aus einer Hockstellung hochspringen oder mit einem nach vorne und einem nach hinten gestreckten Bein das Bohnensäckchen überspringen.

4. Übung 1 als Wettlauf anwenden.

GESCHICKLICHKEIT – 5

Kuckuck im Nest

Vor Beginn des Spieles erklärt der Lehrer, daß der Kuckuck seine Eier in die Nester anderer Vögel legt und erzählt noch weitere Einzelheiten über den Kuckuck. Er kann den Kindern auch ein Lied vom Kuckuck vorsingen oder beibringen.

Ein Kind ist der Kuckuck. Die anderen Kinder werden in Dreiergruppen eingeteilt. Zwei Kinder von jedem Trio stehen sich gegenüber und halten sich an den Händen. Das dritte Kind steht zwischen ihnen »im Nest«. Der Kuckuck hat kein Nest. Auf ein Zeichen des Lehrers hin »fliegen« die Kinder im Nest aus und laufen mit dem Kuckuck umher. Sobald der Kuckuck »Kuckuck« ruft, versuchen alle Vögel, der Kuckuck ebenfalls, in neue Nester zu gelangen. Das Kind, das übrigbleibt, wird der nächste Kuckuck.

GESCHICKLICHKEIT – 6

Dem Anführer folgen

Dieses Spiel kann auf vielerlei Weisen variiert werden. Wir bringen im Folgenden vier Versionen.

1. Den Kindern wird gesagt, daß der Anführer vier verschiedene Bewegungen machen wird: Hüpfen im Wechselschritt, Galopphüpfen, Laufen und Gehen. Sie sollen nun jeden Bewegungswechsel nachahmen. Der Anführer ändert die Richtung nur, wenn er muß.

2. Die Kinder folgen dem Anführer so dicht es geht, ohne sich gegenseitig zu stoßen. Der Anführer gebraucht die bei 1. aufgezählten Bewegungen, aber er ändert auch ganz abrupt die Richtung.

3. Die Kinder werden in Dreiergruppen eingeteilt. Da eine kleinere Anzahl von Kindern dichter folgen kann, werden kompliziertere Bewegungen gemacht. Es könnte der Anführer z. B. ganz plötzlich stehenbleiben, in die Hocke gehen, seine Arme seitwärts halten oder auf allen vieren gehen. Welche Bewegungen er sich auch immer einfallen läßt, sein Gefolge muß ihn imitieren. Wenn der zur Verfügung stehende Raum klein ist, sollten nicht mehr als zwei Gruppen zur gleichen Zeit teilnehmen und die übrigen anderen Aktivitäten nachgehen.

4. Fortgeschrittene Kinder sollten ihre Bewegungen aufeinander

abstimmen, so daß sie eine geschlossene Gruppe bilden, die einem fließenden Bewegungsablauf folgt und ein gemeinsames Thema hat. Das wäre z. B. eine Vorwärtsbewegung dicht am Boden, Vorwärtsbewegungen in mittlerem Körperniveau oder Laufen und Springen so aufgerichtet wie möglich.

GESCHICKLICHKEIT – 7

Bodenrolle vorwärts

Der Lehrer muß sicherstellen, daß die Kinder diese Übung richtig ausführen, damit jede mögliche Verletzung der Nackenmuskeln vermieden wird. Ein ungeübtes oder kleineres Kind versucht oft, vor dem Abrollen seinen Nacken zu strecken, so daß das Körpergewicht auf den Nacken anstatt auf den Schultern zu liegen kommt. Der Lehrer sollte am Anfang dem Kind behilflich sein, indem er eine Hand auf das Gesäß und die andere auf den Nacken des Kindes legt, dann das Kind herüber und auf die Matte hebt und zur gleichen Zeit den Kopf des Kindes nach unten drückt.

1. Die Kinder liegen bäuchlings auf dem Boden, der Kopf ruht auf den verschränkten Armen. Sie richten sich auf ihre Zehenspitzen auf und »gehen« vorwärts, halten aber ihre Arme in derselben Stellung und am selben Fleck. Während sie »gehen«, ziehen sie ihren Brustkorb an und rollen schließlich ab.

2. Die Kinder knien nieder. Sie setzen ihre Hände auf den Boden, heben ihr Becken an und rollen ab, indem sie sich mit den Zehen und Knien abstoßen. Der Kopf ist bis unter die Brust eingezogen.

3. Die Kinder gehen in die Hocke, die Hände sind in Mittelstellung zwischen vorne und den Seiten aufgestützt. Sie stoßen den Körper mit den Füßen nach vorn und rollen ab.

4. Die Kinder machen einen Purzelbaum und kommen in einer einzigen Bewegung auf ihre Füße auf, indem sie sich sehr schnell abrollen und dann die Arme zur Seite schwenken, um das Gewicht so weit wie möglich nach vorne zu bringen.

5. Die Kinder machen Purzelbäume nach vorne und zurück sowie Seitwärtsrollen.

6. Jedes Kind versucht, eine Bewegungsfolge zu entwickeln, indem es einen Purzelbaum nach vorn, rückwärts oder eine Seitwärtsrolle macht, verbunden mit Gehen, Laufen, Drehen oder einer Kombination dieser Bewegungen.

GESCHICKLICHKEIT – 8

Saltos

Wenn die Kinder gelernt haben, einfache Purzelbäume auszuführen, kann mit einer Vielzahl von leichten Saltoübungen angefangen werden. Sie umfassen Bodenrolle aus dem Lauf, Bodenrolle, die mit dem Stand endet und einen Handstand, der mit dem Abrollen endet. Bei der letzten Übung sollte der Lehrer den Kindern beim Abrollen helfen.

Wenn der Lehrer Saltos über das Niveau dieser einfachen Übungen hinaus einbeziehen will, muß er wissen, wie er diese Übungen am besten den Schülern beibringt. Es wird jedenfalls von den älteren und fortgeschritteneren Kindern sehr begrüßt werden.

Unerfahrene Lehrer sollten diese oder andere Salto-Übungen nicht ausüben lassen. Eine sorgsame Beobachtung und geübte Hilfestellung sind notwendig.

GESCHICKLICHKEIT – 9

Vom Knien zum Stand

1. Die Kinder knien auf dem Boden, die Arme hängen seitlich herab. Sie kommen so schnell es geht, aber auf irgendeine von ihnen gewählte Weise, zum Stand hoch. Wenn nötig, dürfen sie sich mit einer Hand auf dem Boden abstützen.
2. Wie 1., aber die Kinder verschränken ihre Arme über ihrer Brust und gebrauchen nicht ihre Hände zur Hilfe.
3. Die Kinder knien sich mit zum Körper gebeugten Zehen hin. Dann verlagern sie ihr Gewicht auf die Zehenballen, strecken die Beine und stehen in einer schnellen Bewegung auf. Sie dürfen ihre Hände nicht gebrauchen und die Füße müssen fest am Boden bleiben. Wenn notwendig, kann ein Partner am Anfang leicht die Hände stützen.

GESCHICKLICHKEIT – 10
Kraft (Armmuskeln)

Vom Liegen zum Stand

Die Kinder liegen bäuchlings auf dem Boden, die Hände neben den Schultern, die Handinnenflächen auf dem Boden, die Ellenbogen gebeugt. Sie stehen auf, indem sie sich mit den Händen vom Boden abstützen und hochspringen. Wenn sie nicht aufspringen können, sollen sie auf eine für sie bequeme Weise hochkommen.

GESCHICKLICHKEIT – 11 (Körperbewußtsein)

Vom Sitzen zum Stand

1. Die Kinder sitzen auf dem Boden, die Knie angezogen, die Füße flach. Sie schlingen ihre Arme um ihre Knie, ziehen sich nach vorne, kommen zum Stand hoch und bleiben stehen.

Wenn nötig, dürfen sie sich selbst helfen, indem sie kurz eine Hand auf den Boden setzen, aber sie sollten die Übung, sobald es geht, ohne Hilfe schaffen.

2. Wie 1., aber die Kinder sitzen im Schneidersitz. Sie stehen mit gekreuzten Beinen auf.

3. Zwei Kinder sitzen sich in derselben Haltung wie bei Übung 1 gegenüber und halten sich an den Händen. Gemeinsam stehen sie auf, setzen sich wieder hin und stützen sich dabei gegenseitig.

4. Die Kinder sitzen paarweise, Rücken an Rücken, mit eingehakten Armen und flach aufgestellten Füßen auf dem Boden. Auf ein Zeichen des Lehrers hin richten sie sich zum Stand auf und stützen sich gegenseitig, indem sie sich gegen den Rücken des anderen stemmen. Sie kehren auf die gleiche Weise in die Ausgangsstellung zurück.

GESCHICKLICHKEIT – 12
Kraft (Beinmuskeln)
Gleichgewicht (statisches)

Raketenabschußrampe

Ausgehend von der Hockstellung springen die Kinder mit gestreckten Armen und Beinen in die Höhe. Sie kommen gerade auf ihren Füßen auf und stehen still.

GESCHICKLICHKEIT – 13
Kraft (Beinmuskeln)

Entengang

Die Kinder »watscheln« in Hockstellung vorwärts. Hinter ihrem Rücken halten sie ihre Hände flach zusammen; die Finger zeigen vom Körper weg und bilden einen Entenschwanz.

Diese Übung sollte nicht zu lange dauern, da sie für die Beinmuskeln sehr anstrengend ist. Der Lehrer soll darauf achten, daß die Kinder nach der Übung ihre Beine ausschütteln.

GESCHICKLICHKEIT – 14
Kraft (Bauchmuskeln)

Dreschmaschine

Der Lehrer sollte vor der Unterrichtsstunde eine Dreschmaschine erklären und Abbildungen von ihr zeigen.

1. Die Kinder liegen auf einer Seite, die Arme und Beine sind im rechten Winkel zum Rumpf ausgestreckt. Dann rollen sie sich zur anderen Seite hinüber, während Arme und Beine ihre Lage zum Oberkörper beibehalten.

2. Wie 1., aber die Kinder beugen Arme und Beine. (s. Skizze 16)

Skizze 16

3. Wie 2., aber die Kinder versuchen, beim dreimaligen Hin- und Herschwingen ihres Körpers Schwung zu holen. Beim drittenmal nutzen sie die Schwungkraft, um sich auf die Bauchseite zu drehen und schnell zum Stand aufzurichten.

GESCHICKLICHKEIT – 15

Baumstamm – Ball – Baumstamm

1. Die Kinder liegen der Länge nach auf dem Boden, die Arme über dem Kopf ausgestreckt. Sie rollen und rollen in beliebiger Richtung zur Seite (wie ein rollender Baumstamm).

2. Die Kinder liegen seitlich auf dem Boden. Dann beugen sie Ellbogen und Knie an und rollen sich mit eingezogenem Kopf ganz zusammen. In dieser Stellung lassen sie sich weiterrollen.

3. Die Kinder wechseln nun ihre Lage vor und zurück, vom »Ball« zum »Baumstamm«, d. h. mehrere Male strecken und kugeln sie sich, während sie auf dem Boden weiterrollen.

4. Wie 3., die Kinder ändern jedoch das Tempo und die Richtung der Rollbewegungen.

GESCHICKLICHKEIT – 16
Koordination

Hüpfen im Wechselschritt

1. Die Kinder üben das Hüpfen im Wechselschritt ohne einen Partner. Sie dürfen in jeder Richtung oder Anordnung hüpfen – vorwärts, rückwärts, diagonal, im Viereck, Kreis, usw. Sie sollen darauf achten, keine anderen Kinder anzustoßen.
2. Die Kinder hüpfen paarweise und halten sich an den Händen.
3. Die Kinder stehen immer zu zweit nebeneinander und fassen sich an den vorne gekreuzten Händen. Sie hüpfen paarweise frei umher, wechseln öfter die Richtung, aber versuchen, Zusammenstöße mit anderen Kindern zu vermeiden.
4. Die Kinder wechseln auf ein Zeichen des Lehrers hin vom Hüpfen im Wechselschritt zum Galopphüpfen und wieder zurück. Dies kann paarweise oder einzeln erfolgen.
5. Drei Kinder halten sich an den Händen und bilden einen Kreis, zwei Kinder blicken nach innen, das andere nach außen. Das Kind, welches nach außen gerichtet ist, ist der Anführer oder das »Pferd«. Die Kinder laufen nun zusammen und versuchen, in einer fließenden Bewegung vorwärts zu kommen und immer den gleichen Abstand voneinander zu halten. Auf ein Zeichen hin beginnen sie zu hüpfen und halten die ursprüngliche Kreisform bei.
6. Wie 1., aber auf ein Zeichen des Lehrers hin oder wenn sie es selber wollen, machen die Kinder durch einen Sprung eine Drehung von 180 Grad in der Luft und hüpfen, ohne anzuhalten, in der entgegengesetzten Richtung weiter.
7. Die Kinder üben das Hüpfen im Wechselschritt rückwärts und zur Seite (was ziemlich schwer ist) und blicken dabei immer geradeaus. Dann wechseln sie die Richtung, in der sie hüpfen.
8. Die Kinder unterbrechen das Hüpfen durch große Schritte.
9. Die Kinder entwickeln Bewegungsfolgen, in denen Hüpfen, Gehen, Laufen und Drehen enthalten sind. Sie führen sich gegenseitig ihre Bewegungsfolgen vor und sprechen darüber.

GESCHICKLICHKEIT – 17

Flugzeug

1. Aus der Hockstellung springen die Kinder mit ausgebreiteten Armen und geschlossenen Beinen in die Luft, wie ein startendes Flug-

zeug. Sie laufen mit ausgestreckten Armen umher, biegen sich in den Kurven zur Seite und gehen imaginären Gewittern und anderen Flugzeugen aus dem Weg. Sie können ihre »Flughöhe« verändern, indem sie sich mit gestrecktem Oberkörper nach vorne beugen oder sie beugen ihre Knie.

2. Der Lehrer erklärt, was ein Formationsflug ist. Die Kinder werden in Dreiergruppen eingeteilt. Sie starten in Gruppen, fliegen hoch, dann wieder tief oder in Zick-zack-Figuren; immer bewegen sich drei Kinder als eine Einheit. Entsprechend dem Kommando des Lehrers ändern sie ihre Bewegungen.

3. Jedes Kind entwickelt seine eigene Kunstflugvorführung.

4. Wie 2., aber ein Kind ist etwas weiter vorn und bestimmt die Art der Bewegungen. Die anderen müssen sie nachmachen.

5. Wie 1. oder 4., aber die Flugzeuge müssen ein Zerbersten in den Bergen zu vermeiden suchen; dazu werden vom Lehrer Schilder als Hindernisse aufgestellt.

GESCHICKLICHKEIT – 18
Kraft (Beinmuskeln)

Känguruh-Hüpfen

Die Kinder gehen in die Hocke, die Finger berühren den Boden zwischen ihren Knien. Sie springen nach vorne hoch, den Körper gestreckt, und kommen wieder in die Hockstellung zurück.

Zuerst sollen die Abstände bei dieser Vorwärtsbewegung nur klein sein, aber sobald die Bewegung ihnen vertrauter wird, können die Abstände nach und nach vergrößert werden.

GESCHICKLICHKEIT – 19 (Auge-Fuß-Koordination)

Schwingen und Springen

Die Kinder bilden einen Kreis von ungefähr 4,50 m Durchmesser. Ein Kind steht in der Mitte und schwingt ein 2,50–3,00 m langes Seil, an dessen Ende ein Bohnensäckchen oder ein weicher Ball befestigt ist, ein paar Zentimeter über dem Boden im Kreis herum. Jedes Kind springt hoch, sobald das Bohnensäckchen oder der Ball es erreicht. Der Lehrer sollte das Seilschwingen übernehmen, wenn es zu schwierig für eines der Kinder ist.

3. Kraft

Die Übungen dieses Teils sind speziell zur Muskelkräftigung gedacht. Übungen, bei denen es z. B. zu einem Anheben des Körpergewichtes kommt, wie Springen, Klimmzug, sich Hochrecken, bewirken ganz besonders eine Zunahme an Kraft. Aber da jede Bewegung ein Training für einen Muskel oder eine Muskelgruppe bedeutet, trägt jede Aktivität des Bewegungserziehungsprogramms zur Kräftigung einer Muskelgruppe bei, was auch sonst der Zweck dieser Übung sein mag.

Muskelkraft wird ganz gezielt durch viele Übungen an Turngeräten entwickelt. Die Kraft in den Armen wird z. B. durch Klettern an einem Klettergerüst, einem Kletterseil, einer Stange oder an der Sprossenwand gesteigert, wenn man die Füße dabei nicht gebraucht. Ferner gehört dazu das Überqueren des Barrens oder der horizontalen Leiter (oben, auf die Arme gestützt oder darunter, in hängender Lage), das Schwingen am Barren, an den Ringen oder dem Trapez und der Handstand auf dem Barren. Kraft in den Beinen kann man durch Ab- oder Überspringen von Turngeräten entwickeln, durch Hochklettern am Kletterseil oder -stab, wenn vorwiegend die Beine gebraucht werden, durch Hängen am Barren mit den Beinen usw.

Einige der folgenden Übungen erfordern die größte Muskelkraft während der Bewegungsausführung, andere erfordern die größte Kraft zum Erzielen der Schlußposition. Wenn ein Kind z. B. auf dem Rücken liegt und langsam die Beine anhebt, ist der Muskeltonus am stärksten, wenn sich die Beine nur einige Zentimeter über dem Boden befinden. Wird es aber aufgefordert, seine Zehen zu berühren, so ist der Muskelzug bei der Endposition am stärksten. Beim ersten Bewegungstyp kann man die Übung oft schwieriger gestalten, wenn man sie langsamer durchführen läßt, beim zweiten Typ, wenn man die Schlußposition länger anhalten läßt. In jedem der Fälle soll darauf geachtet werden, Überanstrengung zu vermeiden. Es ist besser, wenn die Kinder die Übung auf einem vernünftigen und ihnen angemessenen Niveau in zeitlichen Abständen wiederholen, als sie zu überfordern.

KRAFT – 1 (Beinmuskeln)
Flexibilität (Fußknöchel)

Federn

1. Die Kinder stehen ungefähr 1,00 m von einer Wand entfernt, strecken die Arme parallel zum Boden aus und berühren die Wand.

Nun beugen sie, so weit es geht, ihre Füße und Zehen in Richtung auf das Schienbein; dann gehen sie auf die Zehenspitzen. Diese Bewegung sollen sie üben. (Man sagt ihnen, daß diese Bewegung in den Sprunggelenken den Körper beim Springen hochtreibt. Wir nennen es »Federn«, denn es befähigt sie, so leicht wie Federn zu springen.)

2. Die Kinder machen im Stehen kleine Sprünge und halten dabei die Füße zusammen und die Knie gestreckt. Beim Springen sollen ihre Füße zum Boden zeigen.

KRAFT – 2 (Oberschenkelmuskulatur)

Aufzug

Die Kinder nehmen eine aufrechte, kniende Haltung ein, die Oberschenkel senkrecht, der Rücken gerade. Sie lassen sich langsam und mit gestrecktem Rücken auf ihre Unterschenkel nieder, dann richten sie sich wieder zur Ausgangsposition hoch. Wiederholen.

Wenn ein Kind Schwierigkeiten hat, kann es die Übung mit einem Partner ausführen. Die Kinder knien sich gegenüber und halten sich bei der Übung an den Händen.

KRAFT – 3 (Oberschenkelmuskulatur)

Wippen und Kniebeugen

Gewöhnliches Kniebeugen kann die Knie überbeanspruchen. Wippen und Kniebeugen verhindern diese Gefahr und stärken gleichzeitig die Wadenmuskulatur.

Zwei Kinder stehen sich gegenüber und halten sich an den Händen. Eines macht eine Kniebeuge. Dann kommt es hoch und wird von seinem Partner, der nun hinuntergeht, leicht unterstützt. Weiter geht es mit Heben und Senken. Wenn die Kinder diese Bewegung ausführen, singen sie: »Hin – Her, ist nicht so schwer.«

KRAFT – 4 (Bauchmuskeln)
Geschicklichkeit

Schulterstand

Die Kinder liegen mit dem Rücken auf dem Boden. Sie heben die Beine (mit gebeugten Knien), das Becken und den unteren Teil des Oberkörpers vom Boden hoch, bis das Gewicht auf den Schultern, dem Nacken, Kopf und der Rückseite der Oberarme lastet. Die Hände sollen den Körper in der Taille stützen. (s. Abb. 16)

KRAFT 5 – (Bein-, Bauchmuskeln)

Das »Kolben-Bein«

1. Die Kinder liegen auf dem Rücken. Sie bewegen ihre Beine in einer kolbenartigen Bewegung; während das eine Bein an den Brustkorb herangezogen wird, halten sie das andere gestreckt über den Boden. Das angebeugte Bein soll, so dicht es geht, an den Brustkorb herangebracht werden.

2. Wie 1., aber die Kinder halten das »Kolben-Bein« beim Zurückführen so lange über dem Boden, bis sie bis 3 gezählt haben und legen es dann nieder.

KRAFT – 6 (Oberschenkel-, Rumpfmuskeln)

Die Beine seitwärts heben

1. Die Kinder liegen auf einer Seite, der am Boden liegende Arm ist nach oben gestreckt, der Kopf ruht auf ihm. Der andere Arm wird im Ellbogengelenk an der Vorderseite des Körpers gebeugt, die Handinnenfläche wird im rechten Winkel dazu auf den Boden gelegt, um den Körper bei den folgenden Bewegungen abzustützen und ihn in der Balance zu halten. Nun heben die Kinder das obere Bein an und senken es langsam wieder. Die Übung wird dann auf der anderen Seite und durch das Anheben des anderen Beines wiederholt.

2. Wie 1., aber die Kinder lassen das angehobene Bein kreisen, erst im Uhrzeigersinn, dann in entgegengesetzter Richtung.

3. Wie 1., aber die Kinder denken sich noch viele eigene Möglichkeiten aus, das angehobene Bein zu bewegen.

KRAFT – 7 (Rückenmuskulatur)
Flexibilität

Sieh mich an!

Die Kinder liegen auf dem Bauch, die Hände sind hinter dem Nacken fest verschränkt. So weit sie nur können, heben sie langsam ihren Kopf und Brustkorb an und achten darauf, daß beide eine gerade Linie bilden. Wenn es einem Kind schwerfällt, den unteren Teil des Rumpfes und die Beine auf dem Boden zu halten, kann ein anderes Kind seine Fußgelenke herunterdrücken.

Nach Übungen, bei denen die Wirbelsäule rückwärts gebeugt wurde, müssen unbedingt Übungen mit Vorwärtsbeugung folgen. (Siehe Kapitel 4, Isometrische Übung 8.)

KRAFT – 8 (Untere Rückenmuskulatur)
Flexibilität

Beine hoch

Die Kinder liegen auf dem Bauch, die Arme sind seitlich ausgestreckt. Sie heben die Beine und untere Rumpfpartie, so weit es geht, an und halten sie gestreckt. Wenn es einem Kind schwerfällt, seinen Brustkorb am Boden zu halten, kann ein anderes Kind seine Schultern runterdrücken.

Nach Übungen, bei denen die Wirbelsäule nach vorne gebeugt worden ist, müssen unbedingt Übungen mit Rückwärtsbeugung folgen. (Siehe Kapitel 4, Isometrische Übung 8.)

KRAFT – 9 (Rücken, Nacken, Schultermuskulatur)
Flexibilität

Schaukelpferd

Die Kinder liegen auf dem Bauch, die Arme seitwärts oder über dem Kopf ausgestreckt. Sie heben Arme, Nacken, Kopf und Beine, so hoch wie möglich, vom Boden an. Dann schaukeln sie vor und zurück.

Nach Übungen, bei denen die Wirbelsäule rückwärts gebeugt worden ist, müssen unbedingt Übungen mit Vorwärtsbeugung folgen. (Siehe Kapitel 4, Isometrische Übung 8.)

KRAFT – 10 (Bauchmuskeln)

Einen rechten Winkel bilden

Die Kinder liegen auf dem Rücken, sie heben langsam ihre Beine bis zur Senkrechten hoch und senken sie dann langsam. Die Beine sollen dabei gestreckt sein und Kopf und Schultern flach auf dem Boden liegen. Bei einigen Kindern mag es nötig sein, erst ein Bein anzuheben, um dann beide Beine parallel und senkrecht hochzurichten.

KRAFT – 11 (Bauchmuskeln)
Flexibilität

Aufsitzen

Die Kinder liegen mit angebeugten Knien auf dem Rücken, die Arme seitlich. Sie setzen sich auf, ohne ihre Hände zu gebrauchen und lehnen sich vornüber, um ihre Zehen zu berühren. Drei- bis fünfmal wiederholen. Wenn die Übung für ein Kind zu schwierig ist, kann ein Partner seine Fußgelenke nach unten halten.

KRAFT – 12 (Arm-, Schultermuskulatur)

Nach Äpfeln schnappen

Die Kinder knien sich hin, die Hände sind auf dem Boden, die Arme gestreckt, der Rücken parallel zum Boden. Sie beugen ihre Arme, bis der Brustkorb auf dem Boden ist und die Füße angehoben werden können. Sie bleiben in der Stellung, bis sie bis drei gezählt haben, und kehren dann zur Ausgangsposition zurück.

KRAFT – 13 (Bauchmuskeln)
Flexibilität (Wirbelsäule)

Aufsitzen mit gebeugten Knien

Die Kinder liegen auf dem Rücken, die Arme zur Seite, die Knie gebeugt. Sie setzen sich auf, ohne die Hände zu gebrauchen, schlingen ihre Arme um die Knie und rollen sich so eng zusammen, daß der Kopf die Knie berührt. Fünfmal wiederholen. Ein Partner kann, wenn es nötig ist, die Füße unten festhalten.

KRAFT – 14 (Beinmuskeln)
Geschicklichkeit
Flexibilität (Wirbelsäule rückwärts)
Gleichgewicht (dynamisches)

Russischer Tanzsprung

1. Die Kinder machen kleine federnde Sprünge und halten dabei die Knie gestreckt.
2. Wie 1., aber bei jedem 3. Sprung bringen die Kinder die Knie so dicht an den Brustkorb heran, wie es nur geht.
3. Wie 1., aber bei jedem Sprung beugen die Kinder ihre Knie und berühren während des Hochspringens ihre Fersen. Sie sollten sanft aufkommen.

KRAFT – 15 (Schultergürtel-, Arm- und Rückenmuskulatur)
Koordination
Gleichgewicht (gegenstandsbezogenes)

Zirkus-Seehundgang

1. Die Kinder liegen auf dem Bauch. Sie legen ihre Hände neben die Schultern und strecken ihre Arme, um den Oberkörper aufzurichten. Indem sie nur auf den Händen gehen und die Beine hinter sich

herziehen, bewegen sie sich vorwärts. Die Beine sollen gestreckt und geschlossen bleiben.

2. Um in die Übung noch das Balancieren einzubeziehen und um die Kinder dazu zu bringen, den Kopf hoch zu halten, tragen die Kinder einen Bohnensack auf dem Kopf.

3. Der Lehrer sollte Abbildungen von einer Zirkusnummer mit Seehunden zeigen und die Kinder auffordern, sich eigene Kunststücke auszudenken. Sie könnten sich z. B. in Seitenlage auf den Boden legen und dabei nach wie vor das Bohnensäckchen balancieren, oder sie könnten sich mit dem Oberkörper in die Höhe recken, wie es Seehunde tun, wenn ihnen ein Fisch zugeworfen wird.

KRAFT – 16 (Arm-, Bauch-, Rückenmuskulatur)
Flexibilität

Raupe

Die Kinder liegen auf dem Bauch, die Hände in der Nähe der Schultern, die Fußballen berühren den Boden. Sie strecken ihre Arme und heben ihren Rumpf so weit hoch, bis er eine Parallele zum Boden bildet, nur auf die Hände gestützt. Mit gestreckten Knien gehen sie in kleinen Schritten vorwärts, bis die Füße sich, so weit es geht, den Händen genähert haben. Dann laufen sie auf den Händen Schritt für Schritt vorwärts, bis der Rumpf wieder parallel zum Boden gerichtet ist. Diese Bewegungsfolge wird wiederholt, so daß die Kinder sich nur langsam vorwärtsbewegen.

KRAFT – 17 (Bein-, Bauchmuskeln)

Karate-Schlag

Die Kinder liegen auf dem Rücken und heben ihre Beine langsam über den Kopf, bis sie sich parallel zum Boden befinden. Die Hüften werden von den Händen gestützt. Die Kinder kommen zum Sitzen zurück, indem sie die Beine in einer raschen Bewegung auf den Boden schwingen und zur selben Zeit den Kopf und Rücken aufrichten. Sie sollten versuchen, sich nicht mit ihren Händen zu helfen.

4. Flexibilität

Flexibilitätsübungen beanspruchen eine maximale Bewegungsausdehnung in den Gelenken und Anspannung der Muskeln. Bei akrobatischen Kunststücken wird Flexibilität als wichtigste Voraussetzung verlangt. Es ist jedoch nicht das Anliegen dieses Programms, Akrobaten heranzuziehen, sondern ganz einfach die Flexibilität zu erhalten, die für kleine Kinder so kennzeichnend ist.

Mangelhafte Flexibilität und schlechte Körperhaltung findet man häufig gekoppelt. Diese Übungen sollen den Kindern helfen, sich ihr Bewegungskontingent zu bewahren und eine gute Körperhaltung zu bekommen.

Es gibt viele Möglichkeiten, die zur Förderung der Flexibilität führen – z. B. das Hin- und Herwinden zwischen den Stangen eines Klettergerüsts, der Überschlag an den Schaukelringen und die Wende am Parallelbarren. (Viele Geschicklichkeitsübungen sind gleichzeitig ein Training für die Flexibilität. So ist z. B. die Geschicklichkeitsübung 7, Vorwärtsrollen, eine ausgezeichnete Übung für die Flexibilität.) (s. Abb. 17)

Hinweise für die Flexibilität

Der Lehrer sollte sicher sein, daß die Kinder ihre Muskeln weich und langsam bis zu dem Punkt anspannen, an dem die Anspannung für sie mühevoll wird. Zu diesem Zeitpunkt sollte die Bewegung für fünf Sekunden angehalten werden. Die Kinder sollen die Übung nicht mit Gewalt fortsetzen, weil sonst die Gefahr von Muskelrissen besteht. So soll z. B. ein Kind, um seine Fußzehen berühren zu können, nicht in übertriebener Weise hoch- und niederwippen.

Jede Flexibilitätsübung soll mindestens dreimal wiederholt werden.

FLEXIBILITÄT – 1 (Schultergelenke)
Kraft (Schultergürtelmuskulatur)

Armkreisen

1. Die Kinder sitzen und halten ihre Arme seitwärts gestreckt. Bei geradem Rücken machen sie kleine, nach rückwärts gerichtete Kreisbewegungen, die sie langsam vergrößern. Sie sollten die Bewegung fühlen, indem sie die Schulterblätter nach hinten ziehen.

2. Wie 1., aber die Kinder stehen dabei.

3. Wie 2., aber die Kinder lassen ihre Arme in unterschiedlichem Tempo kreisen und halten sie in verschiedenen Winkeln zum Körper – nach vorne, seitwärts, über den Kopf oder, soweit es geht, nach hinten. Sie können ihren Rumpf in Richtung der Arme neigen. Es soll

ein Gefühl des Dehnens und der Ausweitung des persönlichen Raumes entstehen. Die Arme können parallel zueinander oder in verschiedenen Richtungen zeigen. Jedes Kind soll alle seine Bewegungen, so frei wie möglich, ausführen.

FLEXIBILITÄT – 2 (Wirbelsäule; Beinmuskeln)

Die Glocke

1. Die Kinder stehen in Grätschstellung und lassen die Arme lokker an den Seiten herunterhängen. Dann beugen sie sich nach vorn, halten die Knie steif und versuchen den Boden zu berühren. Sie umgreifen ihre Fußgelenke, ziehen ständig und versuchen, sich, so weit wie möglich, vorzubeugen. Dann kehren sie in die Ausgangslage zurück.

2. Wie 1., aber wenn die Kinder sich in der vorgebeugten Haltung befinden, tun sie so, als seien sie große Glocken und schwingen ihre Arme und den Oberkörper vor und zurück. Das Schwingen der Arme erleichtert hierbei das Heben und Senken des Oberkörpers.

3. Wie 2., aber nach einigem Vor- und Rückschwingen nutzen die Kinder den Aufwärtsschwung als einen Impuls zum Hüpfen (Füße zusammen) oder für einen Sprung (Füße auseinander). Auf diese Weise können sie den ganzen Raum durchqueren.

FLEXIBILITÄT – 3 (Wirbelsäule; Beinmuskeln)

Den Kopf zum Fuß

Die Kinder sitzen auf dem Boden, die Beine sind gegrätscht und liegen flach auf. Sie neigen sich nach vorn, umgreifen mit beiden Händen ein Fußgelenk und führen den Kopf, so weit es geht, an das Bein heran, das gestreckt auf dem Boden gehalten wird. Auf beiden Seiten abwechselnd wiederholen.

FLEXIBILITÄT – 4 (Hüfte und Beine)

Beim Gehen die Fußgelenke umfassen

Die Kinder beugen sich nach vorn, während sie die Knie gestreckt halten, umgreifen die Knöchel und gehen vorwärts. Wenn dies zu schwer ist, sollen die Kinder erst einmal bei derselben Übung die Waden umgreifen.

FLEXIBILITÄT – 5 (Wirbelsäule; Beinmuskulatur)
Koordination (Kreuzen der Mittellinie)

Der Zug

1. Die Kinder sitzen auf dem Boden, die Beine sind gestreckt und so weit gegrätscht, wie es noch eben angenehm ist. Sie schieben ein Bohnensäckchen entlang einem jeden Bein vor und zurück. Während sie die Knie gestreckt halten, beugen sie sich, so weit wie möglich, vor.

2. Wie 1., aber die Kinder strecken beide Arme hoch über den Kopf. Dann beugen sie sich, so weit es geht, nach vorn, einmal zum rechten, einmal zum linken Fuß. Dabei bleiben die Arme in einer Linie mit dem Oberkörper und die Knie gestreckt.

3. Wie 2., aber ohne Bohnensäckchen.

4. Wie 2., aber im Stehen.

FLEXIBILITÄT – 6 (Wirbelsäule)
Koordination (Arm, Beinbewegungen)
Gleichgewicht (dynamisches)

Elefantengang

Die Kinder verhaken die Finger ihrer beiden Hände, beugen sich in der Taille nach vorn und lassen die Arme locker baumeln. Sie machen mit dem rechten Fuß einen schweren Schritt und schwingen die Arme nach rechts; dann mit dem linken Fuß einen schweren Schritt und Schwingen der Arme nach links. Auf diese Weise gehen sie weiter. Die schwingende Bewegung soll den Körper nach vorn ziehen.

FLEXIBILITÄT – 7 (Wirbelsäule; Hüften)
Gleichgewicht (statisches)

Der Akrobat

1. Die Kinder sitzen auf dem Boden. Sie machen mit beiden Händen für ein Knie eine Schlinge und versuchen, das Knie an die Stirn heranzuziehen.

2. Kinder, welche die Übung 1 beherrschen, können dasselbe versuchen, indem sie nur auf einem Fuß stehen.

FLEXIBILITÄT – 8 (Hüfte und Beine)

Strecken der Beine

1. Die Kinder liegen mit dem Rücken auf dem Boden. Sie heben ein Bein, so hoch sie können, in die Luft, dabei halten sie es ge-

streckt und lassen das andere Bein auf dem Boden liegen. Sie senken das angehobene Bein und wiederholen das Ganze mit dem anderen Bein.

2. Die Kinder heben ein Bein, so weit es geht, nach oben und hinten an. Dann machen sie mit ihm kleine Vor- und Rückwärtsbewegungen und versuchen jedesmal, das Bein ein wenig dichter an den Kopf heranzubringen. Es sollen weiche Bewegungen sein, mit abwechselnd schwacher und stärkerer Dehnung. Die Knie bleiben gestreckt. Mit dem anderen Bein wiederholen.

FLEXIBILITÄT – 9 (Hüfte und Beine)
Gleichgewicht (statisches)

Das Bein anheben

1. Die Kinder stellen sich hin, die Füße parallel und etwas auseinandergesetzt. Sie heben langsam ein Bein, so weit sie können, hoch und senken es langsam wieder. Dabei halten sie den Rücken und die Beine so gestreckt wie möglich. Mit dem anderen Bein wiederholen. Wenn es den Kindern Schwierigkeiten macht, das Gleichgewicht zu halten, können sie einen Stuhl, ein Geländer oder die Hand eines Kindes als Stütze nehmen.

2. Wie 1., aber die Kinder heben jedes Bein, so weit es geht, zur Seite.

3. Wie 1., aber die Kinder heben jedes Bein nach hinten. Da viele Kinder eine Lordose der Wirbelsäule haben, wird diese Übung mit Vorsicht durchgeführt.

FLEXIBILITÄT – 10 (Wirbelsäule; Hüftgelenke)
Gleichgewicht (statisches)

Beinschwingen

1. Die Kinder stehen aufrecht und schwingen ein Bein vor und zurück. Mit dem anderen Bein wiederholen.

2. Wie 1., aber die Kinder schwingen jedes Bein seitwärts.

3. Wie 1., aber die Kinder machen mit jedem Bein Kreisbewegungen.

4. Wie 1., aber die Kinder schwingen jedes Bein so weit nach vorn, daß sie gezwungen sind, einen Schritt vorwärts zu machen. Sie gehen nun mit »Riesenschritten« durch den ganzen Raum oder im Kreis herum.

FLEXIBILITÄT – 11 (Wirbelsäule)
Kraft (Bauchmuskeln)

Die Zugbrücke

Die Kinder liegen rücklings auf dem Boden. Sie heben langsam ihre gestreckten Beine und senken sie über dem Kopf, bis ihre Zehen den Boden berühren; dann kehren sie langsam in die Ausgangslage zurück.

Diese Übung ist einfacher, wenn die Kinder ihre Ellbogen beugen und die Hände dicht am Körper gegen den Boden drücken.

FLEXIBILITÄT – 12 (Wirbelsäule)
Kraft (Bauchmuskeln)

Vom Schaukeln zur Rolle

1. Die Kinder sitzen auf dem Boden, die Arme sind um die angebeugten Knie geschlungen. Sie schaukeln rückwärts, bis ihre Schultern den Boden berühren und vorwärts, bis ihre Füße den Boden berühren.

2. Wie 1., aber die Kinder strecken ihre Beine aus und halten die Arme seitlich vom Körper. Um dem Körper zum Sitzen zu verhelfen, wird es besser sein, beim Vorwärtsschaukeln die Arme nach vorne auszustrecken.

3. Wie 2., aber die Kinder schwingen ihre Beine den ganzen Weg zurück und über den Kopf, bis sie den Boden mit ihren Zehen berühren.

4. Wie 3., aber die Kinder ziehen ihre Knie an den Kopf heran, machen eine Rolle und enden in der Knielage.

FLEXIBILITÄT – 13 (Hüftgelenke)
Kraft (Rumpfmuskulatur)
Gleichgewicht (dynamisches, statisches)

Ballettänzer

1. Die Kinder gehen in die Hocke und setzen sich auf ihre Fersen, der Rücken ist gerade, die Hände sind hinter dem Nacken gefaltet. Sie neigen ihren Kopf und Oberkörper abwechselnd zur rechten und linken Seite, ohne sich nach vorne zu beugen.

2. Wie 1., aber die Kinder sind in einer aufrechten, knienden Stellung.

3. Wie 2., aber die Kinder strecken ein Bein seitwärts.

4. Die Kinder führen die Übung im Stehen aus, das Gewicht fast ausschließlich auf einem Bein, das andere zur Seite gestreckt, und nur die Zehen berühren den Boden.

5. Die Kinder versuchen, möglichst hoch auf Zehenspitzen zu gehen, sich zu wenden, zu drehen und zu beugen. Ein jedes entwickelt seinen eigenen Bewegungsablauf.

FLEXIBILITÄT – 14 (Wirbelsäule)

Den Kopf verbergen

Die Kinder sitzen mit gebeugten Knien und flach aufgestellten Füßen auf dem Boden. Sie neigen den Oberkörper nach vorn, bis der Kopf die Knie berührt. Sie rutschen mit ihren Füßen weiter auseinander, schlingen die Arme um die Knie und senken den Kopf, so weit es geht, zwischen die Knie. Dann setzen sie sich wieder aufrecht hin. Zwei- bis viermal wiederholen.

FLEXIBILITÄT – 15 (Wirbelsäule)
Gleichgewicht (statisches)

Scheibenwischer

1. Die Kinder sitzen mit nach vorne gestreckten Beinen auf dem Boden. Sie legen ihre Hände auf ihre Hüften und drehen sich so weit es geht zur rechten Seite, ohne dabei die Knie nach innen zu drehen oder sich nach vorne zu beugen. Die Kinder sollten sich, so weit wie möglich, seitwärts drehen, ohne umzufallen. Zur linken Seite wiederholen und dann immer abwechselnd in einer weichen, fortlaufenden Bewegung.

2. Wie 1., aber die Arme der Kinder sind parallel zueinander über dem Kopf gestreckt.

3. Wie 1., aber die Kinder stehen.

FLEXIBILITÄT – 16 (Wirbelsäule; Beinmuskeln)

Nach hinten schreiben

Die Kinder stehen in breiter Grätschstellung, nach vorn gebeugt, da. Sie reichen, so weit es geht, durch ihre Beine hindurch und machen mit einem Stück Kreide auf dem Boden eine Markierung. Bei jedem neuen Anlauf versuchen sie, die Markierung in noch größerer Entfernung anzubringen.

FLEXIBILITÄT – 17 (Wirbelsäule)
Entspannung

Kopfkreisen

1. Die Kinder sitzen mit übereinandergeschlagenen Beinen da und lassen ihren Kopf in möglichst weitem Bogen kreisen, erst im Uhrzeigersinn, dann entgegengesetzt. Zur maximalen Dehnung sollten die Bewegungen sehr langsam sein. Der Rumpf und die Schultern bleiben ruhig.

2. Wie 1., aber die Kinder lassen zusätzlich den Oberkörper und die Schultern rotieren.

FLEXIBILITÄT – 18 (Wirbelsäule)
Koordination
Gleichgewicht (statisches)
Geschicklichkeit

Durch den Tunnel und über die Brücke

Bei jeder dieser drei Übungsvariationen soll das Tempo, mit dem der Ball weitergegeben wird, erhöht werden, so daß Geschicklichkeit und Gleichgewicht auch mit einbezogen werden.

1. Die Kinder stehen in einer Reihe hintereinander, die Beine gegrätscht, und bilden einen Tunnel. Das vorderste Kind gibt einen dicken Ball zwischen seinen Beinen hindurch zu dem Kind hinter ihm, welches wieder dem nächsten Kind den Ball weiterreicht, und so weiter, bis ans Ende der Reihe.

2. Die Kinder geben den Ball über ihre Köpfe hinweg nach hinten weiter. Sie sollten so weit voneinander entfernt stehen, daß eine Rückwärtsstreckung erforderlich ist.

3. Die Kinder reichen abwechselnd den Ball durch den Tunnel und über den Kopf weiter.

FLEXIBILITÄT – 19 (Rumpf)
Geschicklichkeit
Gleichgewicht (statisches)

Über den Zaun steigen

1. Jedes Kind nimmt einen ca. 75 cm langen Stock an beiden Enden in die Hände und hält ihn in Hüfthöhe, parallel zum Boden, vor sich hin. Dann steigt es erst mit dem einen, dann mit dem andren Fuß hinüber. Fünfmal wiederholen.

2. Die Kinder werden nach einer anderen Möglichkeit gefragt, den Stock, ohne ihn loszulassen, nach hinten zu bekommen. (Die Lösung wäre, ihn über den Kopf zu führen. Siehe Flexibilitätsübung 20).

FLEXIBILITÄT – 20 (Schultergürtel)

Eisenbahnschranke

1. Die Kinder stehen in Grätschstellung. Jedes ergreift einen 75 cm langen Stock an beiden Enden und hebt ihn langsam über den Kopf und möglichst weit nach hinten. Dabei bleiben die Arme gestreckt und der Oberkörper hoch aufgerichtet. Dann führen sie den Stock langsam zurück auf die Vorderseite. Die Stöcke sollten immer waagerecht gehalten werden.

2. Wie 1., aber die Kinder sitzen mit geraden Beinen.

FLEXIBILITÄT – 21 (Wirbelsäule)

Der Schaukelstuhl

1. Die Kinder sitzen auf dem Boden, die Knie an den Brustkorb herangezogen, die Arme um die Knie geschlungen, den Kopf nach vorn gebeugt, die Füße über dem Boden. Sie schaukeln vor- und rückwärts.

2. Aus dem Vorwärtsschaukeln wie bei Übung 1 werden einige Kinder so viel Kraft gewinnen, daß sie sich zum Stand hochschwingen können und gleichzeitig ihre Arme nach vorne schleudern.

FLEXIBILITÄT – 22 (Wirbelsäule)
Geschicklichkeit

Rückwärtsrolle

1. Die Kinder liegen mit dem Rücken auf dem Boden. Sie heben ihre gebeugten Knie hoch und bringen sie auf der anderen Seite des Kopfes so dicht zum Boden wie möglich. Bis zum Sitzen rollen sie weiter zurück. Die Kinder haben ihre Arme seitlich und dürfen sich mit ihnen vom Boden abstoßen.

2. Wie 1., aber die Kinder versuchen die Übung auszuführen, ohne sich vom Boden abzustoßen.

FLEXIBILITÄT – 23 (Hüftgelenke)
Gleichgewicht (statisches)

Durch den Ring steigen

1. Die Kinder stehen aufrecht, falten ihre Hände und bilden mit den Armen einen Ring. Sie ziehen ein Bein an den Brustkorb heran und halten das andere Bein und den Rücken so gerade wie möglich, obgleich Kopf und Nacken nach vorne gebeugt sein können. Es wird bis 3 gezählt, und so lange verharren sie in der Stellung.

2. Wie 1., aber die Kinder steigen durch den Ring, erst mit dem einen, dann mit dem anderen Bein. (Dies ist eine Variation für Fortgeschrittene.)

FLEXIBILITÄT – 24 (Wirbelsäule)

Die Katze

Die Kinder nehmen eine Kriechstellung ein, Hände und Knie sind auf dem Boden, der Rücken ist waagerecht. Sie krümmen den Rücken wie eine verärgerte Katze und ziehen den Kopf zum Brustkorb ein. Dann strecken sie den Nacken und lassen die Wirbelsäule langsam in eine Ruhestellung sinken.

FLEXIBILITÄT – 25 (Wirbelsäule; Hüftgelenke)
Kraft (Rumpfmuskulatur)

Die Meerjungfrau

1. Die Kinder liegen auf einer Seite. Mit der Hand des freien Armes stützen sie sich auf der Vorderseite vom Boden ab. Sie heben beide Beine seitwärts, so hoch es geht, an und halten die Beine zusammen.

2. Die Kinder liegen auf einer Seite, die Arme sind über dem Kopf ausgestreckt. Sie heben ihre Beine und den Oberkörper so hoch wie möglich an und schaukeln auf und nieder wie das Schaukeln auf den Wellen, wobei die Hüfte der Drehpunkt ist.

5. Gleichgewicht

Bei allen drei Formen der Balance ist eine genaue Gewichtsverteilung und damit eine funktionelle Anpassung der Muskelgruppen erforderlich. Gleichgewichtsübungen tragen auch zur Entwicklung des Körperbewußtseins bei und sind deshalb besonders vorteilhaft.

Wenn es einem Kind schwerfällt, in Ruhelage das Gleichgewicht zu halten, sollte man ihm erlauben, sich erst einmal selbst zu helfen, indem es sich an einem Gegenstand wie einem Stuhl oder der Hand eines anderen Kindes festhält. Wenn es nun auf diese Weise die Übung ausführen kann, sollte es die Stütze loslassen und versuchen, das Gleichgewicht ohne sie zu halten. Als nächstes kann es eine Übung ohne den anfänglichen Halt in Angriff nehmen.

GLEICHGEWICHT – 1 (statisches)

Auf den Zehenspitzen stehen

Bei allen Übungen auf Zehenspitzen sollten die Fersen, so weit es geht, vom Boden angehoben werden.

1. Die Kinder stellen sich hin, richten sich hoch auf die Zehenspitzen, bleiben so für drei bis fünf Sekunden und kehren zur Ausgangsposition zurück.

2. Wie 1., aber wenn die Kinder sich auf die Zehen stellen, heben sie langsam mit beiden Händen einen Ball hoch über den Kopf.

GLEICHGEWICHT – 2 (statisches)
Koordination

Die Waage (seitliche Balance)

Der Lehrer erklärt den Kindern, was eine Waage ist und wie man sie zum Abwiegen von verschiedenen Dingen gebraucht. Er sollte bei den folgenden Übungen langsam vorgehen, Schritt für Schritt, und jede neue Stellung und Bewegung vormachen.

1. Die Kinder sitzen mit gestreckten und leicht gegrätschten Beinen auf dem Boden, die Arme sind in rechtem Winkel zum Körper ausgestreckt, eine Haltung, die einer Waage ähnelt. Die Kinder neigen sich langsam und regelmäßig nach rechts und links und halten dabei die Arme im gleichen Winkel zu Rumpf und Rücken gestreckt.

2. Wie 1., aber die Kinder versuchen eine maximale Beugung nach rechts und links.

3. Die Kinder stehen in leichter Grätschstellung, die Arme im rechten Winkel zum Körper. Indem sie die Hüften, so wenig wie möglich, bewegen, neigen sie sich maximal zur Seite, erst auf die eine, dann auf die andere Seite.

4. Wie 3., aber die Kinder heben gleichzeitig das Bein, das der geneigten Seite gegenüberliegt, an. Wenn also der linke Arm hochgeht, geht auch das linke Bein hoch, und umgekehrt.

Skizze 17

Der Lehrer könnte zu den Kindern sagen:

»Heute sollt ihr einmal eine Waage oder Wippe sein. Zuerst setzt euch mit gestreckten und leicht gegrätschten Beinen auf den Boden wie ich jetzt. (Er zeigt es.) Gut. Nun nehmt die Arme zur Seite, damit ihr auch eine richtige Waage seid. Schön.

Nun werden wir ein paar Äpfel wiegen. Wir geben einige Äpfel auf die rechte Seite und der rechte Arm geht etwas nach unten wie jetzt (macht es vor). Dann geben wir Gewichte auf die linke Seite der Waage, und der linke Arm senkt sich, wie jetzt (macht es vor). Nun seid ihr dran. Bewegt dabei nicht die Schultern. Haltet eure Arme zur Seite gestreckt und neigt euren Rücken, damit eure Arme auf- und niedergehen können. Schön. Nun werden wir noch mehr Äpfel und Gewichte dazutun, damit ihr euch weiter von einer Seite auf die andere neigen müßt. (Er macht es vor.) Eure Bewegungen sollen ganz fließend sein. Sehr gut!

(2) Nun geben wir eine Menge Äpfel in die Waagschale, und sie ziehen euch ganz schwer auf der einen Seite hinunter. Seht, wie tief ihr euch hinunterbeugen könnt. Haltet eure Arme gestreckt und bewegt euch nicht in den Hüften. Schön. Nun kommt die andere Seite dran. Macht weiter, eine Seite nach der anderen, und neigt euch dabei so tief ihr nur könnt. Gut!

(3) Könnt ihr auch Riesenwaagen sein? Stellt euch dazu hin, die Füße etwas auseinander. Nehmt wieder die Arme zur Seite und neigt

euch wieder von einer Seite zur anderen. Gut. Haltet die Arme immer in der gleichen Lage und laßt sie dem Körper folgen. Lehnt euch nicht nach vorne! Lehnt euch nur zu einer Seite. Seht, wie weit ihr schon kommt!

(4) Dieses Mal zeige ich euch ein Kunststück. Wenn ihr euch zur linken Seite hinüberneigt, wie jetzt (macht es vor), so seht zu, ob ihr euer rechtes Bein anheben könnt (macht es wieder vor). Dann macht ihr das gleiche auf der anderen Seite. Versucht es mal. Gut!«

GLEICHGEWICHT – 3 (statisches)
Flexibilität

Vorwärtsbalance

1. Die Kinder stehen auf einem Bein und beugen sich nach vorn. Dann heben sie das freie Bein nach hinten an, bis Rumpf und Spielbein eine Parallele zum Boden bilden. Die Arme werden im rechten Winkel vom Körper weggestreckt. Diese Haltung wird solange eingehalten, bis der Lehrer bis drei gezählt hat. Dann kehren sie zum Stand zurück. Wiederholen und das andere Bein anheben.
2. Wie 1., aber die Kinder strecken die Arme nach vorne.
3. Die Kinder versuchen, auf einem Bein zu balancieren, wobei der Rumpf und die Arme jede gewünschte Stellung einnehmen dürfen. Sie können sich nach rückwärts, seitwärts oder vorwärts beugen, und die Arme dürfen entsprechend in jeder symmetrischen oder asymmetrischen Stellung gehalten werden.
4. Die Kinder denken sich selbst Bewegungsfolgen aus, nehmen erst die ursprüngliche Balancestellung ein, machen ein paar Schritte, nehmen eine andere Stellung ein, und so fort, bis sie wieder zur Ausgangsstellung zurückkehren. Dann wird der Bewegungsablauf wiederholt.

GLEICHGEWICHT – 4 (statisches)

Schwingen mit einem Bein

1. Die Kinder balancieren auf einem Fuß und schwingen das Spielbein zweimal vor und zurück. Sie balancieren abwechselnd auf jedem Fuß.
2. Wie 1., aber die Kinder schwingen das Spielbein zur Seite und wieder zurück.
3. Die Kinder schwingen das Spielbein nach vorn, dann weiter zur

Seite, nach innen und in einer rhythmischen Bewegung wieder nach vorn. Bis zu fünfmal wiederholen.

4. Wie 3., aber die Kinder schwingen das Spielbein zur Seite, dann nach innen und ein wenig zurück. (Um einen Hohlrücken zu vermeiden, sollte der Rückwärtsschwung nicht zu sehr betont werden.)

GLEICHGEWICHT – 5 (statisches)
Kraft (Bauch, Beinmuskulatur)

Ein V machen

Die Kinder sitzen mit geraden und geschlossenen Beinen auf dem Boden, die Arme sind parallel zum Boden ausgestreckt. Sie heben ihre Beine, so hoch wie möglich, an, halten sie gestreckt und versuchen, ohne Unterstützung durch die Hände auf dem Gesäß das Gleichgewicht zu halten.

GLEICHGEWICHT – 6 (statisches)
Kraft (Bauch-, Oberschenkelmuskulatur)

Das Fahrrad

1. Die Kinder liegen auf dem Rücken. Sie richten ihre Beine und den unteren Rumpfbereich, so weit es geht, zur Senkrechten hoch, das Gewicht ruht auf der rückwärtigen Schulterpartie und die Hände stützen den Oberkörper. Mit ihren Beinen machen sie Radfahrbewegungen.
2. Wie 1., aber die Kinder bewegen ihre gestreckten Beine wie eine Schere vor- und rückwärts.
3. Von der Rückenlage ausgehend heben die Kinder ihre gestreckten und geschlossenen Beine langsam hoch und über den Kopf, bis ihre Füße den Boden hinter ihrem Kopf berühren. Sie kommen zum Sitzen hoch, indem sie schnell die Beine zurück auf den Boden schwingen und gleichzeitig den Kopf und Rücken aufrichten.

GLEICHGEWICHT – 7 (gegenstandsbezogenes)

Wasserträger

Der Lehrer soll erklären, daß in einigen heißen Ländern die Frauen das Wasser aus dem Brunnen holen und die Krüge auf ihren Köpfen tragen. Er soll auch Abbildungen zeigen.

Bei den ersten vier Variationen trägt jedes Kind auf seinem Kopf ein Bohnensäckchen, das einen Krug darstellen soll. In Variation 5 und 6 wird das Bohnensäckchen von einem anderen Teil des Körpers getragen. Das Kind achtet darauf, daß es kein Wasser verschüttet.

1. Die Kinder gehen auf verschiedenen Bahnen: vorwärts, rückwärts, seitwärts oder in wechselnden Richtungen, schlängeln und drehen sich.

2. Die Kinder wechseln beim Gehen das Tempo, werden langsamer oder schneller.

3. Die Kinder sollen sich verschiedene Bewegungsmöglichkeiten ausdenken, wie z. B. Hüpfen, Laufen oder Auf-den-Zehenspitzen-Gehen.

4. Die Kinder stellen sich selbst verschiedene Bewegungskombinationen und Drehungen zusammen.

5. Wie 1.–3., aber die Kinder finden andere Stellen des Körpers heraus, mit denen sie das Bohnensäckchen tragen können. Ein Kind könnte z. B. den Nacken wählen, ein anderes die Innenseite des Ellbogengelenkes und wieder ein anderes die Oberseite des gebeugten Armes.

6. Wie 5., aber die Kinder nehmen verschiedene Körperhaltungen ein. Ein Kind kriecht z. B. auf dem Boden, ein anderes bewegt sich auf den Knien, wieder ein anderes auf allen vieren und noch ein anderes auf den Zehenspitzen.

GLEICHGEWICHT – 8 (Gegenstand)

Murmeln tragen

1. Die Kinder gehen auf ein Ziel zu und tragen auf einem Löffel eine Murmel oder einen kleinen Ball.

2. Wie 1., aber die Kinder laufen.

3. Die Kinder machen Wettspiele, nachdem sie 1. und 2. geübt haben.

4. Wie 1., aber die Kinder gehen mit verbundenen Augen.

5. Die Kinder verschränken die Finger ihrer Hände und halten sie, die Handinnenflächen nach unten gerichtet, in geringem Abstand vor den Brustkorb oder Bauch. Die Murmel wird auf dem Handrücken balanciert. Die Kinder versuchen nun zu gehen, die Richtung zu wechseln, sich zu drehen, zu springen und zu hüpfen, ohne die Murmel fallen zu lassen.

GLEICHGEWICHT – 9 (dynamisches)
Kraft (Wadenmuskeln)

Giraffengang

Die Kinder strecken ihre Arme über den Kopf, falten ihre Hände und formen so einen Giraffenhals und -kopf. Indem sie nun mit gestreckten Beinen und steifen Knien auf den Zehenspitzen gehen, imitieren sie die Bewegungen einer Giraffe. Die Arme und der Rumpf können leicht hin- und herschwanken, aber sie müssen immer nach oben gerichtet sein.

GLEICHGEWICHT – 10 (dynamisches)

Schwebebalken

Es gibt viele Schrittarten und Bewegungen, die Kinder anwenden können, um einen Schwebebalken zu überqueren. Die Schrittarten können mit den verschiedensten Armstellungen kombiniert sein, wie z. B. seitwärts oder nach vorne gestreckt oder über der Brust verschränkt. Nachdem die Kinder die grundlegenden Bewegungen beherrschen, sollten sie ermuntert werden, sich neue Bewegungsarten auszudenken. (s. Abb. 18)

1. Die Kinder gehen auf dem Schwebebalken vor- und rückwärts.
2. Sie gehen seitwärts; dann gehen sie in beiden Richtungen seitwärts, kreuzen erst ein Bein hinter dem anderen, dann ein Bein vor dem anderen.
3. Sie üben das Wenden.
4. Sie hüpfen, hopsen oder springen auf dem Balken.

Die meisten der folgenden Kunststücke können beim Rückwärts-, Vorwärts- oder sogar Seitwärtsgehen auf dem Schwebebalken ausgeführt werden.

5. Die Kinder gehen zwei Schritte vorwärts, machen eine Vierteldrehung, gehen zwei Schritte seitwärts, machen eine Vierteldrehung und gehen zwei Schritte vorwärts. Wiederholen, die Drehung erfolgt jetzt in der entgegengesetzten Richtung.
6. Sie gehen zwei Schritte rückwärts, machen eine Vierteldrehung, gleiten zwei Schritte seitwärts, machen eine Vierteldrehung und gehen wieder zwei Schritte rückwärts. Wiederholen, die Drehung erfolgt in der entgegengesetzten Richtung.
7. Sie gehen mit gebeugten Knien.
8. Sie gehen und schwingen das Spielbein weit nach vorne, bevor sie wieder zu einem neuen Schritt ansetzen.

9. Sie gehen vier Schritte vorwärts und lassen sich dann in die Knie fallen.

10. Sie gehen vorwärts und heben die Knie so hoch es geht an.

11. Sie machen abwechselnd große und kleine Schritte.

12. Sie stehen, gehen in die Hocke und setzen sich nieder. Wiederholen.

13. Sie gleiten auf dem Balken entlang, ein Fuß hinter dem anderen.

15. Sie hüpfen über den Balken.

16. Sie überqueren den Balken auf Händen und Füßen; gebrauchen beide Hände und einen Fuß.

17. Sie kriechen vorwärts, rückwärts und seitwärts.

18. Beim Überqueren werfen und fangen sie ein Bohnensäckchen oder einen Ball.

19. Ein Kind geht rückwärts, das andere vorwärts; dabei halten sie sich an den Händen.

20. Sie lassen ihre Hände entlang dem Schwebebalken nach vorne entlanggleiten und springen von der einen auf die andere Seite hinüber.

21. Sie hopsen und halten den Fuß des Spielbeins mit den Händen fest.

22. Sie überqueren den Balken im Seiltänzerschritt (Koordinationsübung 5).

23. Sie machen Kunststücke an schräg aufgestellten Schwebebalken.

GLEICHGEWICHT – 11 (dynamisches)

Balancierbrett

1. Die Kinder stehen auf Balancierbrettern und achten darauf, daß diese nicht umkippen.

2. Die Kinder versuchen, die Bretter zur Neigung zu bringen, ohne selbst hinzufallen. Sie lassen die Bretter nach rechts und links schaukeln, nach vor- und rückwärts und machen rollende Bewegungen.

GLEICHGEWICHT – 12 (statisches, dynamisches)
Koordination
Geschicklichkeit

Standbilder

1. Die Kinder stehen auf dem Boden und nehmen eine Reihe von Stellungen ein, von denen jede für ein paar Sekunden ausgehalten

wird. Sie können z. B. auf einem Fuß oder auf den Zehenspitzen stehen und die Arme, Beine und den Kopf oder Rumpf in verschiedene Stellungen und verschiedene Beziehungen zueinander bringen. Dann kehren sie zur aufrechten Haltung zurück.

2. Wie 1., aber die Kinder stehen auf Hockern, Schwebebalken, Klötzen oder niedrigen Bänken.

3. Der Lehrer zeigt Abbildungen von verschiedenen Stellungen, und die Kinder machen sie nach.

4. Die Kinder werden in Paare aufgeteilt, und ein Kind macht Körperstellungen vor, die das andere imitiert. Dann werden die Rollen vertauscht.

5. Die Kinder laufen im Kreis herum, während der Lehrer auf ein Schlaginstrument klopft. Sobald der Lehrer anhält, nehmen sie irgendeine erdachte Stellung ein, aber es darf nur ein Fuß den Boden berühren, und der Rumpf darf nicht aufgerichtet sein. Nun wird bis 5 gezählt, und sofort schlägt der Lehrer wieder auf das Instrument, und die Kinder laufen weiter.

6. Die Kinder springen, hüpfen oder galoppieren in Kreisrichtung und halten sich ganz an die Taktangaben des Lehrers. Sobald die rhythmischen Schläge aufhören, lassen sie sich in die Hockstellung nieder. Wenn der Rhythmus wieder aufgenommen wird, setzen sie ihre Bewegungen nach vorne fort.

7. Wie 6., aber die Kinder verharren nur für einen kurzen Moment bewegungslos in der Hockstellung, bevor sie mit der fließenden Bewegung fortfahren. Die Bewegungen sollen so weich wie möglich sein.

GLEICHGEWICHT – 13 (dynamisches)
Geschicklichkeit
Kraft (Beinmuskeln)

»Schritt-Steine«

Der Lehrer legt große Holzklötze oder Plastikscheiben dicht aneinander auf den Boden.

1. Die Kinder gehen Schritt für Schritt von einem Klotz, einer Scheibe oder »Schritt-Stein« zum nächsten herüber. Der Abstand zwischen ihnen wird nach und nach vergrößert.

2. Die Kinder machen zwischen den Schritten auf die Klötze immer noch einen Schritt auf den Fußboden und steigern dabei das Tempo. Auf jedem Klotz halten sie ganz kurz mit der Bewegung an.

Wenn Scheiben benutzt werden, können noch folgende Übungen hinzugefügt werden (s. Abb. 19):

3. Die Kinder springen mit geschlossenen Füßen von Scheibe zu Scheibe.

4. Die Kinder hüpfen in einem weichen Rhythmus immer abwechselnd auf einem Fuß.

5. Der Lehrer verteilt die »Schritt-Steine« in einer asymmetrischen Anordnung. Die Kinder durchqueren auf allen vieren einen »Fluß«, ohne einen Fuß oder eine Hand ins »Wasser« zu stecken.

6. Die Kinder durchqueren den Fluß auf irgendeine selbstgewählte Weise. Sie können z. B. von Stein zu Stein springen und sich beim Springen in der Luft drehen. Oder sie können den Fluß zu zweit oder zu mehreren durchqueren und sich dabei an den Händen halten, hüpfen, springen oder laufen. Andere Kinder helfen sich gegenseitig vorsichtig beim Überwinden größerer Entfernungen zwischen den Steinen; oder sie bilden dabei Schubkarren. Jeder Vorschlag kann wieder eine Vielfalt neuer Bewegungsfolgen hervorrufen.

7. Es können noch andere Gegenstände mit hinzugenommen werden. Die Kinder können z. B. den Fluß durchqueren, indem sie einen Ball auf den »Steinen« aufprallen lassen. Oder sie werfen ein Bohnensäckchen auf den ersten Stein, springen auf den Stein, heben das Bohnensäckchen auf, werfen es zum nächsten Stein hinüber usw.

GLEICHGEWICHT – 14 (dynamisches, statisches)

Wirbeln und Erstarren (Drehen mit kontrollierter Bewegung)

1. Die Kinder drehen sich schnell im Kreis herum, aber wiederum so kontrolliert, daß sie in der Lage sind, auf ein Zeichen hin eine Ruhestellung einzunehmen. Wenn das Zeichen gegeben wird, springen sie in die Luft, kommen in irgendeiner selbstgewählten Stellung wieder auf und bleiben bewegungslos stehen.

2. Der Lehrer bittet einige Kinder, den gerade entwickelten Bewegungsablauf zu wiederholen. Die anderen Kinder schauen zu und versuchen nun wieder, diese Kinder nachzumachen.

3. Kleine Gruppen von 2 oder 3 Kindern fassen sich an den Händen, bilden Kreise und laufen oder hüpfen umher. Auf ein Zeichen hin versuchen die Kinder, im Gleichklang hochzuspringen und bewegungslos in der zufällig gewonnenen Stellung zu verharren.

6. Geschwindigkeit

Die Geschwindigkeit einer Bewegung bezieht sich auf die Fähigkeit, eine fortlaufende Bewegung in einem schnellen Tempo durchzuhalten. Alle Laufspiele, Wettläufe und auch abgestopptes Laufen kann man beim Geschwindigkeitstraining anwenden. In diesem Buch werden außer den eben genannten keine anderen Übungen zum Thema Geschwindigkeit angegeben, obwohl dieses Merkmal durchaus trainiert werden sollte. Die meisten der Koordinations- und Geschicklichkeitsübungen können zum Tempo-Training herangezogen werden. Die Anweisungen müssen von der Lehrkraft nur so abgewandelt werden, daß mehr Geschwindigkeit erforderlich ist.

7. Entspannung

1. Kopfkreisen (Variation 1, Flexibilitätsübung 17).

2. Schulterkreisen (Variation 2, Flexibilitätsübung 17).

3. Die Kinder sitzen mit gekreuzten Beinen und lassen den Körper in entspannter Haltung nach vorne hängen. Sie lassen langsam den Kopf, die Schultern und den Rumpf kreisen, aber sie versuchen, ihr Gewicht nicht so weit zu verlagern, daß sie ihre Balance verlieren.

4. Die Kinder liegen entspannt auf ihrem Rücken. Sie heben langsam ihre Knie an und lassen dabei die Füße auf dem Boden zum Körper hingleiten. Dann entspannen sie wieder die Beinmuskeln und lassen die Füße in die Ausgangslage zurückgleiten.

5. Wie 4., aber wenn die Füße dicht am Körper sind, lassen die Kinder die Knie und Unterschenkel zur rechten Seite rüberfallen, so daß sie den Boden berühren. Dann schwingen sie sie mit möglichst geringem Kraftaufwand nach links und so fort, von Seite zu Seite, mit weichen Bewegungen, aber der Rumpf bleibt entspannt am Boden liegen.

6. Die Kinder liegen entspannt auf dem Rücken. Sie heben langsam ihre Arme zur Senkrechten hoch, dann entspannen sie die Muskeln und lassen die Arme auf den Boden fallen.

7. Die Kinder halten sich an einem Geländer, Stuhl oder anderen feststehenden Gegenstand fest und lassen ein Bein locker und frei schwingen.

8. Durch Ausschütteln entspannen die Kinder die Arm- und Beinmuskeln. Sie können dabei mit dem Gewicht auf einem Fuß stehen

und die Arme und das Spielbein ausschütteln, oder sie schütteln ihre Arme und Beine im Sitzen oder Liegen.

9. Die Kinder liegen entspannt auf dem Rücken. Sie lassen sich auf ganz lässige Art und Weise zur Seite rollen, bis sie entspannt auf der Bauchseite liegen; dann rollen sie langsam zurück. Auf diese gelokkerte Weise rollen sie sich noch ein paarmal vor und zurück.

10. Die Kinder liegen entspannt und mit geschlossenen Augen auf dem Rücken. Wenn der Lehrer irgendeinen Körperteil nennt, bewegen die Kinder ihn geringfügig. Er könnte z. B. sagen: »Rechter kleiner Finger«, »Zehen«, »Kopf«, »linkes Bein«, »Kinn«.

8. Atmen

1. Die Kinder stehen aufrecht da und lassen die Köpfe locker nach vorne hängen. Dann heben sie die Arme bis zur Horizontalen, atmen dabei fortlaufend ein und richten ihre Köpfe langsam wieder hoch. Dann senken sie die Arme wieder, lassen die Köpfe wieder nach vorne fallen und atmen aus. Jedes Kind folgt seinem eigenen Rhythmus.

2. Wie 1., aber die Kinder sitzen mit übereinandergeschlagenen Beinen.

3. Die Kinder knien sich hin, sitzen dabei auf den Fersen und beugen sich ganz entspannt nach vorn, so daß der Kopf dicht über dem Boden hängt. Sie atmen nun langsam und ruhig ein, strecken zur gleichen Zeit den Rücken, heben den Kopf und richten sich wieder zum Kniestand auf. Der Körper bildet nun eine gerade Linie von den Knien bis zum Kopf. Nun entspannen sie sich wieder, nehmen die anfänglich beschriebene Position ein und atmen dabei aus. Jedes Kind folgt seinem eigenen Rhythmus.

4. Die Kinder liegen auf dem Boden, das Gesicht zur Decke gewandt, die Hände auf dem Bauch. In ihrem eigenen Rhythmus atmen sie gleichmäßig ein und aus. Beim Einatmen sollen sie fühlen, wie sich ihre Bauchdecke hebt, und beim Ausatmen, wie sie sich senkt.

5. Die Kinder liegen mit dem Rücken auf dem Boden und lassen ihre Arme in einer symmetrischen Bewegung seitwärts und nach oben gleiten, bis sich ihre Hände über dem Kopf berühren. Sie atmen ein, während die Arme nach oben gleiten, und atmen aus, wenn sie sie wieder zurückführen.

9. Kreative Bewegung

Um es Kindern zu ermöglichen, sich ein eigenes Repertoire an schöpferischer Bewegung anzueignen, können den Kindern vom Lehrer nur Vorschläge gemacht werden. Diese Anregungen kann man am Anfang von Unterrichtsstunden bringen, um den Kindern die Dimensionen einer Bewegung zu eröffnen, und damit sie sich durch die Kombination der verschiedenen Einfälle neue Bewegungsfolgen ausdenken. Die Vorschläge sind in keiner Weise erschöpfend, da die mögliche Bewegungskombination, die durch jedes Kind auf seine besondere Weise hervorgebracht werden kann, unbegrenzt ist. Einige Beispiele, wie solche Vorschläge vom Lehrer gemacht werden sollten, sind hier zusammengestellt.

KREATIVES BEWEGEN – 1

Der persönliche Raum

Der Lehrer fordert die Kinder auf, sich in möglichst großer Entfernung voneinander aufzustellen, so daß sie sich bei der Bewegung nicht gegenseitig hindern können. Nun müssen sie herausfinden, wie weit sie ihre Arme und Beine in allen Richtungen ausstrecken können. Der Lehrer bezeichnet den Raum, den jedes Kind umgibt, als seinen persönlichen Raum – eine Luftblase, die es umhüllt.

Kinder sollten oft dazu aufgefordert werden, Bewegungen in ihrem persönlichen Raum auszuführen.

KREATIVES BEWEGEN – 2

Der gemeinsame Raum

Den Kindern wird gesagt, daß sie im Raum frei herumlaufen sollen, um sich dabei bewußt zu machen, wie weit er in allen Richtungen reicht. Sie sollen versuchen, ein Gegeneinanderstoßen beim Laufen zu vermeiden. Der Lehrer erklärt, daß der Raum von allen geteilt werden muß; er wird daher der gemeinsame Raum genannt.

KREATIVES BEWEGEN – 3

Bodenfiguren im gemeinsamen Raum

Der Lehrer fordert die Kinder auf, verschiedene Figuren am Boden zu machen, ohne die Richtung ihres Körpers zu ändern. (Die

Körperrichtung wechselt jedesmal, wenn die Kinder sich einer anderen Wand zuwenden.) Zur Veranschaulichung benutzt er ein Seil, das in einer wellenförmigen Linie auf dem Boden ausgebreitet wird. Zuerst laufen die Kinder der Länge nach neben dem Seil her. Nachdem sie verstanden haben, was mit einer Bodenfigur gemeint ist, dürfen sie sich in geraden Linien, Kurven oder verschiedenen Kombinationen dieser Formen bewegen, nur müssen sie immer nach vorne ausgerichtet sein. Später dürfen sie die Erfahrung machen, wie man sich seitwärts, rückwärts in Zickzacklinien oder in Kreisen bewegt, jedoch immer, ohne die Körperrichtung zu verändern.

KREATIVES BEWEGEN – 4

Bodenfiguren mit wechselnder Körperrichtung

Jedes Kind steht für sich allein. Nun sollen die Kinder wieder Figuren auf dem Boden abschreiten, diesmal aber die Körperrichtung ändern und rückwärts, vorwärts oder seitwärts gehen.

KREATIVES BEWEGEN – 5

Form

Die Kinder finden heraus, welche verschiedenen Formen sie mit ihrem Körper darstellen können. Sie entdecken, daß ihr Körper schmal sein kann (wie ein Pfeil), breit und flach (wie eine Mauer), rund (wie ein Ball) oder gewunden (wie ein Korkenzieher). Sie dürfen die Gestalt ihres Körpers verändern, indem sie von einer Form in die andere übergehen. Sie setzen verschiedene Körperstellungen zu Bewegungsfolgen zusammen.

KREATIVES BEWEGEN – 6

Figuren in der Luft

1. Der Lehrer erinnert die Kinder an die Bodenfiguren, die sie machen können und sagt ihnen, daß sie ebensogut Figuren in der Luft beschreiben können. Sie bewegen den Kopf, die Arme und Beine in verschiedenen Richtungen; sie beugen ihren Rumpf und bewegen ihren Körper in ihrem persönlichen Raum auf möglichst einfallsreiche Art und Weise.

2. Jedem Kind wird ein Ball gegeben, der groß genug sein soll, ihn mit beiden Händen fest zu umgreifen. Sie bewegen den Ball so in der Luft, daß verschiedene Figuren entstehen.

3. Die Kinder kombinieren die Figuren in der Luft mit denen auf dem Boden.

KREATIVES BEWEGEN – 7

Tempowechsel

Jedes Kind bewegt sich auf einem Kreisbogen und wechselt von sehr langsamem zu sehr schnellem Gehen über. Dann macht jedes Kind Bodenfiguren mit ebenso abwechselnd schnellen und langsamen Bewegungen.

KREATIVES BEWEGEN – 8

Gewichtsveränderung

Die Kinder üben Gehen mit schweren und dann mit leichten Schritten. Dann läßt man sie einen großen Sprung machen. Der Lehrer weist darauf hin, wieviel Kraft für einen großen Sprung nötig ist und wie wenig man zu einem kleinen Sprung braucht. Mit Hilfe des Koboldganges (Koordinationsübung 2) lernen die Kinder, Unterschiede in der Anwendung ihres Körpergewichtes zu machen. Wenn sie ihr Gewicht bei den Bewegungen verschieden einsetzen, indem sie z. B. abwechselnd einen schweren und drei leichte Schritte machen, wird ihnen klar werden, daß eine Bewegungsfolge verschiedene Akzente haben kann.

KREATIVES BEWEGEN – 9

Wechsel der Unterstützungspunkte des Körpers.

1. Man hilft den Kindern bei der Erfahrung, daß ihr Körper von einem, zwei oder drei Punkten getragen werden kann. Sie machen ausfindig, auf welche Weise sie auf vier oder drei Unterstützungspunkten gehen, sich auf dem Boden rollen oder auf einem Fuß hüpfen können usw.

2. Die Kinder üben die Gewichtsverlagerung von einem Körperteil auf den anderen, wie z. B. vom Stehen zum Knien oder vom aufgerichteten Gehen zum Gehen auf allen vieren.

Bewegungen mit verschiedenen Formen der Körperunterstützung sollten häufig geübt werden.

KREATIVES BEWEGEN – 10

Bewegungsebenen

Die Kinder werden angewiesen, ihre Bewegungen in einer hoch aufgerichteten Körperhaltung auszuführen (auf Zehenspitzen gehen). Später gehen sie in einer Mittelstellung (normale Standhöhe), und dann wählen sie eine Bewegung in einer niedrigen Körperhaltung (dicht am Boden). Während sie sich nun umherbewegen, wechseln sie von einer Haltung zur anderen über.

KREATIVES BEWEGEN – 11

Bewegungsfluß

Der Begriff des »Fließenden« ist für kleine Kinder schwer zu verstehen, aber wenn sie in diesem Programm Fortschritte machen, lernen sie durchaus den Unterschied zwischen freien, ungehemmten, schwingenden und wohlkontrollierten Bewegungen. Letztere sind in dem Spiel »Dies ist es« (Kapitel 4) erforderlich. Das Phänomen des Bewegungsflusses wird am einfachsten beim freien Tanzen erworben, beim Schwingen und jeder Art von freier Bewegung, bis die Kinder sich ausruhen wollen.

Dieser Bewegungstyp sollte mit kontrollierten Bewegungen abwechseln, bei denen verlangt wird, daß die Kinder auf ein Zeichen hin plötzlich anhalten.

KREATIVES BEWEGEN – 12

Die Körperform verändern

Bei dieser Übung wird die Form des Körpers verändert, während der Körper in Bewegung ist. Die Bewegungsebene bleibt niedrig.

1. Der Lehrer könnte sagen: »Kinder, bitte legt euch auf den Rükken, ich gebe euch eine Aufgabe. Wenn ich auf dem Tamburin ein Geräusch mache, dann rollt euch zu einer Kugel zusammen, macht anschließend eine Rolle und behaltet die Form einer Kugel bei. Macht euch sehr rund und kommt auf euren Knien auf. Gut! Ihr macht es wirklich schön. Aber laßt uns einmal zu Hans hinschauen, weil er sich so ganz besonders rund machen kann.

»Nun machen wir es alle noch einmal. Legt euch gerade auf den Rücken. macht euch so rund wie eine Kugel, zieht eure Knie an, so daß sie die Brust berühren und macht dann eine Rolle. Schön, das war gut. Wir wollen es noch einmal versuchen.«

2. Diese Übung kann umgekehrt werden, indem man die Kinder mit der zusammengerollten Stellung beginnen läßt (Kopf, Knie und Arme berühren den Boden). Dann läßt man sie eine Rolle machen, wobei sie in derselben runden Stellung, aber den Rücken am Boden, aufkommen. Sie strecken sich aus, liegen in Rückenlage auf dem Boden und beginnen die Übung von neuem.

3. Diese Übung kann man noch mit einem möglichst raschen Aufstehen, nachdem die Kinder in der Rückenlage angelangt sind, kombinieren; sie sollten aber für einen kurzen Augenblick mit ihrem Kopf und ganzen Körper flach auf dem Rücken liegen bleiben.

KREATIVES BEWEGEN – 13

Den Raum nutzen

1. »Bitte, sucht euch den Platz, wo ihr gewöhnlich bei der Bewegungserziehung steht. Schön! Ihr steht alle da, und jeder hat genug Platz für seinen persönlichen Raum. Zuerst möchte ich, daß ihr euch alle so klein wie möglich macht – nehmt dazu so wenig Raum, wie es nur geht, in Anspruch. Nun versucht es einmal. Schön. Die meisten von euch haben die Form eines Balls gewählt, denn sie ist die kleinste Form, in der euer Körper Platz hat. Wir wollen es alle noch einmal machen. Verwandelt die Gestalt eures Körpers in die Form eines Balles.« (s. Abb. 20)

2. »Könntet ihr nun die Körperhaltung herausfinden, bei der euer Körper so viel Raum als möglich einnimmt? Gut. Die meisten von euch haben die Arme und Beine weit von sich gestreckt. Aber was hat Philipp gemacht? Ja, ihr habt recht. Er hat sich auf einen Fuß gestellt und ein Bein und beide Arme, so weit er konnte, ausgestreckt. Er hat sicher sehr viel Raum für sich gebraucht. (s. Abb. 21)

Als ihr zusammengerollt wart, hättet ihr sehr nahe nebeneinander sein können, ohne eure Nachbarn zu stören, aber nun merkt ihr, daß ihr sehr viel Platz braucht, wenn ihr eine weite Stellung einnehmt.«

3. »Nun schlage ich euch vor, daß ihr versucht, ganz langsam aus der Form eines Balles in die Form überzugehen, bei der ihr den größten Raum beansprucht. Versucht zu zeigen, daß ihr euch ganz langsam wie ein Ballon ausdehnen könnt, der erst klein ist und dann, wenn man ihn aufbläst, größer und größer wird. Verstanden? Zuerst der Ball – sehr, sehr klein. Nun werdet größer und größer. Schön. Halt. Ich glaube, daß Ellen und Jan uns einmal zeigen können, wie

sie es gemacht haben. Sie haben sich ganz langsam ausgedehnt.« Dann sollten die Kinder sich noch darüber unterhalten, was sie gesehen haben.

4. Wie 3., aber drei oder vier Kinder stehen in der Mitte des Raumes dicht beieinander. Wenn sich diese Kinder »ausdehnen«, tun sie es auf eine Weise, daß sie nacheinander greifen können. Der Lehrer könnte sagen: »Als ihr die Form von Bällen hattet, wart ihr alle ganz bei euch. Nun, da ihr größer geworden seid – da ihr also eure Bewegung in den Raum ausdehnt – braucht ihr mehr Platz. Es sind noch andere Kinder in eurer Nähe, und ihr müßt darauf achten, nicht in ihren Bewegungsbereich zu kommen. Wenn ihr euch, so weit es geht, ausdehnt, dürft ihr euch gegenseitig berühren, aber nicht gegeneinanderstoßen. Das macht ihr gut!« Eine neue Gruppe von Kindern wiederholt diese Übung.

Wenn alle Kinder bei dieser Variation einmal drangewesen sind, sollen die Kinder sich auf Anregung des Lehrers hin überlegen, wie nahe sie aneinanderrücken dürfen, um sich zu einem Ball zusammenzurollen, wieviel Abstand sie aber noch voneinander halten müssen, um die Bewegungen als eine Einheit auszuführen. Sie sollten in ihrer Abschlußstellung zum Ausdruck bringen, daß sie die Nähe der anderen Kinder bewußt empfinden, sich aber bei den Bewegungen gegenseitig nicht einschränken.

KREATIVES BEWEGEN – 14

Fortbewegung: Eine Richtung, ein Körperniveau

Die niedrige Körperhaltung wird als Beispiel angegeben.

1. »Kinder, ich stelle euch die Aufgabe, euch in einer sehr lässigen und runden Körperhaltung ganz dicht am Boden vorwärtszubewegen. Schön. Albert hat das Problem gelöst, indem er auf den Knien vorwärtsgegangen ist. Hans ging in Hockstellung, und Stefan hat sich auf dem Boden im Sitzen vorwärtsgeschoben. Und Max! Wie hat sich Max vorwärtsbewegt? Würdest du es den anderen zeigen? Gut. Ja, Max robbte wie ein Seehund und schob sich auf seinen Ellbogen vorwärts.

Nun möchte ich, daß ihr euch noch ein paar andere Möglichkeiten überlegt. Versucht einmal das nachzumachen, was sich schon einige der anderen Kinder vorher ausgedacht hatten.«

2. Wie 1., aber die Kinder bewegen sich seitwärts in einer niedrigen Körperhaltung, wie z. B. in der Hocke oder kriechend. Gelegentlich

sollten sie versuchen, ihr Gesicht aufzurichten (Krebsgangstellung); hin und wieder sollten sie ihren Körper zur Seite drehen und während der Fortbewegung den Boden nur mit einer Hand und beiden Füßen berühren.

Andere Versionen sind: a) verbindet mehrere Bewegungen zu einer ganzen Folge: b) führt dieselben Übungen einmal in mittlerem und einmal in aufgerichtetem Körperniveau aus und c) macht die Übungen paarweise und haltet euch gegenseitig fest (besonders wichtig bei Fortgeschrittenen). Ein Kind bewegt sich z. B. in gebeugter Haltung vorwärts und das dazugehörende Kind in ebenfalls gebeugter Haltung rückwärts, oder beide bewegen sich zur Seite und halten sich an den Händen.

KREATIVES BEWEGEN – 15

Richtungswechsel während der Fortbewegung

1. Jedes Kind beschreibt irgendeine selbstgewählte Bodenfigur, aber in hochaufgerichteter Körperhaltung; dabei wechselt es von Zeit zu Zeit die Richtung seines Körpers. Der Lehrer sagt: »Gut, Kinder. Erinnert euch, ihr seid gerade hoch aufgerichtet im Raum vorwärtsgegangen. Nun versucht, sobald ich mit dem Tamburin ein Geräusch mache, die Richtung, in der ihr geht, zu ändern. Bleibt aber ganz gestreckt. Verstanden?« Die Kinder gehen weiter, abwechselnd in aufgerichteter und niedriger Körperhaltung. Sie sollten sich über die Bewegungsmuster, die sie gewählt haben, unterhalten.

2. »Nun hätte ich gerne, daß ihr auf ein Tamburinzeichen hin die Richtung ändert, während ihr eine Bodenfigur beschreibt, bei der ihr euch, so hoch wie möglich, aufrichtet. Bewegt euch, ohne anzuhalten. Schön. Was hat Susi gemacht? Sie ist nach vorne hochgesprungen, und als ich das Zeichen zum Richtungswechsel gab, hat sie sich beim Hochspringen gedreht. Dann ist sie ohne anzuhalten weitergesprungen. Und was hat Stefan getan? Er ist ganz hoch auf seinen Zehen gegangen, wie ein Seiltänzer im Zirkus. Sobald ich das Tamburin berührte, hat er sich umgedreht und ist ohne zu schwanken in einer anderen Richtung weitergegangen. Das war sehr gut, Stefan.«

3. »Diesmal möchte ich, daß ihr dasselbe wie vorhin macht, aber ihr sollt euch zu Paaren zusammentun. Wenn also ein Kind die Richtung wechselt, muß das andere ihm folgen. Ich denke, es ist das beste, wenn ihr euch am Anfang nicht ganz so schwierige Aufgaben aus-

sucht, wie ihr es vorher getan habt. Aber ihr sollt euch gegenseitig anschauen, wenn ihr zu zweit die Richtung ändert. Am besten geht ihr erst einmal und wählt dann eine Bewegungsfolge, die etwas komplizierter ist. Gut. Fangt an.

4. Wenn es sich um fortgeschrittene Kinder handelt, kann der Lehrer dasselbe in Dreier- oder Vierergruppen machen lassen und vielleicht später in noch größeren Gruppen.

KREATIVES BEWEGEN – 16

Die Richtung der Bewegung ändern, ohne die Richtung zu wechseln, in die der Körper sieht

Nachdem die Kinder gelernt haben, während der Fortbewegung die Richtung zu wechseln und Bewegungsmuster in aufgerichteter, niedriger und mittlerer Körperstellung durchzuführen, können sie mit Folgendem weitermachen:

1. Der Lehrer könnte sagen: »Wir stellen uns alle in einem großen Kreis auf, und einer von euch geht in die Mitte. Wer von euch möchte gerne in die Kreismitte? Gut, Maria. Nun schaut alle zu Maria hin, während ihr euch, wie wir es schon vorhin getan haben, in aufgerichteter Körperhaltung bewegt. Aber bewegt euch manchmal in Richtung auf Maria hin und manchmal von ihr fort, zur Außenseite des Kreises. Versucht, euch auf verschiedenste Weise zu bewegen. Einige dürfen dabei aufgerichtet sein, einige niedrig und wieder andere in Mittelstellung. Einige gehen vorwärts, einige rückwärts, aber alle sollt ihr zu Maria hinblicken. Das war gut. Nun, Hanno, kannst du sagen, was du getan hast?« Die Kinder diskutieren wieder über ihre verschiedenen Bewegungen.

2. »Kinder, jetzt mache ich euch zur Aufgabe, euch in aufgerichteter Haltung zu bewegen und die Richtung, in der ihr euch bewegt, zu verändern, sobald ich mit dem Tamburin ein Geräusch mache. Aber ändert nicht die Richtung, in die euer Körper zeigt. Also, vergeßt es nicht, bleibt hochaufgerichtet und blickt immer in dieselbe Richtung. Schaut immer auf die Fenster. Verstanden? Ihr dürft durchaus seitwärts gehen, aber dann müßt ihr euren Kopf wenden, um weiter die Fenster anzublicken, nicht wahr? Ihr könnt sowohl vorwärtsgehen und dabei aufgerichtet sein als auch eine niedrige Körperhaltung einnehmen oder euch verschiedene Bodenfiguren ausdenken.

Wie möchtest du denn gehen, Georg? Ja, du kannst eine geschlängelte Form beschreiben – eine S-Linie. Du kannst vorwärts, dann seitwärts und schließlich wieder vorwärts gehen.

Ja, du hast recht, Max, auf den Boden aufgemalt, würde es wie ein Treppenhaus aussehen. (Der Lehrer malt die Form an die Tafel.) Alle versuchen, in verschiedenen Figuren auf dem Boden zu gehen.«

3. Nachdem die Kinder diese Übung gemacht haben, können drei bis vier Kinder als eine Gruppe ganz dicht hinter einem Vorturner hergehen und ihm folgen. Der Lehrer könnte sagen: »Hanna geht voran und darf bestimmen. Ihr sollt alle Hannas Schritte nachmachen. Wenn Hanna z. B. zur rechten Seite geht, müßt ihr auch nach rechts; wenn sie zur linken Seite geht, müßt ihr auch nach links. Im übrigen macht es genauso wie vorher. Das ist wirklich eine schwierige Aufgabe, weil ihr, so schnell wie möglich, die Richtung ändern müßt, andererseits aber langsam und vorsichtig zu gehen habt, um ganz dicht zusammenzubleiben. Aber stoßt euch nicht gegenseitig.«

KREATIVES BEWEGEN – 17

Das Tempo der Bewegung verändern

1. »Wir wollen alle auf unsere gewohnten Plätze gehen, uns hinsetzen und uns über eine andere Aufgabe Gedanken machen. Ich möchte nämlich jetzt, daß ihr das Tempo wechselt, während ihr geht. Wißt ihr, was ich damit meine? Ja, ihr habt recht. Es bedeutet, die Geschwindigkeit verändern, mit der ihr gerade geht. Ihr könnt schnell oder langsam gehen, auf irgendeine Weise, die euch gefällt. Jeder von euch denkt sich seine eigene Bodenfigur aus, aber lauft nicht gegeneinander. Achtet auf euren gemeinsamen Raum. Gut. Das war sehr schön.«

2. »Diesmal sollt ihr das Tempo ändern, in dem ihr gerade geht, und gleichzeitig auch eure Körperhöhe. Wollt ihr mal versuchen? Ihr könnt vorwärts rennen und gleichzeitig ganz groß werden, oder ihr lauft ebenso schnell vorwärts und werdet dabei ganz klein – ganz dicht an den Boden heran. Erinnert euch, das habt ihr schon einmal gemacht. Versucht es von neuem – erst groß und schnell, dann groß und langsam, dann wieder klein und so schnell, wie ihr könnt. Gut! Nun dürft ihr umherlaufen, ganz wie ihr wollt, und ganz nach eurer eigenen Vorstellung. Ändert die Geschwindigkeit und die Körperhöhe. Nutzt allen Raum in der Turnhalle aus, aber keiner sollte gegen einen anderen stoßen.«

»Das war eine schwere Aufgabe, nicht? Aber ihr habt es schön gemacht. Danke.«

KREATIVES BEWEGEN – 18

Die Körperstellung in Beziehung zu einem Objekt verändern

Eine Übung wie die folgende kann in Beziehung zu einer geometrischen Figur, die man mit Hilfe von Holzstückchen auf dem Boden markiert oder auf den Boden aufmalt, ausgeführt werden oder mit Hilfe eines Reifens, eines Seil's, Bohnensäckchens, Stuhlbeins oder irgendeines vom Lehrer ausgesuchten Gegenstandes. Die Aufgabe besteht darin, entweder den ganzen Körper oder Teile des Körpers in gezielter Weise zu dem Gegenstand in Beziehung zu bringen. (s. Abb. 22)

1. »Jeder von euch hat einen Reifen. Könnt ihr euren Kopf in den Reifen bringen – nur euren Kopf? Gut. Nun zieht euren Kopf wieder aus dem Reifen heraus und bringt einen Arm hinein, nun einen Fuß, dann einen Ellbogen. Das war gut. Aber nun versucht, euren ganzen Körper in den Reifen hineinzubringen.«

2. »Diesmal möchte ich, daß ihr versucht, ganz dicht am Boden zu bleiben und euren ganzen Körper in den Reifen zu bringen, so daß nur euer Kopf und die Fußsohlen den Reifen berühren. Dazu müßt ihr euch ganz klein machen. Sehr gut. (s. Abb. 23/24)

Nun wollen wir sehen, wie es einige von euch gemacht haben. Jan hat sich auf den Boden gelegt und den Reifen mit seinen Füßen und dem Kopf festgehalten. Zu diesem Zweck mußte er sich auf den Bauch legen und ganz zurückbiegen. Könnt ihr sehen, wie er es gemacht hat? Und Margot hat sich ähnliches ausgedacht, aber sie hat den Reifen mit dem Kopf und den Füßen gehalten und ihre Arme dabei durch den Reifen gesteckt. Das war eine gute Lösung.« (s. Abb. 25)

KREATIVES BEWEGEN – 19

Die Körperstellung in Beziehung zu einem Objekt verändern (2)

Diese Übung kann im Klassenzimmer durchgeführt werden.

1. »Seht diesen Stuhl. Ich möchte wissen, ob ihr euch unter den Stuhl legen und euren Kopf auf der einen Seite und eure Beine auf der anderen Seite herausragen lassen könnt. Versucht es. Jetzt habe ich drei Stühle, so daß es drei Kinder gleichzeitig versuchen kön-

nen. Schön. Das war einfach. Was haben sich Josef und Bert ausgedacht? Josef hat auf seinem Bauch und Bert auf seinem Rücken gelegen.

2. Nun sollt ihr wieder eine Aufgabe lösen. Ohne die Stühle zu bewegen, sollt ihr versuchen, zwischen den Stuhlbeinen rein- und rauszukriechen. Schön. Das war sehr gut. Einige Stühle haben überhaupt nicht gewackelt. Versucht es noch einmal.«

Eine Übung wie diese sollte nicht von allen Kindern gleichzeitig durchgeführt werden, weil es zu viel Möbel- und Geräterücken mit sich bringt. Sie kann aber von Kindern gemacht werden, die gelernt haben, nacheinander zu arbeiten. Die Kinder können in mehreren Gruppen zur selben Zeit, aber an verschiedenen Stellen der Turnhalle oder des Klassenzimmers beschäftigt werden. Wenn z. B. die Übungen im Klassenzimmer ausgeführt werden, kann eine Gruppe der Kinder auf ihren Plätzen bleiben und versuchen, die Beine zur Horizontalen zu heben und wieder zurück zum Boden zu führen, zur Kräftigung der Bauchmuskulatur. Eine andere Gruppe kann sich im Kreis auf ihre Stühle setzen, wobei jedes Kind ein Bohnensäckchen auf dem Kopf balanciert. Während sie die verschiedensten Bewegungen machen, versuchen sie, die Bohnensäckchen nicht fallen zu lassen. Eine dritte Gruppe kann sich zwischen den Stuhlbeinen hin- und herwinden.

KREATIVES BEWEGEN – 20

Chinesisches Seilspringen – den Körper in Beziehung zu Gegenständen bringen

Drei Kinder halten ein langes Seil – ein Kind hält das Seil in der Mitte, und die anderen zwei halten das Seil an den beiden Enden. Sie halten das Seil in der Weise, daß die beiden Hälften des Seils parallel und horizontal zum Boden sind und den Kindern die Höhe zum Drüberspringen gerade angenehm ist. Der Lehrer kann folgende Anweisungen geben: »Heute wollen wir über ein Doppelseil springen, man nennt es chinesisches Seilspringen. Jeder von euch beginnt auf einer Seite und springt über das Seil hinweg in die Mitte – zwischen die beiden Stränge – und dann wieder auf die andere Seite. Seht zu, wie viele Möglichkeiten ihr herausfindet.« (s. Skizze 18)

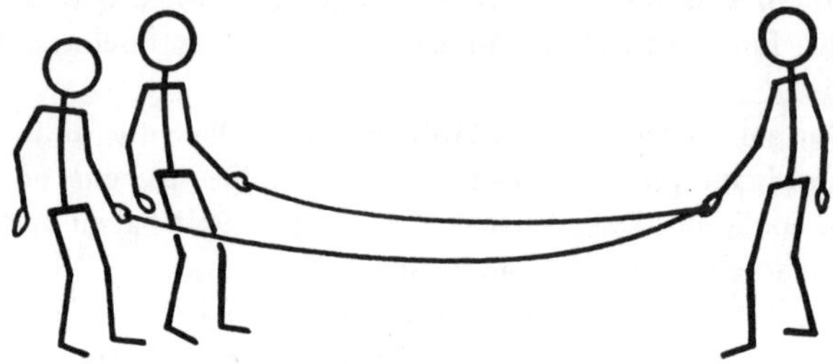

Skizze 18

Die Kinder stellen fest, daß sie auf einem oder auf beiden Füßen springen können, daß sie sich beim Springen in der Luft drehen können usw. Dann sollte jedes Kind versuchen, sich seine eigene Bewegungsform auszudenken.

Später sollte der Lehrer die Kinder darauf hinweisen, daß sie so über das Seil springen können, daß sich beide Beine außerhalb der Stränge befinden, daß sie also rittlings über dem Seil stehen. Dann können sie zwischen beide Stränge springen und auf vielerlei Weise wieder herausspringen.

Bei fortgeschrittenen Kindern kann das Gefühl für die Bewegung des einen Kindes im Verhältnis zu der des anderen dadurch gesteigert werden, daß man zwei Kinder eine Übung gemeinsam machen und sich Variationen ausdenken läßt.

KREATIVES BEWEGEN – 21

Der Kontakt untereinander bei Paarübungen

Kreative Bewegung fördert das Körpergefühl, eines seiner Hauptziele. Die folgende Übung und ihre Abwandlungen geben den Kindern ein starkes Körpergefühl, wenn man veranlaßt, daß sie die Bewegungen paarweise entwickeln.

1. Die Kinder stehen sich zu Paaren gegenüber, halten sich an den Händen und machen durch den ganzen Raum hindurch Seitwärtsschritte. Der Lehrer kann sagen: »Rechts, links; rechts, links; berührt euren linken Fuß mit dem rechten«, und korrigiert dabei die Fehler, die er beobachtet.

2. Die Kinder machen wie vorher paarweise Seitwärtsschritte, aber es wird ihnen gesagt, daß jedes Paar sein Tempo selbst bestimmen und während der Bewegung die Richtung wechseln soll. Der Lehrer könnte z. B sagen: »Das war sehr gut. Ihr macht eure Seitwärts-

schritte alle sehr schön. Könnt ihr nun in verschiedenen Figuren laufen, aber immer dieselben Schritte anwenden? Wie wäre es, wenn ihr zwischen Kurven und geraden Linien abwechselt?«

Nachdem die Kinder verschiedene Möglichkeiten ausprobiert haben, kann der Lehrer einige Kinder bitten, den anderen zu zeigen, was sie gemacht haben und die Kinder über die einzelnen Figuren diskutieren lassen. Der Lehrer kann dann erklären, wie die einzelnen Kinder den Richtungswechsel vollzogen haben.

3. Sobald der Lehrer das Gefühl hat, daß die Kinder weit genug sind, kann er noch andere Variationen hinzufügen. Er kann sie auffordern, die Wendung beim Richtungswechsel auf noch andere Weise durchzuführen. So können sie z. B. versuchen, sich ganz scharf zu drehen oder eine Kurve zu machen.

KREATIVES BEWEGEN – 22

Die Körperstellung paarweise ändern

1. Den Kindern wird gesagt, daß ihre Aufgabe darin besteht, paarweise aus dem Sitzen zum Stehen hochzukommen. Jedes Paar sollte sich entweder an einer oder beiden Händen festhalten, und jedes Paar sollte mehrere Ausgangspositionen ausprobieren sowie nach verschiedenen Möglichkeiten suchen, sich aneinander festzuhalten. Der Lehrer könnte sagen: »Paßt auf, daß ihr euch beim Aufrichten nicht gegenseitig loslaßt. Versucht es jetzt.«

Nachdem die Kinder diese Übung gemacht haben, sollten sie sich gegenseitig zeigen, wie sie die Aufgabe gelöst haben. Jan und Josef setzten sich z. B. nebeneinander hin, die Beine im Kniegelenk gebeugt, Jan rechts neben Josef. Sie hielten sich an den Händen und richteten sich langsam auf, indem sie sich zuerst hinknieten und dann aufstanden. Sie fanden heraus, daß sie sehr eng nebeneinandersitzen mußten, um vom Sitzen auf die Knie zu kommen.

Franz und Elmar saßen sich im Schneidersitz gegenüber und hielten sich beim Aufstehen an den Händen fest. Therese und Susi saßen Rücken an Rücken mit verschränkten Ellbogen. Während sie aufstanden und sich wieder hinsetzten, stemmten sie ihre Rücken aneinander und gaben sich gegenseitig Halt. Dann probierten die Kinder die Variationsmöglichkeiten der anderen aus.

2. Wie 1., aber drei oder mehr Kinder sitzen auf dem Boden, halten sich im Kreis an den Händen, stehen zusammen auf und setzen sich gemeinsam wieder hin.

KREATIVES BEWEGEN – 23

Sich mit geschlossenen Augen bewegen und von einem anderen Kind geführt werden

Körpergefühl und Kreativität können sehr gefördert werden, wenn ein Kind den Bewegungen eines anderen Kindes mit geschlossenen Augen folgt. Das anführende Kind muß sich Bewegungsformen ausdenken, die sich durch Berührung gut auf das andere Kind übertragen lassen.

1. Ein Kind kann z. B. ein anderes führen, während es eine Bodenfigur beschreibt. Der Lehrer könnte Anweisungen geben wie: »Geht paarweise im Raum umher. Ein Kind schließt die Augen und muß von dem anderen geführt werden. Es darf nur durch die Berührung der Hand des anderen Kindes gelenkt werden; laßt euch nicht los.« Ein Kind kann lernen, ganz den Angaben des anderen Kindes entsprechend seine Körperhaltung zu ändern. Diese Hinweise werden nicht durch Worte ausgedrückt, sie werden alle durch einen leichten Druck der Hand weitergegeben. Auf diese Weise lernt ein Kind, daß ein schwacher, nach unten gerichteter Druck auf dem Rücken seiner Hand bedeutet, sich näher am Boden zu bewegen und ein schwacher Zug der Hand nach oben heißen soll, daß es sich in einer aufgerichteten Körperposition bewegen muß. Ein leichter Stoß mit der Hand könnte ein Vor- oder Rückwärtsgehen anzeigen usw. Sobald sich die Kinder an diese Übungen gewöhnt haben, entwickelt das führende Kind Bewegungsfolgen, während das Kind mit den geschlossenen Augen freier wird und weiß, daß es sich sicher fühlen kann und gelenkt wird.

2. Der Lehrer sagt: »Nun laßt uns Folgendes versuchen. Wenn man das Kind ist, das geführt wird, kann man sich jetzt etwas selbständiger bewegen. Man kann versuchen, freier zu sein. Obwohl man nichts sehen kann, sollte man doch gewisse eigene Bewegungen entwickeln. Man kann seinem Partner andeuten, was man machen will und wie man sich bewegen will. Man weiß, daß man beschützt ist und der Partner einen nicht gegen ein Hindernis stoßen lassen wird. Nun versucht es selbst. Ihr dürft euch aufgerichtet oder in niedriger Körperhaltung bewegen, schnell oder langsam – ganz wie ihr wollt, aber ihr dürft eure Leitperson nicht verlieren. Euer Anführer darf euch folgen, aber er muß euch immer beschützen. Bewegt euch, als hättet ihr verbundene Augen. Denkt darüber nach, was das euch führende Kind tun soll und ob es euren Gedanken folgen kann, obwohl ihr nicht sprecht.«

KREATIVES BEWEGEN – 24

Sich als eine Einheit bewegen, mit offenen Augen

Diese Übung ist nur für fortgeschrittene Kinder. Zwei Kinder stehen beisammen, und eines übernimmt die Führungsrolle. Sie legen sich gegenseitig die Hände auf die Schultern und bewegen sich in irgendeiner selbstgewählten Weise. Sie dürfen irgendwelche Figuren laufen, nur müssen sie versuchen, eine Einheit zu bleiben. Sie dürfen sich setzen oder z. B. im Kreis herumtanzen, sie dürfen nur nie den Kontakt zueinander verlieren oder den weichen Fluß ihrer Bewegungen aufgeben.

Literaturverzeichnis

Abercrombie, M. L. J.: Body image and draw-a-man test in cerebral palsy. *Developmental Medicine and Child Neurology*, 1966, *8*, 9–15.

– *Gardiner, P. A., Hansen, E., Jonckherre, J., Lindson, R. L., Solomon, G., and Tyson, M. C.*: Visual perceptual and visuomotor impairment in physically handicapped children. *Perceptual and Motor Skills*, 1964, *18*, 561–625. (Monogr. Suppl. 3–V18.)

Abravenel, E.: The development of intersensory patterning with regard to selected spatial dimensions. *Monograph of the Society for Research in Child Development*, 1968, *33* (2), Serial No. 118.

Ajuriaguerra, J.: Discussion. In *S. Wapner and H. Werner* (Eds.), *The Body Percept*. New York: Random House, 1965.

Ayres, A. J.: Deficits in sensory integration in educationally handicapped children. *Journal of Learning Disabilities*, 1969, *2* (3), 160–168.

– Interrelationships among perceptual-motor abilities in a group of normal children. *American Journal of Occupational Therapy*, 1966, *20*, 288–292.

– Interrelationships among perceptual-motor functions in children. *American Journal of Occupational Therapy*, 1966, *20*, 68–71.

– A neurobehavioral approach to evaluation and treatment of perceptual-motor dysfunction. Paper presented at the American Orthopsychiatric Association Annual Meeting, March 1967, Washington, D. C.

– Patterns of perceptual-motor dysfunction in children: A factor analytic study. *Perceptual and Motor Skills*, 1965, *20*, 335–368. (Monogr. Suppl. 1–V20.)

Balow, I.: Lateral dominance characteristics and reading achievement in first grade. *Journal of Psychology*, 1963, *55*, 323–328.

Barsch, R. H.: A Movigenic Curriculum. Bulletin No. 25, Bureau for Handicapped Children. Madison, Wis.: State Department of Public Instruction, 1965.

– *Achieving Perceptual-Motor Efficiency*. Vol. 1 (Perceptual-Motor Curriculum Series). Seattle: Special Child Publications, 1967.

Bateman, B.: *Temporal Learning*. (Dimensions in Early Learning Series.) San Rafael, Calif.: Dimensions Publishing, 1968.

Belmont, L., and Birch, H. G.: Lateral dominance, lateral awareness and reading disability. *Child Development*, 1965, *36*, 57–71.

Benton, A.: *Right-Left Discrimination and Finger Localization*. New York: Paul B. Hoeber, 1959.

Binet, A., and Simon, T.: *The Development of Intelligence in Children*. Baltimore: Williams & Wilkins, 1916.

Birch, H. G., and Belmont, L.: Auditory-visual integration, intelligence and reading ability in school children. *Perceptual and Motor Skills*, 1965, *20*, 295–305.

– a. – Auditory-visual integration in normal and retarded readers. *American Journal of Orthopsychiatry*, 1964, *34*, 825–861.

Blank, M., and Solomon, F.: A tutorial language program to develop abstract thinking in socially disadvantaged preschool children. *Child Development*, 1968, *39* (2), 379–389.

Bower, G. H.: Mental imagery and memory. Mimeographed paper, Department of Psychology, Stanford University, Palo Alto, Calif., 1967.

Bower, T. G. R.: The visual world of infants. *Scientific American*, 1966, *215*, 80–92.

Bruner, J. S.: *Toward a Theory of Instruction*. Cambridge, Mass.: Harvard Univ. Press. 1966.

– *Goodnow, J. J., and Austin, G. A.*: *A Study of Thinking*. Science Edition. New York: John Wiley, 1956.

Clements, S. D.: *Minimal Brain Dysfunction in Children: Terminology and Identification, Phase One.* U. S. Department of Health, Education and Welfare. NIMB. Monogr. 3. January 1966.

Cohen, S. A., and Berger, B.: A perceptual-motor training program for early primary grade children. In *S. Gordon and R. S. Colub (Eds.), Recreation and Socialization for the Brain-Injured Child.* East Orange, N. J.: New Jersey Association for Brain-Injured Children, 1966.

Cohen, A., and Glass, G. G.: Lateral dominance in reading ability. *The Reading Teacher,* 1968, *21* (4), 343–356.

Cope, J.: *Discovery Methods in Physical Education.* London: Thomas Nelson and Sons, 1967.

Corder, W. O.: Effects of physical education on the intellectual, physical, and social development of educable mentally retarded boys. Unpublished doctoral dissertation, Department of Special Education, George Peabody College for Teachers, June 1965.

Cratty, B. J.: Rationale for and principles of perceptual-motor training. In *G. Schiffmann and D. Carter* (Eds.), *Multidisciplinary Approaches to Learning Disorders.* Chicago: John Wiley, 1969.

– *Psychology and Physical Activity.* Englewood Cliffs, N. J.: Prentice-Hall, 1968.

– Schema with correction and motor learning. *Physical Educator,* 1963, *20* (1), 23–24.

Cruickshank, W. M., Bentzen, F. A., Ratzeburg, F. H., and Tannhauser, M. T.: *A Training Method for Brain-Injured and Hyperactive Children.* Special Education and Rehabilitation Monogr. Series No. 6. Syracuse, N. Y.: Syracuse Univ. Press. 1961.

Cureton, T. K.: *Physical Fitness and Dynamic Health.* New York: Dial Press, 1965.

Dalcroze, A. J.: *Eurythmics, Art, and Education.* F. Rothwell (Trans.). London: Chatto and Windus, 1930.

Deutsch, M.: Facilitating development in the preschool child: Social and psychological perspectives. *Merrill-Palmer Quarterly,* 1964, *10,* 249–263.

Devries, H. A.: *Physiology of Exercise for Physical Education and Athletics.* Dubuque, Iowa: William C. Brown, 1966.

Doll, E.: Neurophrenia. *American Journal of Psychiatry,* 1951, *108,* 50–53.

– Education and the interjacent child. Address at the fifth anniversary of The Vanguard School, Haverford, Pa., January 30, 1965.

Drowatsky, J.: Physical education for the brain-damaged child. *Physical Educator,* 1965, *2* (2), 76–77.

English, H. B., and English, A. C.: *A Comprehensive Dictionary of Psychological and Psychoanalytical Terms.* New York: McKay, 1958.

Erikson, E. H.: *Childhood and Society.* (Rev. ed.) New York: W. W. Norton, 1968. (First published 1950.)

Fantz, R.: Pattern discrimination and selective attention as determinants of perceptual development from birth. In *A. H. Kidd and J. L. Rivoire* (Eds.), *Perceptual Development in Children.* New York: International Universities Press, 1966.

Fleming, R. S.: Movement – An essential in a good school day. In *Physical Education for Children's Healthful Living.* Washington, D. C.: Bulletin No. 23-A, Association for Childhood Education International, 1968, 13–20.

Flick, G. L.: Sinistrality revisited: A perceptual-motor approach. *Child Development,* 1966, *37* (3), 613–622.

Freud, S.: *An Outline of Psychoanalysis.* New York: W. W. Norton, 1949.
– Three contributions to the theory of sex. In *A. A. Brill* (Ed.), *The Basic Writings of Sigmund Freud.* New York: Modern Library, 1938. (First published 1905.)
Frostig, M., and Horne, D.: *Teacher's Guide, The Frostig Program for the Development of Visual Perception.* Chicago: Follett Educational Corp., 1964.
– a. – *Teacher's Guide, Intermediate Pictures and Patterns.* Chicago: Follett Educational Corp., 1966.
– a. – *Teacher's Guide, Advanced Pictures and Patterns. Chicago: Follett* Educational Corp., 1967.
Frostig, M., Miller, A., and Horne, D.: *Teacher's Guide, Beginning Pictures and Patterns.* Chicago: Follett Educational Corp., 1966.
Gallagher, J.: Children with developmental imbalances: A psychoeducational definition. In *W. M. Cruickshank* (Ed.), *The Teacher of Brain-Injured Children.* Special Education and Rehabilitation Monogr. Series No. 7. Syracuse, N. Y.: Syracuse Univ. Press, 1966.
Getman, G. N.: *How to Develop Your Child's Intelligence.* Lucerne, Minn.: Author, 1962.
Gibson, E., and Walk, R. D.: The visual cliff. *Scientific American,* 1960, *202,* 64–71.
Godfrey, B. B., and Kephart, N. C.: *Movement Patterns and Motor Education.* New York: Appleton-Century-Crofts, 1969.
Goldstein, K.: *Language and Language Disturbances.* New York: Grune & Stratton, 1948.
Goodglass, H., and Quadfasel, F. A.: Language laterality in left-handed alphasics. *Brain,* 1954, *77,* 521–548.
Guilford, J. P.: A system of psychomotor abilities. *American Journal of Psychology,* 1958, *71,* 164–174.
– *The Nature of Human Intelligence.* New York: McGraw-Hill, 1967.
Hanson, M. R.: The new look in elementary school physical education. In: *Physical Education for Children's Healthful Living.* Washington, D. C.: Bulletin 23-A, Association for Childhood Education International, 1968, 71–76.
Harris, A. J.: *Harris Tests of Lateral Dominance – Manual of Directions* (3rd ed.). New York: Psychological Corp., 1958.
– Lateral dominance, directional confusion and reading disability. *Journal of Psychology,* 1957, *44,* 283–294.
Harris, M. L.: A factor analytic study of flexibility. *The Research Quarterly,* 1969, *40,* 62–70.
Head, H.: *Studies in Neurology.* (2 vols.). London: Oxford Univ. Press, 1920.
Hebb, D. O.: Concerning imagery. *Psychological Review,* 1968, *75,* 466–477.
– A neuropsychological theory. In *S. Koch* (Ed.), *Psychology: A Study of a Science.* New York: McGraw-Hill, 1959, 622–643.
Hunt, J. McV.: *Intelligence and Experience.* New York: Ronald Press, 1961.
Hunter, M. C.: The role of physical education in child development and learning. *Journal of Health. Physical Education, and Recreation,* 1968, *39* (5), 56–58.
Ilg, F., and Ames, L.: *School Readiness.* New York: Harper & Row, 1965.
Ismail, A. H., Kane, J., and Kirdendall, D. R.: Relationships among intellectual and nonintellectual variables. *The Research Quarterly,* 1969, *40,* 83–92.

— *Kephart, N. C., and Cowell, C. C.*: Utilization of motor aptitude tests in predicting academic achievement. Technical Report No. 1. Purdue Univ. Research Foundation, P. U. 879–64–838. Lafayette, Ind.: 1963.

Isom, J.: An interpretation of dyslexia – A medical viewpoint. In *G. D. Spache* (Ed.), *Reading Disability and Perception.* Newark, Del.: International Reading Association, 1969.

John, E. R.: *Mechanisms of Memory.* New York: Academic Press 1967.

John, R.: Observation learning in cats. *Science,* 1968, *159* (3822), 1489–1491.

John, V. P.: The intellectual development of slum children: Some preliminary findings. *American Journal of Orthopsychiatry,* 1963, 33, 813–822.

Johnson, D. J., and Myklebust, H. R.: *Learning Disabilities – Educational Principles and Practices.* New York: Grune & Stratton, 1967.

Johnson, W.: Some psychological aspects of physical rehabilitation: Toward an organismic theory. *Journal of the Association of Physical and Mental Rehabilitation,* 1962, *16* (6). 165–168.

Johnson, W. R., and Fretz, B. R.: Developmental and therapeutic values of physical play and sport for children. In: *Sport Psychology. A Symposium.* Sofia, Bulgaria: State Publishing House of Sport Medicine, 1967.

Johnson, W. R., Fretz, B. R., and Johnson, J. A.: Changes in selfconcepts during a physical development program. *The Research Quarterly,* 1968, *39,* 560–565.

Johnson, W. R., and Hendricks, R.: Management of speech handicaps in clinical physical education. *Journal of the Association for Physical and Mental Rehabilitation,* 1965, *19* (2), 45–46.

Keogh, B., and Keogh, J.: Pattern walking: A dimension of visuomotor performance. *Exceptional Children,* 1968, *34* (8), 617–618.

Kephart, N. C.: *The Slow Learner in the Classroom.* Columbus, Ohio: Charles E. Merrill, 1960.

– Teaching the child with a perceptual-motor handicap. In *M. Bortner* (Ed.), *Evaluation and Education of Children with Brain Damage.* Springfield, Ill.: C. C. Thomas, 1968.

Kirk, S. A., McCarthy, J., and Kirk, W.: *The Illinois Test of Psycholinguistic Abilities.* (Rev. ed.) Urbana: Univ. of Illinois Press, 1968.

Kirschner, A. J.: Body alphabet. Paper presented at the meeting of the New York Allstate Congress of Optometry, October, 1965.

Kohler, W.: *The Mentality of Apes.* New York: Vintage, 1959. (First published 1927.)

Krech, D., Rosenzweig, M. R., and Bennett, E. L.: Relations between brain chemistry and problem solving among cats raised in enriched and impoverished environments. *Journal of Comparative and Physiological Psychology,* 1962, *55,* 801–807.

Kuypers, D. S., Becker, W. C., and O'Leary, K. D.: How to make a token system fail. *Exceptional Children,* 1968, *35* (2), 101–108.

Laban, R.: *Gymnastik und Tanz.* Oldenburg: Gerhard Stalling, 1926.

– *Modern Educational Dance.* (2nd rev. ed.) New York: Praeger, 1968. (First published 1948.)

– *and Lawrence, F. C.*: *Effort.* London: MacDonald & Evans, 1947.

Locke, J.: *Some Thoughts Concerning Education.* Woodbury, N. Y.: Barron, 1965. (First printed 1693.)

Los Angeles City School Districts. *Physical Education Teaching Guide.* Division of Instructional Services, Publication No. 472. Los Angeles: 1957.

Luria, A. R.: *The Mind of a Mnemonist – A Little Book About a Vast Memory.* New York: Basic Books, 1968.

– *The Role of Speech in the Regulation of Normal and Abnormal Behavior.* New York: Liveright, 1961.
Maslow, P., Frostig, M., Lefever, D. W., and Whittlesey, J. R. B.: The Marianne Frostig developmental test of visual perception, 1963 standardization. *Perceptual and Motor Skills,* 1964, *19,* 463–499. (Monogr. Suppl. 2–V19.)
McCarthy, D.: Language development in children. In *L.Carmichael* (Ed.), *Manual of Child Psychology.* (2nd ed.) New York: John Wiley, 1954. (First published 1946.)
McCarthy, J., and Kirk, S. A.: *The Construction, Standardization, and Statistical Characteristics of the Illinois Test of Psycholinguistic Abilities.* Urbana: Univ. of Illinois Press, 1963.
– a. – *The Illinois Test of Psycholinguistic Abilities.* Urbana: Univ. of Illinois Press, 1961.
Montessori, M.: *Dr. Montessori's Own Handbook.* New York: Schocken Books, 1965.
Mosston, M.: *Developmental Movement.* Columbus, Ohio: Charles E. Merrill, 1965.
– *Teaching Physical Education.* Columbus, Ohio: Charles E. Merrill, 1966.
Naville, S., and Ajuriaguerra, J. H.: Rëeducation psychomotrice. *Revue Belge de Therapeutique Physique,* 1967, *34,* 3–14.
Nichols, J.: Office management of patients with reading difficulties. *Canadian Medical Association Journal,* 1959, *81,* 356–360.
Nicks, D. C., and Fleishman, E. A.: What do physical tests measure A review of factor analytic studies. Technical Report I, prepared for the Office of Naval Research by Yale University Departments of Industrial Administration and Psychology. New Haven: Yale Univ. Press, 1960.
Oliver, J. N.: The effect of physical conditioning exercises and activities on the mental characteristics of educationally sub-normal boys. *British Journal of Educational Psychology,* 1958, *28,* 155–165.
Orpet, R., Sundstrom, P., and Pollach, S.: A factor analysis of sensory-motor abilities of elementary school children. Paper presented at the meeting of the California Educational Research Association, March 1968, Oakland.
Orton, S. T.: *Reading, Writing and Speech Problems in Children.* New York: W. W. Norton, 1961. (First published 1937.)
Osgood, C. E.: A behavioristic analysis. In *J. Bruner* (Ed.), *Contemporary Approaches to Cognition.* Cambridge, Mass.: Harvard Univ. Press, 1957.
Painter, G.: The effects of a rhythmic and sensory-motor activity program on perceptual motor spatial abilities of kindergarten children. *Exceptional Children,* 1966, *33,* 113–116.
Piaget, J.: *The Construction of Reality in the Child.* New York: Basic Books, 1954.
– *The Origins of Intelligence in Children.* New York: International Universities Press, 1956.
– *Play, Dreams and Imitation in Childhood.* New York: W. W. Norton, 1962.
– *The Psychology of Intelligence.* Totona, N. J.: Littlefield, Adams, 1966. (First published in French, 1947.)
– *Six Psychological Studies.* New York: Random House, 1967.
Plack, J. J.: Relationship between achievement in reading and achievement in selected motor skills in elementary school children. *The Research Quarterly,* 1968, *39,* 1063–1068.
Progoff, I.: *The Symbolic and the Real.* New York: Julian Press, 1963.

Rabinovitch, R. D., Drew, A. L., DeJong, R. N., Ingram, W., and Withey, L.: A research approach to reading retardation. *Neurology and Psychiatry in Childhood*, Vol. 34, Proceedings of the Association for Research in Nervous and Mental Disease. Baltimore: Williams & Wilkins, 1956.
Rasmus, C. J.: A formula for play: Child + space + imagination. In: *Physical Education for Children's Healthful Living*. Washington, D. C.: Bulletin No. 23–A, Association for Childhood Education International, 1968.
Reese, E. P.: *The Analysis of Human Operant Behavior. Dubuque*, Iowa: W. C. Brown, 1967.
Reinhold, M.: The effect of laterality on reading and writing. *Proceedings of the Royal Society of Medicine, Section on Neurology*, 1963, *56*, 203–206.
Rieber, M.: Mediational aids and motor skill learning in children. *Child Development*, 1968, *39* (2), 559–567.
Rohwer, W. D., Jr.: Mental mnemonics in early learning. *Teacher's College Record*, 1968, *70*, 213–226.
Rubin, E. C., and Braun, J. B.: Behavioral and learning disabilities associated with cognitive-motor dysfunction. *Perceptual and Motor Skills*, 1968, *26*, 171–180.
Rudel, R. G., and Teuber, H.: Discrimination of direction of line in children. *Journal of Comparative and Physiological Psychology*, 1963, *56* (5), 892–898.
Schilder, P.: *The Image and Appearance of the Human Body*. Science Edition. New York: John Wiley, 1964. (First published in English, 1950.)
Sigel, I.: Contributions of Piagetian theory to research on preschool environments. Paper presented at the 1968 annual meeting of the American Psychological Association, San Francisco.
Silver, A. A., and Hagin, R. A.: Strategies of intervention in the spectrum of defects in specific reading disability. Paper presented at the American Orthopsychiatric Association Annual Meeting, March 1967, Washington, D. C.
Singer, R. N.: Interrelationship of physical, perceptual-motor, and academic achievement variables in elementary school children. *Perceptual and Motor Skills*, 1968a, *27*, 1323–1332.
– *Motor Learning and Human Performance: An Application to Physical Education Skills. New York: Macmillan, 1968b.*
Smith, H. M.: Creative expression and physical education. *Journal of Health, Physical Education, and Recreation*, 1962, *33* (5), 38–39.
Sonoma County Schools. A segmented demonstration physical education program, No. 2645, Title III, P. L. 89–10. Santa Rosa, Calif.: Office of the Superintendent, 1969.
Sonstroem, A.: On the conservation of solids. In *J. S. Bruner, R. R. Oliver, P. M. Greenfield et al.* (Eds.), *Studies in Cognitive Growth*. New York: John Wiley, 1966, 208–224.
Spearman, C.: *The Abilities of Man*. London: Macmillan, 1927.
Stevenson, H. W., Hale, G. A., Klein, R. E., and Miller, L. K.: Interrelations and correlates in children's learning and problem solving. *Monographs of the Society for Research in Child Development*, 1968, *33* (7, Serial No. 123).
Strauss, A. A., and Lehtinen, L. E.: *Psychopathology and Education of the Brain-Injured Child*. Vol. 1. New York: Grune & Stratton, 1947.
Suchman, J. R.: *The Elementary School Training Program in Scientific Inquiry*. Urbana: Univ. of Illinois Press, 1962.

Sundstrom, P., and Orpet, R.: Factor analysis of sensory-motor abilities in children with learning disabilities. Paper presented at the meeting of the California Association of School Psychologists and Psychometrists, March 1968, Oakland.
Torrance, E. P.: *Rewarding Creative Behavior: Experiments in Classroom Creativity*. Englewood Cliffs, N. J.: Prentice-Hall, 1965.
Towne, R. C., and Joiner, L. M.: Some negative implications of special placement for children with learning disabilities. *Journal of Special Education*, 1968, *2* (2), 217–222.
Trieschmann, R. B.: Undifferentiated handedness and perceptual development in children with reading problems. *Perceptual and Motor Skills*, 1968, *27*, 1123–1134.
Vygotsky, L. S.: *Thought and Language*. Cambridge, Mass.: M. I. T. Press, 1965.
Wapner, S., and Werner, H.: *Perceptual Development*. Worcester, Mass.: Clark Univ. Press, 1957.
Wechsler, D.: *The Measurement and Appraisal of Adult Intelligence*. (4th ed.). Baltimore: Williams & Wilkins, 1958.
Weiss, R. A.: Is physical fitness our most important objective? *Journal of Health, Physical Education, Recreation*, 1964, *35*, 1–7.
Werner, H.: *Comparative Psychology of Mental Development*. (Rev. ed.). New York: International Universities Press, 1957. (First published 1940.)
Williams, M., and Worthingham, C.: *Therapeutic Exercise*. Philadelphia: Saunders, 1957.
Witkin, H. A.: Perception of body position and of the position of the visual field. *Psychological Monographs*, 1949, *63*, No. 7 (Whole No. 302).
– Perception of the upright when the direction of the force acting on the body is changed. *Journal of Experimental Psychology*, 1950, *40*, 93–106.
– *and Asch, S. E.*: Studies in space orientation III: Perception of the upright in the absence of a visual field. *Journal of Experimental Psychology*, 1948, *38* (5), 603–614.
– *Dyk, R. B., Faterson, H. F., Goodenough, D. R., and Karp, S. A.*: *Psychological Differentiation: Studies in Development*. New York: John Wiley, 1962.
– *Lewis, H. B., Hertzman, M., Machover, K., Meissner, P. B., and Wapner, S.*: *Personality Through Perception. New York: Harper, 1954.*
Zangwill, O. L.: Dyslexia in relation to cerebral dominance. In *J. Money* (Ed.), *Reading Disability*. Baltimore: Johns Hopkins Univ. Press, 1962.

Ernst J. Kiphard
Unser Kind ist ungeschickt
Hilfen für das bewegungsauffällige Kind
(»Kinder sind Kinder«; 7)
4. Aufl. 1996. 83 Seiten. (3-497-01404-4) kt

Edith Kramer
Kunst als Therapie mit Kindern
(Beiträge zur Kinderpsychotherapie; 15)
4., erg. Aufl. 1997. 211 S. 66 teils farb. Abb.
(3-497-01405-2) gb

Monika Linn / Renate Holtz
Übungsbehandlung bei psychomotorischen Entwicklungsstörungen
2., durchges. Aufl. 1995. 101 Seiten. 53 Abb.
(3-497-01386-2) kt

Peter Lory
Bewegungsgehemmte Kinder im Wasser
Ein pädagogisches Übungsbuch
2. Aufl. 1988. 96 Seiten. 158 Fotos. 75 Zeichn.
(3-497-01145-2) kt

Horst Nickel / Ulrich Schmidt-Denter
Vom Kleinkind zum Schulkind
Eine entwicklungspsychologische Einführung für Erzieher, Lehrer und Eltern
5., überarb. und erg. Aufl. 1995. 277 S. 28 Abb.
(3-497-01378-1) kt

Otto Speck
System Heilpädagogik
Eine ökologisch reflexive Grundlegung
4. Aufl. 1998. 580 Seiten. 22 Abb. 7 Tab.
(3-497-01411-7) gb